本书为2022年国家社会科学基金后期资助项目"民俗学视域下的信俗旅游研究"(项目编号：22FMZB010)的阶段性成果

蒋观云文集

游红霞　整理

上海大学出版社

·上海·

图书在版编目(CIP)数据

蒋观云文集/游红霞整理. -- 上海：上海大学出版社, 2025.5. -- ISBN 978-7-5671-5248-9

Ⅰ.C53

中国国家版本馆 CIP 数据核字第 2025A0R174 号

责任编辑　徐雁华
封面设计　缪炎栩
技术编辑　金　鑫　钱宇坤

蒋观云文集

游红霞　整理
上海大学出版社出版发行
（上海市上大路99号　邮政编码200444）
（https://www.shupress.cn　发行热线 021-66135112）
出版人　余　洋
*
南京展望文化发展有限公司排版
上海华业装潢印刷厂有限公司印刷　各地新华书店经销
开本 710mm×1000mm　1/16　印张 17　字数 286千
2025年6月第1版　2025年6月第1次印刷
ISBN 978-7-5671-5248-9/C·152　定价　68.00元

版权所有　侵权必究
如发现本书有印装质量问题请与印刷厂质量科联系
联系电话: 021-56475919

整理说明

一、蒋观云生平依据

本书中涉及蒋观云生平的相关内容,以近代文史学家章乃羹所撰写的《蒋观云先生传》为依据。此传出自卞孝萱、唐文权编著的《民国人物碑传集》(凤凰出版社2011年版)。

二、资料来源说明

本书的资料来源于上海图书馆所藏《新民丛报》刊载的蒋观云之文章。

三、排版与规范调整

《新民丛报》原文为竖排版且未加标点。本书依据现代汉语的语义表达,对蒋观云的文章进行了标点添加与横向排版处理。因此,原文中出现的"如左",等同于现在通用的"如下"表述。

四、文字规范调整

本书将《新民丛报》原文中的部分繁体字、异体字以及古体字,改为现今通行的规范汉字。若遇实在不便修改的情况,则保留原文字形式。

五、外文名称沿用

本书继续采用《新民丛报》原文中对外文人名、地名的中文音译名称。

六、模糊文字标识

对于《新民丛报》原文中难以辨识清楚的文字，本书以"□"予以替代。

七、原文注释呈现

《新民丛报》原文中的注释，本书使用楷体字并加上括号的形式，以便与正文加以区分。

八、易误解内容删改

蒋观云在当时的某些表述，在当下已不合时宜。为了避免读者产生误解，本书点校者对个别词语、句子或段落进行了删改。

九、观点甄别提示

由于蒋观云所处的时代存在局限性，其某些观点或表述，在当今语境下不免存在不妥之处，在此提醒读者，在阅读过程中需加以甄别。

十、其他说明

由于整理者自身水平与客观条件的限制，书中存在诸多不足之处，在此，诚恳祈请各位专家学者予以指正，也希望广大读者能够谅解。

序言

田兆元

蒋观云是近代著名学人与社会活动家。《蒋观云文集》就要出版了，这离游红霞博士以"蒋观云"为题撰写硕士论文的时间已近20年。游红霞曾将其硕士论文修改补充，成为一部专著《蒋观云学术思想研究》，由中国文联出版社2016年出版，这应该是第一部有关蒋观云的论著。与此同时，浙江诸暨店口镇乡贤文化研究会编辑出版了《维新潮英——近代诗人蒋智由事辑》（浙江古籍出版社2016年版）。而后，学界产生了多部关于蒋观云的硕士论文，诸暨人还出版了一部《蒋智由传》（浙江工商大学出版社2018年版）。近年来，"中国知网"上以"蒋观云"和"蒋智由"为题的文章分别有8篇和11篇，其中硕士论文有4篇。可以说，蒋观云被长期冷遇的情况有所改变。

作为"诗界革命"的主将，梁启超称蒋观云为"近世诗界三杰"之一，另外两位分别是黄遵宪、夏曾佑。"中国知网"上以"黄遵宪"为题名的论文有700余篇，以"夏曾佑"为题名的论文也有60余篇，有关蒋观云的研究依然与其地位不相称。1919年，北洋政府拟聘蒋观云为北京大学校长，接替原校长蔡元培，这个邀请被蒋观云所拒，这在一定程度上可以看出他在当时的声望是很高的。学术界对这样一位知名人士的关注还是很不够的。这其中有很多复杂的原因，但学者不易获得蒋观云的著作文本是一个很大的因素，尤其是他在20世纪初发表于日本的刊物上的文章只有在大型图书馆才可以见到，这在一定程度上制约了蒋观云的影响力，也限制了学界对蒋观云的研究。

《新民丛报》是梁启超于1902年在日本创办的宣扬改良主义思想的刊物，到1907年停刊，共计出版96期，在近代社会有很大影响。蒋观云高度参与此刊的编辑出版工作，并在其上发表了30余篇文章。其学术论文涉及历史、伦理、神话、民俗、法律等领域，时政评论则关乎救亡图存、民族振兴等方面，体现出他强烈的爱国主义情感，以及清末民初汹涌澎湃而又波诡云谲的文化观念。如今，游红霞博士将蒋观云的文章整理为专集，是有特别意义的，可以为近现代人物的研究找到一条独特的路径。

　　蒋观云发表在《新民丛报》的文章清晰地呈现出他思想的变化轨迹。早期的文章，如《中国兴亡一问题论》指出："二十世纪之大问题，则中国之兴亡是也。"文中强烈谴责列强对中国的瓜分行为，尖锐地批评了晚清王朝的腐朽无能，同时也揭露了当时中国文化的保守特性，并积极宣传西方的开放思想，具有鲜明的民族主义色彩。就像那个时代一样，复杂的社会观念相互冲突，人们的观念也在不断发生变化，蒋观云与梁启超等君主立宪派人士便逐渐倾向于"保皇"了，这种改变伴随着对维新运动的深刻反思。他认为，文章有"热的"和"冷的"两种风格，前者像酒，热烈、崇尚武力；后者如茶，宁静、主张和平。他认为维新人士必须兼容两种风格。在列强瓜分中国的背景下，很多人都在思考：反对列强侵略与反对皇权，哪个优先呢？这时的蒋观云十分冷静，他固然对于清政府的软弱无能深恶痛绝，但对于俄、日、英等国瓜分东北和西藏的愤激之情极为深重。对于清朝政府，是"哀其不幸，怒其不争"，但有着几分同情和理解。蒋观云对海权的关注、对铁路的论述等，都彰显出其宏阔心胸与视野。就像革命者先是强调排满，后来主张五族共和，蒋观云的"保皇"，一定程度上是近代学人对民族共同体命运的一种思考和表达。所以，文集展现出的近代学人之思想变化，具有重要的历史文献价值。

　　一部政治与学术交织的文集，在讨论民俗问题的时候，呈现出鲜明的时代感。蒋观云之社会改造观念的核心是人心的文化塑造。中国历史上的民俗学家十分强调风俗管理、正风辨俗。汉代应劭在《风俗通义》里说："为政之要，辨风正俗，最其上也。"蒋观云与梁启超、黄遵宪、夏曾佑等人一样，关注风俗改造，关注风俗对世道人心的影响。蒋观云认为地理环境对人的性格有影响，但伟大的人物能够超越环境与习俗的束缚。古代对于风俗的观念有两种不同的态度：一为因风顺俗，行政不变俗，化礼从俗，入乡随俗，强调对风俗的适应与顺从；二为移风易俗，辨风正俗，强调对风俗的管理与引导。这两种观念有时存在冲突，但两者在不同的情形下是并存的。蒋观云持后一种主张，痛感中国人深受儒家文化影响，性格存在懦弱的一面，胆小怕事、明哲保身，这样的习俗需要通过一定的形式来改造，以振奋其精神。

日本接受西方文化较早，明治维新以来，很多新的文化与学术思想在日本社会传播。西方理论早于中国在日本流行，神话学就是其中一种。日本人将英文中的"Mythology"一词翻译为汉语词汇"神话"，此前，"神话"一词在中国传统语汇中是不存在的，在古代以"搜神""述异""志怪""传奇"等词汇来表现。梁启超和蒋观云等人在日本接受了西方的神话学观念，结合他们深厚的古典文献基础，将神话资源用于社会风尚的引导，提出了崭新的文化观念。蒋观云于1903年发表了中国第一篇以"神话"为题的文章——《神话历史养成之人物》，其对神话的价值予以很高的评价。在中国思想文化史上，士大夫们对这些神话叙事是排斥的，认为其荒诞不经，但致远恐泥，君子不为。如今，神话学在中国学术界，在艺术创作中，在社会各个层面，已然华丽转身，成为文化的本源和核心叙事主题。这一百多年来，神话学提振了人们的民族精神，是文化自信的重要精神源泉，这与蒋观云此文之惊世骇俗的宏论有着直接关系。现摘录其精辟论述如下：

> 一国之神话与一国之历史，皆于人心上有莫大之影响。
>
> 神话、历史者，能造成一国之人才。然神话、历史之所由成，即其一国人天才所发显之处。
>
> 盖人心者，不能无一物以鼓荡之。鼓荡之有力者，恃乎文学，而历史与神话（以近世言之，可易为小说），其重要之首端矣。
>
> 起而代神话者，则有《封神传》《西游记》。
>
> 故欲改进一国之人心者，必先改进其能教导一国人心之书始。

这些表述曾经被认为只是提出了一个"神话"概念，并没有给予很高评价，学界甚至连一篇专论都没有，只是在相关文章和著作中略作一提。这篇文章强调人心和人才是由神话塑造的，也就是说，神话是伴随人类生产生活的重要精神资源。改造人心、鼓舞人心，首选历史和神话。而神话之发展者，有《封神传》《西游记》等。这种观点，是对神话的一种深刻理解。但很长时间以来，研究者们都不把这两本书当作神话看，都被所谓的原始神话迷住了眼睛。如今，《黑神话：悟空》《哪吒之魔童闹海》作为中国优秀传统文化创造性转化的代表作品，均出自这两本书。中国的神话学，过了一百多年才接受了蒋观云这位神话学开创者的观念，也是一件发人深思的事情。这说明了一个简单的事实：蒋观云作为中国现代神话学的奠基者，太了不起了！

对于中国民俗学来说，我们现在比较关注具体的民俗事象，当下尤其关注手工技艺、食品加工等内容，而对于民俗精神的探究尚显不足。现在，"民间文学"成为二级学科，是一种民俗精神的觉醒。《蒋观云文集》这种强调民族精神塑造、共同情感培育的主张，也必将启发社会各界，为健康清新、奋发向上的民族精神养成做出更多贡献。

《蒋观云文集》的出版，让人们很便捷地读到《新民丛报》的系列文章，一定会对蒋观云研究，乃至中国近代思想的研究产生积极的影响。整理点校近代学人的文集，需要辛勤的付出，游红霞博士对蒋观云研究用力甚勤，真是了不起的人文情怀，我们为她点赞。希望学术界、社会各界关注和参与蒋观云研究，推进中国优秀学术文化的传承和创新。

2025 年 3 月 28 日于海上南园

导读

游红霞

蒋观云（1865—1929），名智由，原名国亮，字观云、星侪、心斋，号因明子，浙江诸暨紫东乡浒山村（今诸暨店口镇朱家站村）人，清末民初文学家、诗人，与黄遵宪、夏曾佑并称"近世诗界三杰"。

蒋观云早年就读于杭州紫阳书院，能诗善文，工书法，兼治宋儒性理之学。光绪二十三年（1897）秋，蒋观云参加顺天乡试，考中举人，被时任山东巡抚孙宝琦保荐为曲阜知县，但蒋观云因心怀救国革新之志未能赴任。在之后的两年里，蒋观云在天津育才馆担任汉文教习。1898年，谭嗣同等"戊戌六君子"血洒北京菜市口，蒋观云忧愤地写下《卢骚》一诗："世人皆欲杀，法国一卢骚。民约倡新义，君威扫旧骄。力填平等路，血灌自由苗。文字收功日，全球革命潮。"1901年11月11日，蒋观云与同乡赵祖德创办《选报》，并担任主笔。1902年4月27日，蒋观云和蔡元培、黄宗仰、叶瀚等人在上海发起成立号称"第一革命团体"的中国教育会，蔡元培任会长。1902年11月23日，蒋观云和蔡元培等人创办爱国女学校，蒋观云担任经理（校长）。之后，蒋观云所撰之《海上观云集初编》[①]由上海广智书局出版发行。1902年冬，蒋观云留学日本，开始在梁启超主办的《新民丛报》发表文章。1903年2月，梁启超为保皇之事游历美洲，他数度修书给蒋观云，邀请其接

---

① 蒋观云：《海上观云集初编》，上海：广智书局，1902年版。

替《新民丛报》的事务,蒋观云便临危受命,承担起《新民丛报》的编辑工作,并成为该刊的核心撰稿者。

蒋观云先后在《新民丛报》"文苑"的"诗界潮音集"专栏发表22首诗歌,同时在"时局""地理""历史""政治""哲理""文学""宗教""杂俎""国闻述评""谈丛""学说""论说""论著"等10多个专栏发表大量文论,大书特书其政治理想和学术主张。仅1903年,蒋观云就发表了《醒狮歌(视今年以后之中国也)》《壬寅十一月东游日本渡海舟中之作》《长崎》《富士山》《朝朝吟(在日本东京作)》①等诗作,以及《中国兴亡一问题论》②等文章。《新民丛报》从第30号(1903年4月26日)起开设"华年阁杂谈"专栏,蒋观云以此为平台,大力针砭时弊,引介新学说、鼓吹新思想。在中国学术史上具有里程碑意义的《神话历史养成之人物》正是发表于《新民丛报》第36号(1903年8月21日)的"华年阁杂谈"专栏,同期发表的还有《四岳荐舜之失辞》《托尔斯泰伯之论人法》等文章。

蒋观云的《神话历史养成之人物》第一次将"神话"概念引入中国学界,并将神话提升到"重要之首端"的地位,阐述神话之"鼓荡"人心、优化世道风气等作用。该文也被钟敬文、刘锡诚、陈建宪等学者认定为中国现代民俗学史上最早的学术文章,钟敬文评价道:"这篇短论中的主要思想,是神话在国民生活中的教养意义。这是资产阶级新兴时期,企图用传统去增强民族观念的一种思想和理论。"③田兆元认为:"蒋观云是神话概念的较早的引进者,他把神话与历史二者合起来称为文学,这个概念跟今天的文学差别很大;他又把神话和小说加以等同,也是早期对于神话的一种认识。这种做法即使有些不妥当,作为神话概念的开拓者,大家也都能够接受。"④所以,《神话历史养成之人物》可谓是对中国神话学、民俗学的一次"拓荒式"探索。

---

① 以上文章均载于《新民丛报》第25号,1903年2月11日。

② 载于《新民丛报》第26号,1903年2月26日。

③ 钟敬文:《晚清时期民间文艺学史试探》,载《钟敬文民间文学论集(上)》,上海:上海文艺出版社1982年版,第207页。

④ 田兆元:《神话学概论读本与神话学学科发展》,《长江大学学报(社会科学版)》2011年第9期。

蒋观云对神话的研究用力甚勤，其不少文论都表达了一些卓有建树的神话学思想。例如，他在为陶成章《中国民族权力消长史》所撰之序言中便对迦勒底古代宗教与中国人的多神信仰进行比较论述："迦勒底古代之宗教，崇奉多神，数多之神，各自支配其领土。诸神中之最贵者，为日、月、星，以上帝为诸神之极，君主为天之代表，有半神之观念。今按中国古代，亦崇奉多神，日有纪，月亦有纪，星辰亦有纪。而其神之最尊重无匹者，厥惟上帝。"[①] 蒋观云还对中国古典文献中的神话资料进行重新解读，总结出《山海经》《帝王世纪》所蕴含的神形进化规律。

蒋观云的文论离不开晚清"三千年未有之大变局"的社会文化语境，体现出学术为政治、为社会服务的使命担当。

其一，1840年鸦片战争后，西方资本主义国家的"坚船利炮"打开了中国闭关锁国的局面，岌岌可危的清王朝没有力量抵挡西方的猛烈攻势，使清王朝不可能一成不变地照旧统治下去，而是必须进行某种政体以及政策上的变革以适应新的环境，于是晚清的政府改制、政治变革发生得相当频繁[②]。与此同时，中国知识分子也开始了从传统到近代的蜕变过程。在古代，士人们的最高理想是充当帝师王佐，而在晚清政治风云的冲击下，许多学者不再"两耳不闻窗外事，一心只读圣贤书"，而是开始关注社会现实，提倡经世致用的学风。蒋观云便是清末进步知识群中的突出代表，他赓续了中国传统民俗思想，阐发风俗之"为政治国"功能，并积极引介西方进化论思想，分析中国社会积弱交困的根源是落后的社会风俗，继而形成移风易俗的观念，以期实现其保国保种、强国新民的政治理想。蒋观云的民俗思想代表了清末知识群对社会风俗问题的理性思考，直接启发了五四运动以来民俗学者的学术探索，在中国民俗学史上，发挥着前承中华古老传统、后启中国现代民俗研究的重要作用。

其二，伴随着鸦片战争后"天崩地坼"的社会巨变，中国学术界经历了西学东渐的划时代历程。彼时，以来华西人、出洋华人、书籍以及新式教育等为媒介，西方的哲学、天文、物理、化学、医学、生物学、地理、政治

---

① 蒋观云：《中国民族权力消长史·序》，载《陶成章集》，北京：中华书局1986年版，第447—448页。

② 孙燕京：《晚清社会风尚研究》，北京：中国人民大学出版社2002年版，第87—88页。

学、社会学、经济学、法学、应用科技、史学、文学、艺术等领域的学术理论如潮水般涌入中国，对中国的学术思想、政治和社会经济都产生了重大影响。西学东渐的潮流在甲午战争后被推向高潮，国家的危难时局让进步知识分子痛定思痛，反思民族、国家的弊病，激发其在铺天盖地的西学中寻找救亡图存的希望。

斯宾塞的进化论思想是西学东渐浪潮中对中国学界产生深刻影响的理论之一，蒋观云等清末先进知识分子纷纷将其作为维新变法、争取独立民主、剖析中国社会、推动民族进步的理论工具。蒋观云对神话功能的认识，认为改造神话可以推动社会进步的主张便是进化论思想的应用；蒋观云在《中国人种考》中对炎黄之战神话的辨析、对西王母神话的解读、对《山海经》神话的重述，无一不体现其进化论的学术视角。进化论也是蒋观云剖析社会风俗问题的重要工具，他在《中国兴亡一问题论》《共同感情之必要论》《国家与道德论》《战败后之民族》以及《海上观云集初编》等论著中，大张旗鼓地批判中国农耕社会风俗的主静保守和传统文化的落后性。

首先，蒋观云对中国民族性质及社会风俗进行了深入剖析。他指出，中国的民族是"家族"的性质，而非"国家"的性质："然则我华人之所短者何哉？曰无政治之思想，而造成国家之财力短也，家族主义的民族，而非国家主义的民族。"① 而"家族的民族"存在着严重的弊端，集中表现在：

> 家族的民族，非国家的民族，故有天亲之联合，无人治之联合；有伦纪之秩序，无法律之秩序；有家世之感情，无邦国之感情。而其弊也，有营私心，无合群心；有循俗心，无独立心；有贪鄙心，无名誉心；有节啬心，无慷慨心；有卑下心，无高尚心；有巽懦心，无勇敢心；有晏安心，无攻取心；有退守心，无冒险心；有谐臣媚子干利徼禄之心，无英雄豪杰赴功建业之心。②

长此以往，这种民族性质会酿成落后的社会风气，使中国的风俗缺少国家思想、团结力和进取精神，会催生"爱钱"等不良风习，进而导致国民的

---

① 蒋观云：《中国兴亡一问题论》，载《新民丛报》第27号，1903年3月12日。
② 蒋观云：《中国兴亡一问题论》，载《新民丛报》第27号，1903年3月12日。

两大病症,即貌人病和恐人病①。"貌人"和"恐人"都被蒋观云视为中国民族的"恶根性","合是两种性质铸为社会,而后有今日疲敝癃病、无知觉、无变动之中国"②。在这里,蒋观云由中国国民性切入,将其学术视野自然投射于社会风俗,强调民族性质直接决定社会风俗的走向,彰显出一种磅礴大气的学术胸怀。

其次,蒋观云对清末的鄙风陋俗进行了深刻批判,大力呼吁移风易俗、革新社会。蒋观云注意到清末的三大社会恶习:吸食鸦片、八股科举制度和妇女缠足,均会导致国家衰弱,国民的身心也会受到巨大摧残。此外,蒋观云还批判了中国人的"鬼神之俗",以及"气运之说""体相之说"与"堪舆之说"。在蒋观云看来,这些鄙风陋俗都是中国积贫积弱的根源,是危害社会发展的毒瘤,必须予以根除。所以,中国之俗需要"进化",由此来"鼓民力,开民智,新民德"。于是他提出移风易俗的观念,以实现其保国保种、强国新民的政治理想。

再次,在清末社会文化环境发生巨变的同时,西方的"白色人种优越论""中国人种西来说"等观念也充斥着人们的头脑,使中国人面临着"保国""保种"的民族危机。同时,清末知识群也大都认识到"国民性"的落后是国家落后、民族受辱的根源,便开始思考"国家""民族"这些攸关民众生死存亡的重大议题。蒋观云、梁启超等人士均认为,中国积弱而受到西方列强的欺辱应从自身寻求根源,那就是人们缺乏"国家""民族"的思想,国民素质不高,不具备"公德"与"私德"。

1903—1905年,蒋观云在《新民丛报》连载《中国人种考》③,首次介绍了"人种学"的概念,并将西方人类学理论引入中国学界。1929年,他将这一系列的论文结集为《中国人种考》④一书交由上海华通书局出版发行,这在中国人类学、神话学和民俗学的发展史上都可谓是一部具有开拓性意义的学术著作。在《中国人种考》中,蒋观云站在国家和民族的高度开展研究,力

---

① 蒋观云指出:"中国有两大恶根性,一貌人病,一恐人病也。"参见蒋观云:《战败后之民族》,载《新民丛报》第35号,1903年8月6日。

② 蒋观云:《战败后之民族》,载《新民丛报》第35号,1903年8月6日。

③ 蒋观云发表的第一篇《中国人种考》载《新民丛报》第35号,1903年8月6日。

④ 蒋智由(蒋观云):《中国人种考》,上海:华通书局,1929年版。

辩"中国人种西来说",并最终完全否定了这一学说。他还以中国上古时期的炎黄之战、西王母、昆仑山等神话为佐证,力求保种保文化,体现其拳拳的爱国之心与强烈的民族主义精神。

此外,蒋观云作为"诗界革命"的领军人物,创作了大量诗歌作品。1899—1901年,蒋观云在《清议报》之"诗文辞随录"栏目发表《人物》等诗作；1902—1903年,蒋观云的诗歌主要发表于《新民丛报》之"诗界潮音集"专栏,如《卢骚》《醒狮歌》等。蒋观云还有诗集《居东集》《蒋观云先生遗诗》问世。这些诗歌作品大都鼓吹变革思想、洗刷奴性,倡导国民接受西方的先进事物,以此来激发民族斗志,唤起沉睡的"国魂",振奋起民族的自强精神,表现出蒋观云忧国忧民的民族情感。

蒋观云学贯中西、著作等身,但遗憾的是,学界对他的认知仍局限于《神话历史养成之人物》这一篇小文,这与其学术贡献严重不符。蒋观云的诸多文论均阐发了内涵宏深、外延广博的学术思想,既有对中华传统观念的赓续,又引介了西学理论,并将学术研究应用于保国保种、强国新民的政治理想。蒋观云是中国现代人类学、神话学、民俗学等学科的拓荒者之一,其文论代表了清末民初知识群对人种、国民性、神话、社会风俗等问题的理性思考。

中国兴亡一问题论	001
中国上古旧民族之史影	022
风土之与人生	029
华赖斯天文学新论	031
世界最古之法典	042
战败后之民族	049
神话历史养成之人物	051
四岳荐舜之失辞	053
托尔斯泰伯之论人法	055
几多古人之复活	057
文弱之亡国	060
厌世主义	065
中国近日之多数说及其处置之法	071
共同感情之必要论	084
钱论	105
论中国自食力派思想之发生	113
辨论与受用	122
国家与道德论	140

中国之考古界 148

养心用心论 151

老子之面影 169

一哄之时代,研究之时代 173

对外之举动,对内之举动 176

平等说与中国旧伦理之冲突 179

客观之国 186

君不君者尔汝而已矣 188

论中国人崇拜岳飞之心理 191

冷的文章热的文章 200

精神修养论 204

附录一　蒋观云文章年表 217

附录二　清末民初浙江学者蒋观云的风俗观 223

附录三　试论清末学者蒋观云的神话学思想 235

附录四　承古·贯西·启今：清末学者蒋观云的民俗思想探赜 244

后记 255

中国兴亡一问题论

原载《新民丛报》第26—31号

第一章 悬 论

第一节 问题之缘起

二十世纪之大问题，则中国之兴亡是也。方欧洲内治已定，列强务均势以保平和，于是各移野心于局外，为飞而食肉之举。当非洲、美洲、南洋各岛已经略定之余，而尚有天气温和、物产丰富、土地饶沃、人民柔弱之中国一片土，遂视为鼎中之脔、俎上之肉，各思啖而食之，以餍其欲望。虽然，中国大国也，其人民虽愚而弱，然非非洲、美洲、南洋各岛之土人比也，其一亡而不复兴欤？其犹有复兴之一日欤？今日尚未能断言之。使其亡而不复兴也，则一色人种统一全地球之问题将出；使其能复兴也，则黄祸之说，且将再起。其结果也，如欧亚人胜负之关系，为黄白种强弱之关系，亦巨矣哉。故夫今日之以兵战，以商战，以工艺战，以政治战，以教育学术战，以铁路、航路、矿山、工厂战，以条约、租借、外交手段、势力范围战，以殖民主义、帝国主义、民族主义战。贤君哲相，绞脑浆、耗心血，怀才抱气，忧时感事之士，逞探索、恣钻研，纵横于文字，上下其口辩，无他，咸欲睹此问题之一归宿而已。观察此问题异，而政策亦异；处置此问题变，而局势亦变。盖非一国之问题，而全地球公共之问题也。虽然，以一国之问题，而使全地球之人得干涉之，且待全地球之人而决定之，是则一国之无自主权，而事之至可耻者也，然益不容不研究此问题，以一断其前途之祸福也。

第二节 解释问题

此问题之解释者，果用何法乎？盖亦不外二式而已。一就各国而解释之，一就中国而自解释之。就各国而解释之者，谓天下事智者能制愚，强者能制弱，局势之已成，能制其未成者。若彼印度者，土非不广也，人非不多也，物产非不美备也，人民智识之程度，与中国亦不相上下也，然为英人管辖后，其重要之官，皆英人任之，要害之处，英人派兵镇守之，而印度人室中至不得挂刀，其故王虽存，岁时领英人之银一颗、糖一角以为荣。论者谓印度而欲谋自立，恐数百年内无是望也。此固非印度人之不求自强也，局之已成，势之已定，愚服于智，弱服于强，而无如何也。今者中国之海面，瓜分已早定矣。因海面而势及内地各行省，变换颜色之图，亦已纷传各国，默认为谁何之界，谁何之土。以各国政策之狠毒而诈诡，各国兵力之勇敢而猛鸷，各国民族之趋势之四隘而膨胀，各国经营之铲髓削骨日积月累而未有已，岂容于二十世纪之时代，东海之上、喜马拉亚山之北，尚有一斩新之国土，出现于其间？我沉沉酣睡之中国欤，不于交通之初，数十年之前，早知觉悟，至今者兵衄地失，巨创大痛，乃翻然而欲变法，欲维新，已矣晚矣，其已亡矣，无可为矣！此就各国而解释此问题者也。就中国而解释之者，谓夫国之兴也，人民自兴之，其人民而有可兴之品性也者，虽他人不得而亡之；国之亡也，人民自亡之，其人民而有可亡之质点也者，虽他人不得而兴之。彼非洲、美洲、南洋各岛之土人无论矣，即印度者，以岌岌雪山、溶溶恒河，而沦陷于异族人之手，亦其人民之本不足存立于交通竞争之之时代耳。不然，强敌环伺，适足增长吾人民之精神，发达吾人民之知识，震撼危疑者，能力之所自出，而忧患惊恐者，智计之所自生也。不然，而不能经风雨、凌霜雪之人民，不有人事之扑灭，亦必有天行之芟除矣。昔者当蒙古种之强，几统一东半球，而东不能灭日本，西不能尽取日耳曼，则亦其人民固有异于人者在也。夫强武之国民，其不肯受统辖于异种人之下也。若曰吾宁死吾之祖国、吾之同胞，敌人而欲割裂吾一寸、奴隶我一人，吾必毕吾之生命以争之。

不然，宁血染此山河，不留一人一种，而后为敌人之所践也，乃甘心焉。呜呼！国人而果有此气概、有此魄力乎？敌人虽强，岂真能以铳林炮雨，尽屠戮剿洗其人民者？是故天下无不可亡之国土，而有不可亡之人民。《传》曰：梁亡，乃自亡也，犹鱼烂而亡。然则亡与不亡，一国人自为之事而已，此就中国以解释此问题者也。甲也，近惟物；而乙也，近惟心。甲也，为客观；而乙也，为主观。解问题者，殆不外此二式矣。而要使我国人，于此有惧心焉、有耻心焉、有争心焉、有奋心焉，此则尤为立问题者，区区用意之所在也。

第三节　辨别问题

且夫亡国者，亦亡其人民在此土之生息与在此土之主权而已。盖尝据古今历史，而为亡国者类别言之。其一则有此土之人，为彼土之人所胜，收其土地，欲绝其人民，而杀之、辱之、捕之、虏之、迁徙之、掠夺之，使此土之上，不得有此种人之踪迹者，此亡国之一种也。其一则有此土之人，为彼土之人所胜，而收其土地，或不能尽收其土地，戮其人民；或不能尽戮其人民，改变其政治制度、教化风俗；或不能尽改变其政治制度、教化风俗，此土之上，羼入彼族，而此土之人，亦仍得生长食息于其间，惟其主权，则他种人操之。若归化之土司、若藩属、若保护国、若奉戴异种人以为君者，要之，皆所谓奴隶者是也，此又亡国之一种也。前之亡国，若古者巴比伦之于犹太，而近者，俄人之于波兰、于满洲略近之。后之亡国，则今之灭国新法多用之，而更加巧密焉。以我国人之智识，素未知主权之为何物，国家之为何义，民族竞争之结果，其影响若何其伟大，而但见河山如故，风景依然，安吾耕凿，长吾子孙，则虽谓他人帝，谓他人皇，于我何有？而且有依附末光，甘为佣役，倚托他人之威势，称颂他人之功德者。呜呼！我神明之胄，愿男为人仆，女为人妾，以迎新送旧，人尽可君为国体，则二十世纪之中国，为白种人所占领，而以我国人代其工作之事，任其劳动之役，必且轶欧超美，出现一博硕美丽之土于天地间，其将认新中国者，为我中国人之新中国乎？如是则何亡国之惧之有？且夫今日之上海、之天津，固各国人操其主权，而待华人若奴隶犬马然（上海西人之花园，榜其门曰：狗与华人，不准入内，盖置华人于狗之下），而中国人彳亍匍匐于其间，若视此繁华之区域，为我中国人所自造，且若视为中国自治之土地者，浸假而内地杂居，若租界然，是则真亡人之国而匕箸不惊、鸡犬不扰者矣。且也各国知中国之爱虚名，而昧实事，或且仍留国号，以遂其保全体面之心，而又必扶助其政府，借政府以压制其人民以便其束缚宰割之计，而我国人固不觉也。故不得不为吾国人正告曰：所谓一国兴亡云者，兴则一国之事，一国之人自为之，得操其主权，与万国竞胜负，而足以自存；亡则他人为主而己为从，他人为上而己为下，他人为刚而己为柔，他人为发命而己为受命之人，他人为治人而己则为治于人者之人，而于土地上之兴衰治乱，固无涉也，且使一息奄奄，长此终古，如今日者，亦谓之亡，而不得谓之不亡，何则？我中国之主权，固不出自我民族之手也。然而犹曰兴亡云者，兴，则未来将然，而想象属望之词；亡，则过去已然，而核实定名之称也。夫，以已亡之国，作万一或然之想而谋复之，且谋复之于白种人之手，吾知其难。然以我黄帝尧舜之子孙，谓累劫不复，永无立国之期，此又肠一日而九回，心百感其若痗，断精卫之魂，枯杜鹃之血，而此心未已者也。

第四节　不以国粹解释问题

凡一国之成立，必有其精华焉，所谓国粹是焉。彼日本变法，则亦有恃乎国粹矣。日本之变法也，始于医，彼其始之为医者，皆家有巨赀，以医为救人之事，而悉心研求之，与夫中国之百学不成，降而为医以欺世者其道异，是故于西法之来也，而医先受其影响，何则？彼医者固有学，故能吸取之而收其用，而医乃有进步矣。日本之自夸者，曰："日本魂！日本魂！"日本魂者，武士道也，彼以尚武敢死，为其国人之特性，故变法之初，用是以覆幕府，洎乎国是既定，乃移而用之于海陆军，而兵乃有进步矣。医与兵，至今言日本变法者，必以是二者为称首，则皆恃乎其有国粹，以为之因地也。虽然，事必有次第焉，有阶级焉。试言之，变法之初，盖莫不有四时期者：一曰进取，一曰扫除，一曰决择，一曰保存。方新说之初入也，国之人见所未见，闻所未闻，始而疑之，继而考求之，终而信服之，此固非见异思迁，嗜奇好癖之性然也。盖实见新学新法，高出乎己之旧理，而决非恃前日之知能所可几及，乃不惜降心相从，而发其磅礴奋取之心。夫见他人之长而发其磅礴奋取之心者是也，进取之时代宜然也。当其时也，还观夫旧俗垢秽之点，腐败之点，随在有致衰弱之原，而造灭亡之因。夫人亦囿于一隅，无比较之心也则已。比较之余，而见夫他人如彼，吾国如此，乃不胜其羞恶之心，憎愤之念，而欲摧陷廓清，一荡涤之以为快。夫知己之病，而欲摧陷廓清以荡涤之者是也，扫除之时代宜然也。当是时也，又欲取新学而施之于实行矣，而甲一说焉，乙一说焉，丙、丁、戊又各一说焉，云属波委而来吾前，吾乃不得不审吾之国势、吾之民情，而定一说以为方针，则于彼有所取焉，于此必有所弃焉。所谓有用法国学派者、英国学派者、德国学派者，此贵乎斟酌损益，而有权衡审慎之心矣，则决择之时代宜然也。当是时也，新旧交孕，其旧俗之腐敝者，必不能与新文化合，不归于天然之淘汰，必归于人为之淘汰，渐次渐灭，其力日微，其中质之美善者，乃磨之而愈莹，砥之而愈坚，或且为他种人之所无，而此种人之所有，则其国之特性物也。凡立国者，莫不恃有此特性物也，以为基本，是所谓国粹也。于是有倡言保存者，以言保存，诚哉其宜保存也，此保存之时代宜然也。若夫非其时而语之，逆其序而用之，当人民汶汶昧昧，吸取新文明浅隘幼稚之时代，而先宣言，曰："吾有国粹！吾有国粹！"是适足与输进文明者相冲突，增国人守旧之心，助顽固之口实，而窒国民以进步也。故未敢以国粹云者，杂投之于我国人，宜尚欧化主义之时代也。

第二章　民　　族

第五节　民　族　总　论

　　我民族之入居于中国，考其古迹，大抵从西北而来，先展布于黄河两岸之地，故曰地皇兴于熊耳、龙门之山，而三皇五帝之所都居，亦均在黄河流域之区，故我国文化之趋势，由西北而及东南，而我种民族之趋势，亦先由西北而至东南，其时与我民族杂居者，为岛夷、猃狁、荤粥、氐羌等，然皆居四裔，惟苗族独据中国腹地。古史称苗族，在江淮、荆州之间，又云三苗之国，左彭蠡而右洞庭，又云三苗为九黎之后。九黎之乱，时见于黄帝、少昊、颛顼之时，而蚩尤为最著。我种人古时战争之事，亦以黄帝征蚩尤为称首，蚩尤既杀，未尽绝灭，至少昊时九黎复乱，颛顼时诛九黎，分其子孙为三国,三苗之名始此。尧兴,复诛苗民;舜时迁三苗于三危;禹摄位,三苗在洞庭逆命,禹又诛之。而舜命禹征苗,其誓师之言,载于《尚书》,曰:"济济有众,咸听朕命。蠢兹有苗,昏迷不恭。侮慢自贤,反道败德。君子在野,小人在位。民弃不保,天降之咎。肆予以尔众士,奉辞罚罪。尔尚一乃心力,其克有勋。"至今读之,犹凛凛有生气者,至周作《吕刑》,亦数苗民之恶,上及九黎,而举蚩尤为首。盖上古中国一大民族,以江淮流域为根据地,而我种人则以黄河为根据地,时相战伐,而卒为我种人之所芟除者也。且夫我当日之民族,足迹之游历者盖远,而文化之兴起者亦速。《山海经》一书,大抵为古人游记之作,其体例,记鬼神、记道里、记动物、记植物、记井产。记鬼神,原人时代,风俗则然;记井产,则可补后人地志所不及者。史又称东至蟠木,蟠木大抵为榑桑、若木之称。又安南人著史,溯其祖之所自出,曰神农三世孙曰帝明,帝明生帝宜,帝宜南巡至五岭,接婺仙氏女生禄续。帝宜治北方,禄续封泾阳王治南方,泾阳王生貉龙,貉龙娶帝宜之子帝来之女,生百男,是为百粤之祖(据此,安南人为中国之同种)。古史云,"南至交趾"盖指此。而流沙、昆仑,时见古书,则述原代所居,迁流所经之处也。以当日社会交通之未便,汽车、汽船之均未发明,而足迹所及,穹远若此。设我祖若宗,无远略之志,无冒险之心,则东亚大陆,时和物备,山媚川婳之一片佳丽地,必不为我种人之所有以生殖其子孙,或且囿于西北荒瘠之区,不得展舒其势力,发布其文明,至今尚在游牧之时代,与中亚洲之蛮族等也。且史称有巢以还,燧人以后,其时去原人时代衣草木食殆犹未远,而一入神农、黄帝之世,若历律之发明、医药之发明、稼穑之发明、陶器之发明,一切政治、制作、技艺、教化,咸有日进昌明之势。以彼旧民之蛮陋,而与我新民族较,其震惊于我族之文明者,殆与今日震惊欧俗之进步者无以异。我种人以彼种之劣也,字之曰夷、曰蛮、曰戎狄,而加以羊种、犬种、蛇种之称。又虑其腥膻我土地也,放而逐之,杀而戮之,凡我种人之伟人物,必以能攘戎狄、驱蛮夷为首功。盖同异种之战斗,而民族主义之发生,本于天性,而出于自然,盖自古代而已然矣。由是而茫茫大陆,其日月待我而光明,其山川待我而秩序,其草木待我而馨香,其鸟兽、百物待我而亭毒。而东海之上,惟我民族有耿光者,则以我民族之较于旧民族,固我优而彼劣,我胜而彼败者,天演之理然也。虽然,我民族则亦染有旧民族之毒害者,若巫觋之风,若昏虐之刑(《楚语》:九黎乱德,家为巫史,民神同位。又书载：苗民为劓刵椓黥之刑，刵截人耳，劓截人鼻，剕椓人阴，黥割人面），皆苗民之所有以染及于我族者，度亦当日婚姻之不严所致。夫变改习俗，莫速于婚姻之力，而优种人与劣种人结婚，往往能失优种人之性质。若昔者阿利安人种侵入印度时，与其土人杂婚，遂失其一种进取活泼之气象。而当其初，分为四种姓：曰婆罗门、曰刹帝力、曰吠舍、曰戍陀，其间阶级其严，盖亦虑种族之混淆，而设此防范也。当我种入居中国之始，与旧族杂居，必有与之相匹合者，若娶戎女，纳狄后，犹时见于春秋之世，则古时可知矣。且夫我民族莫盛于三代之时，至秦汉后而次衰，自晋以还，北方人种，又混入匈奴、巴氏、羯羌、鲜卑、东胡之种类，文明种族，日益南迁，中原文物，远非昔比。吾痛吾之种族，当生长发达之后，忽为北方蛮族所闯入，而近者又有一种杰特强悍之民族，窥东南海疆而至。夫北方之蛮族，其文化实不逮我，不足惧也。测海而来之欧洲人种，较吾种之文化有进，而遂鄙我为野蛮、为半开、为病夫、为老大国，而吾人种昔能战胜旧民族者，今乃不能胜新入之民族，且为新入之民族所胜，而日有退居穷蹙之势，且我人种之尚可图存者，惟在今日耳。失今不图，而待欧种势力之既充，后虽欲图之而无其时，则我黄帝、尧舜之子孙，有威光、有荣誉、有战胜他人之资格者，不可不起而自励也。盍亦尝游滇、黔、楚、蜀间，而观其山谷中一种之苗族乎？此皆战败残剩之遗种，不得复见夫天日者，殷鉴不远，是我种人之鉴也。

第六节　民族之性质

彼英人之离母国而得一新地也，必先言政治，而平治道路，设议会，立公共之法律。而法人不然，当其得一新地也，必先务为游观之处。是以英人之于殖民地也，数年之后，日益发达，而法人之于殖民地也，常有寥落之虞；英人之于殖民地也，能自立为一国，不必依赖其母国，而法人之于殖民地也，常以母国扶持之；英人之于殖民地也，不必以母国之财，为子国之用，法人之于殖民地也，常至耗母国之财；英人之于殖民地也，常能合多数之异种而管理之，而法人之于殖民地也，其管理之才绌焉。故曰：论民族者，观其离母国后，能自立国与否，而优劣可知。彼英人者，常以此自诩其民族，谓能占特色于全地球者以此。而英人与法人，以比较而见高下者亦以此，无他，则其民族性质之所自为也。夫事业者，性质之现象；而性质者，事业之本也。势力者，性质之效果；而性质者，势力之因也。我民族而果占优等之性质乎？则今全地球之势力，宜莫如我民族。若东及东三省，而南走安南、暹罗、缅甸，南洋岛屿，棋布星罗，迤逦过东太平洋，至于美洲，莫不有我华人之踪迹焉。以多数管少数之例言之，我民族所至之处，其数远过白人。挈东南洋而管领之，以与全地球之民族争雄长，岂有能敌我者？然而今日者，白人以其少数之人，提扼纲领，而我华人，皆俯首帖耳，受羁轭于其下而不敢争者。论者谓我华人若散沙然，若溪边之积石然，个人自为个人，而无一联贯之机括，是以全国之人号称四百兆，实则四百兆之个人而已。夫以有经纬、有组织之团体，而至于四百兆，此今日民族至多之数也，分而为个人，则又民族至少之数也。中国之四百兆者，散体之少数，而非合体之多数，故易与也。此言也，则稍过其实矣。夫个体与个体，而不能联合者，禽兽是也，是以为人之所圈辖束缚，豢养宰割，而莫之能逃。若我华种族，则固有父子之亲、夫妇之爱、兄弟之友、朋友之交、君臣之义，以视夫众多之个体与个体者，其进化也，亦远矣。然则我华人之所短者何哉？曰：无政治之思想，而造成国家之才力短也，家族主义的民族，非国家主义的民族。家族主义的民族，以封殖其室家，发达其子孙为主，而合众之事，共同立法、共同议事，立共同一致之机关，为共同一致之运动，而依共同之主权，造共同之幸福者，其事阙焉。互相关注、互相团结，不过同乡、同府、同邑之谊，所为之事，不过大致如会馆而已，所谋之目的，大致恳亲而已，扶助而已，便于交好往来而已。能如欧洲人种，聚众数人，聚众数十，数众数百，即议共治之法律，定共治之制度，而成政治之机关，造国家之基础者乎？无有也。何则？家族的民族，非国家的民族，故有天亲之联合，无人治之联合；有伦纪之秩序，无法律之秩序；有家世之感情，无邦国之感情。而其弊也，有营私心，无合群心；有循俗心，无独立心；有贪鄙心，无名誉心；有节啬心，无慷慨心；有卑下心，无高尚心；有巽懦心，无勇敢心；有晏安心，无攻取心；有退守心，无冒险心；有谐臣媚子干利徼禄之心，无英雄豪杰赴功建业之心。是以私斗则勇（如南方一村一族之械斗，有甚剧烈者），公斗则怯；私利则明，公利则暗；私义则报之，而公义忘焉；私德尚有之，而公德阙焉。而出洋佣作者，惟思还乡，游学毕业者，但营膴仕，其为异种人所管领，宜也。何则？彼固不能自造国家，而待他人之造国家，而已得安居其下也。家族的民族，非国家的民族固如是也。夫当民族潮流膨胀四隘之时，彼以国家之民族来，我以家族之民族往，其畴胜而畴负，亦可知矣。嗟乎！我民族非自改良其性质，进家族之主义而为国家之主义，吾未见能立于民族交通竞争冲突之时代也。

第七节　民族之体力

智力俱全者，人种之上者也，有智而无力者次之，有力而无智者，又次之。试游于途，见其人也，其气象清明，其躯干伟岸，其状貌都实，而胸部正、脊梁直、肺量宽，其气血充沛而有余。官骸四肢无不发达之部，如是，则必为世界雄武之民矣。反是而见其人也，其气象荼靡，其躯干尪弱，其状貌劬苦，而胸部正、脊梁曲、肺量窄，其气血亏损而若不足，官骸四肢有不发达之部，如是，则必为世界驽下之民矣。以我种人与欧种较，其纵量大概弱欧种人一头有余，其横量大概以欧洲之五人，当吾种之六人，而气宇间，我则垢秽，彼则整洁；我则委靡，彼则挺直；我则局缩，彼则活泼；我则柔脆，彼则壮实。且夫我种人之体力，非特不及欧洲人种，即印度西北边人，如今日租界所用之巡捕者，其身段力量，亦远过我。彼所患者，身格上下之不匀称耳，非夫体力之逊人也，又非特不及印度人也，上海行路，凡属华人，必避欧人，此至辱之事也。昔者吾友尝言曰："吾欲强中国，吾无他求，求其行路时，不必避人而已。"嗟呼！此虽区区之事，然亦必先恢复国力而后能争之，岂易易耶？夫社会者，以个人而成国家者，以个人而积者也。个人之体力弱，合而为国家社会，其力亦弱，此理之相因者。昔者吾读史，称古之防风氏者，其骨专车，而春秋时与我种战争者，尚有长狄之一种。又秦始皇时有翁仲者，实为安南之慈廉人，身长二丈三尺，在安南时为长官所笞，乃入秦，以身量异人，秦皇使为将，匈奴畏之，铸铜为像，置咸阳司马门。此虽同于大禽大兽，为历史上人种之博物品，非可用为一般人民体格之标准。然而帝尧长，帝舜短；文王长，周公短；仲尼长，子弓短。而尧瞿舜墨，禹跳汤偏（偏，半体枯），伊尹锐下而丰上，汤丰下而锐上，傅说如植鳍，周公如断菑（菑，死木），叶公子高，微小短瘠，行不胜衣，晏婴长不满六尺，张良体弱多病，战时载后车中，常如妇子女子，此古人体格之未齐也。然而不足为我种病者，以古时社会无一般之养生，无一般之体育，乃各因其赋秉之异，或精神强而体魄弱（如张良是也），或勤劳民事，忧伤憔悴，夭其发育，体格不丰（如禹、汤者是也），至全社会进化，而体量齐等矣。然自秦汉以后，我种人体格之高下，虽未可得载籍而稽，而大致有退无进。而一种丑态怪状，出现于后世或近日，而为古人之所无有者，其大较有三事也：一鸦片烟鬼，使我种人气色灰败、志气隳丧者也；一八股先生，使我种人蹐局伛偻、俯仰不扬者也；一缠足妇人，使我种人气血夭伤、肢体残缺以害傅体者也。是数辈人者，其为先天赋畀之偏欤？抑忧时感事，劳瘁其心神，而夭阏其气体欤？前者如聋跛盲哑然，方当哀矜而怜悯之；后者则贤人君子之所时有，况当此震恐颠沛之时代也。而所谓鸦片、缠足、八股之病，均不若是，或发于一人之嗜好，或中于政治之弊害，或染于社会之恶习。其伤害夫一身者，不过废弃社会之个人，不足惜也，而子以传子，孙以传孙，浸假而阅数十代、数百年之后，举全国之人，无一非病夫，无一非鬼状，而万国将置我于博览会中，以供其玩笑（今年日本开博览会，拟以中国土人陈列会场，为在留日本学生反抗而止。又学校中人类学陈列品，有鸦片烟、灯烟枪，及女子弓鞋，又弓矢等，皆可耻也）。是则亡种之祸，其将验矣。且夫事业者，志气为之；志气者，精神为之；而精神者，气体为之也。人当偶感小极，或荣卫失调，或寒暑失宜，已觉志虑之不及运用，而营业且因而阻辍，而况集合病夫而成国，又何以谋成立也耶？吾闻之人言曰：东方之国，好服长服，以拱手无事为上，此其所以弱也。夫长衣拱手，且致弱国，而况事有百倍于长衣拱手者乎？《洪范》之言六极也，一曰弱，弱有二义焉：一曰志气弱，一曰筋力弱。我国人欲避弱之为害乎？则非以军人之气魄、军事之精神立国焉不可也。

第三章 地　　理

第八节　总论地理

人之智愚、强弱，有关于其状体者，国家、社会进化之次第，亦大受影响于地理之间。全地球文化之发生，始于内江内海，是故有中国黄河流域之文明，有埃及尼罗河流域之文明，有印度殑伽河流域之文明，有腓尼基、希腊、地中海之文明。而自哥伦布得新地，蒸汽船之制发明以后，内江内海之文明，遂一跃而为外海之文明。当是时也，滨海之国人智，远海之国人昧；有海权之国强，失海权之国弱；得海上交通之利者国富，失海上交通之利者国贫。夫中国者，负陆面海，以茫茫大陆富源之无尽藏，而运输东南，以收交际之利，揽东海之商权、兵权，以与各国争衡，虽谓其地理有凌驾万国之资格可也。然则数十年以来，其失策之处，可照烛而数矣。一狃于用陆，凭吊古昔英雄战争杀伐形势之地，险要之所，与夫名都大邑，人民之所辐辏，货物之所填溢，皆在陆而不能海。而波涛汹涌、岛屿杳溟之区，以为此天地之险，非人力所能及。试观历史，中国人之能用海者，惟春秋时，有吴伐齐之舟师，而古时青州之域，兼包辽东，秦汉时山东人民，多渡海徙辽，今时犹然。故东三省之语言，多有与山东合者，东三省之人民，实多自山东迁移之一种也。而唐时始言海运，以供范阳之军食，杜子美诗所谓"云帆转辽海"者指此。又浙江人民，亦间有至日本者，至唐宋以后，闽粤人民，渐与海习，出洋谋生者浸多。至今东南洋各岛，无不有吾华人之踪迹者，然皆不能立国，只个人之营业而已。而元时一用舟师而败，郑成功用台湾之舟师以袭南京而亦败。然能犯风涛、驶溟渤，欲凌驾之而取以为用者止此而已。自海疆交通以来，一二时论，乃谓守外海不如守内河，而当轰轰烈烈、海权发达膨胀之时代，海上权力之论，不出于我国士大夫之口，至今收海岸之利者，惟在交通之利便，得输入文明，以异于西北荒远之区，而权利让人，无可挽救，则皆守数千年习惯之见，而毗于用陆者之过也。一狃于地大物博而人众多，世之称中国者曰：地大物博而人众也。然而亡中国者无他，亦地大物博人众而已。试言其故，地大则朝割一区焉，夕割一域焉，而内地人民仍见夫河山无恙，版图依然，区区一岛一屿，曾若九牛之一毛，且本我之所荒弃者，而何损于毫末之有？人徒见中国之民，麻木于国事，若无痛痒之觉性者然，而不知他人之监吾脑而扼吾吭者，尚在内地人民所耳目不及之处。夫常人之情，必身受其惨苦，而后知惧，而后知奋。当日本变法之初，汽笛一声，忽焉冲破国人之迷梦者，彼固岛国，以兵船游弋其间，举国震荡，以是为动魄惊心之事宜也。若吾大陆，溪异谷别，抱子生孙，老死不相往来之人，或生平有未见欧人之一面者，又何从面惕以瓜分之惨、奴隶之卑，而刷励其精神也，此地大之患也。物博则休息生养于天产物之丰富场，而经济之思想，末由发生，偶值财政困难之时，以为若天炎饥馑然，不久平复，其所转输，不过移此省之财，以救彼省，而取明年所有，以周今年而已。是故全国财政，无可统计，实亦不必统计，以为天下之财尽在是，其贫富不过此赢彼绌之间。故一战而赔款数百兆也，再战而赔款四百兆也，并息而计之，而将及千兆也。清款之期，而迟至四五十年也。其为吾种人之患者，祸烈于洪水猛兽，而伤剧于快枪利炮。然而国人未尝有计全国之岁入岁出，陡添此巨款，国人之担任法应若何？增加税则法应若何？且筹增加者之能胜任与否？担任者之应监督财政与否？而徒听在上者之罗掘搜刮，取之而不知其何故，用之而不知其何往。盖虽至今日之百孔千疮，而吾国人尚未以赔款者为至大之问题，而置之脑印之中，惊跳于寤寐之内也。此狃于人民多而物博之患也，是皆大陆国之根性然也。虽然，吾独以为吾中国者，负陆面海实一海国，而当重海以立于海权竞争之时代者也。试言之，北京首都，距海不过数百里，津沽、山海关失而北京亦危，庚申、庚子之役，京师皆失守者，其已事可见也。山东以威海、胶州为屏蔽，今也割弃两处，而山东岌危，若置人之掌握中者。至南中国以金陵最占形势，扼江海之冲，而其距海也甚近，若敌舰一入长江之口，而南中国皆危。余若浙江，若福建，若广东，皆以省会首都置于海上，胜负之数，一决之于海面而已。且以我海岸守护线之长，自海参崴以至琼州，防之不胜防，备之不胜备，我防于彼而敌出此，我备于此而敌出彼，我钝而彼灵，我劳而彼逸，我以应兵而反为客，敌以战兵而反为主，但陷害一二处，已足震动我之全局，不得不俯首丧气而请和矣。况乎水师不足战，则不得不守以陆兵，而无沿海之铁路，以输送之首尾之间，殆不相顾，又何以守？故曰中国者，实海国而当重海，以立于海权竞争之时代者也。且非当仅练外海之水师也，尤当置长江水师，以与海军相接应。夫自秦汉以后，我中国战争之区域，已移黄河而至长江，其胜也者，无不据长江之形势，习长江之兵，而握长江之权力者也。远事不必征，以近事言之，彼洪秀全氏之所以败，曾国藩氏之所以胜者，其所争之要着，亦在于有长江之水师与否而已。故夫居今日而争中国之存亡者，内江外海，互相联络，此天之予我中国以形胜者。不然，负此奇特之地势，而不能用，而局缩于山谷间，闭关内锁，自同于蒙古、回部、西藏、中亚洲诸国之所为，如之何其不为人之所亡也。

第九节　海　　港

甚矣，中国之有土地而不能治也。他人之所谓志得意满、高掌远跖、立石铸像（如上海立巴夏礼之铜像）、铭功纪念之区，皆我种人之所谓受羁被辖、为奴为马、惨目伤心、积耻如山、沉仇若海之地，使我民族而万劫不复，永无立国之期也则已。设也有立国之一日，而国于太平洋之上，不能不有太平洋之权力；欲有太平洋之权力，不能不有太平洋之海军；欲有太平洋之海军，不能不有太平洋中国岸良港之根据地。而此若干天造地设、山环水匝、祖宗留遗之地，若所谓香港、舟山、秦皇岛、威海卫、胶澳、琼州、三门湾、澳门、旅顺、大连湾诸处者，岂能返之自英、自德、自俄、自法、自意大利、自葡萄牙诸国之手乎？即偶有留遗之处，可为重立海军之所，而厕于英、于俄、于法、于德、于美、于日诸强国之间，又岂能分其势力，不为其所压抑，而能自成立乎？曰占领、曰割弃、曰租借、曰毋让与他国、曰势力范围圈，又岂有还我主人，复见归来之一日乎？呜呼噫嘻！平日之弃一港，让一地，以为无关大局，而乌知已并我子孙立国之根本断送于浑沌政府，写条约盖御印之一日，以数十处海港为铁案，而中国真无回复之一日矣。当轮舶所经，瞻望云山，又乌能不悲从中来，洒万斛之泪，以送此残山剩水也。

第十节　铁路矿产

今世界至伟大之力，水则汽船，而陆则铁路焉。有汽船而海受治于人而海王，有铁路而山受治于人而山王矣。中亚洲一带之山国他日繁盛，或有如今日之海岸线诸国者，其必假自铁路之力，以彼之万轴奔驰，追风逐电，而道路所经，山川则听其挥斥焉，人民则受其弹压焉，物产则由其输送焉，廛市则归其部居焉。其铁路所到之处，即其财权所有之处；其财权所有之处，即其兵力所及之处；其兵力所及之处，即其管领土地所至之处。哀哉！各国之刲割我、束缚我者，不以后膛之枪、绿气之炮，而以此雷激电奔之一大怪物也。试言之，曰东清铁道、长春吉林间铁道、关内外铁道、北京张家口间铁道、蒙古铁道、芦汉铁道、正太铁道、津保铁道、山东铁道、山西铁道、粤汉铁道、南京上海杭州宁波间铁道、南京汉口间铁道、津镇铁道、重庆汉口间铁道、云南铁道、清缅铁道、京江及福建铁道、泽州间铁道（属福公司），而英也、俄也、德也、法也、美也、日本也、比利时也，凡他日之欲为中国主人翁者，莫不斗眼光、注心力、投金钱、计工程于我大陆间，而路之未成者，预规画之，从而经营之，又从而要约之；路之已成也者，谋展拓之，从而接连之，又从而管领之。且也以我明婳之山川，博丽之土地，金银之气，溢于苍巘赤岬之间，煤铁之苗，露于近郭远郊之地。而又蕴蓄数千年，惟五帝三代时有取其地面之浮出及藏于地层之浅者而取用之，而秦汉以下，什人歇绝，未闻王者谋国有取五金以足用者，间有遗洞古窟，不为王者政令之所封禁，即为民间风水之所拘忌。此宝王之国，而其国之人，日对此金银之楼阁、百宝之宫殿，梦梦然而不知焉，或知之而又苦于无机器焉，无赀本焉，无提炼之法焉，无运送之道焉。不然，不得见许于其官长焉；不然，而又不得见请于其政府焉；不然，而又不得见允于其乡闾焉。而于是一绝大无尽藏之产业，不得不转而赠诸外人，且夫矿产之与铁路，固互相表里者也。以铁路运矿产，而矿产之运输便；以矿产养铁路，而铁路之生计盛。吾行见二十世纪，吾三干之麓，两戒之间，罣山络野，接轨连轸，喷赭烟而掣流星者，各国之铁道焉。锤幽凿险，夥颐万指，堆铁炭之峥嵘，而耀金宝之璀灿者，各国之矿所焉。起而视吾华人，则为其工筑人焉，佣役人焉，伺候人焉，向导人焉，运送人焉，小贩卖人焉，旧产主而分微利人焉，而各国揶揄而鄙薄之，曰：此亡国之民，此贱种之产。盖当我国人熙熙太平，沉沉鼾睡之日，而敌已缚之、杀之，有以制吾后日之死命也。

第十一节　航路、内地杂居

淼茫洋海之间，除国岸炮弹线为一国之所领有权外，而当陆地影尽，惟天与水，一碧无际，此风涛之区域，鳞贝之世界，孰主宰是，孰纲维是，于是乎有海权之问题。而航路者，为其交通之血脉管也。英之强也，自英伦三岛，越地中海、红海、印度洋、南洋、东太平洋，举其大者，若直布罗陀峡、毛尔塌岛、亚丁、新加坡，随在有其停泊之岛屿，而有添给煤炭、粮食之区故焉。俄之欲由黑海出地中海也，谋划数十年，争战数次，尚不能尽遂其欲，乃筑西伯里亚铁路，经营海参崴、旅顺、大连湾，以出东海，乃若虎之出于柙，雕之拟于霄，而莫可制也，其争海权，盖若是其亟也。我中国民族之踪迹，遍东南洋，而无航路以联络之，凡出洋者，皆附乘他国之船。他国者以中国之为弱国而其人可欺也，群侮辱之，凌轹之，甚者若吾中国人不得坐头等舱，而食无与之同席者。近虽有人谋自中国至墨西哥之航路，然无国力以保护之，其不为他国人之所推倒与否，盖未可知也。夫海外之航路已矣，沿中国海岸线之航路，及内河之航路，非中国所当自保其权者乎？夫中国两大河流，曰黄河，曰长江，而由人工造成，与长城并著，可称为中国之两大工程者，则运河是也。黄河下驶竹箭，奋腾剽悍，而两岸多平土，有灌溉之功，而失舟楫之利。昔日之文化，易于发生，而今日之文化，难于输入者，由此之故。若夫长江，则中国之功德水也，自出三峡以后，逶迤数千里，襟楚带皖，通蜀扼吴，中干之阳，南干之阴，其所出之水，皆汇焉以归于海。而波平浪静，一舸下水，两岸看山，佳丽都邑，数十里、数百里间，星罗棋置，而土地所产，人工所成，去帆回樯之间，百货输通，而上下江交收其利焉。自通商以后，为南中国内地输进之孔道，而长江遂为世重。虽然，中国之河与江，皆顺地势，走东西线，独运河以人工之力，午贯为南北线。昔者海道未通以前，南北交通，省车马之劳，而就舟橹之逸者，实惟此河之故。然自德州以降，干涸不时，必至清江浦而流始大，则山东之道，迤逦以达江苏者，稍阻滞矣。而两粤之间，长流贯注，扬百粤之文明，而与南海相吞吐，以荣卫岭表之都居者，则西江是也。是皆中国之至大河流也。其余导源于一方，流域所经，或数百里，或数千里，或自归海，或汇于大川以入海，为吾中国发生财富之源，而传布文化之导线者，不悉具陈。而试数蒸汽船之航路，自上海出帆，沿中国界海线，而至于北方之东三省、直隶山东，及南方之瓯甬闽粤者，又出海入江，溯流以上，而至于汉口，又自汉口以至于宜昌者，仅招商局之船数艘。而外国公司若怡和、太古、美最时等，其船数且过之。又小蒸汽船之航路，若沪杭间、沪苏间、沪湖间，及清江浦之镇江间、九江之江西间、汉口之湖南间、西江至梧州间等路，虽多自中国人为之，而外国公司，亦参杂其间。而昔年吾国人拟办天津至德州之航路不成，又去年童学锜拟办上海至杭至甬之外海航路。而自杭之钱塘江，溯流以达富阳、浦阳江之航路，已集本金，不见许于商务大臣而止。而日本则既营大东公司于上海，以达苏、湖、杭州间，而又拟开湖南之三航路，其湖南路开办之始，由国家津贴之。夫外人之开航路于中国也，非独与我分运送之利已也，航路所至之处，其国家之权力，及民族迁徙之迹，内产之所运出，外货之所输入皆于是有力焉。况乎允内地杂居之约，外人得随地以自开厂制物，而内地之收取，厘金力不及于外人，而但抑勒本国之商。是则外人之于内地，日益利便，而本国人之于内地，势日微弱，吾恐不数年间，碧眼、皙颜、隆准、紫髯与夫榑桑三岛间之人种者，皆将入吾之堂，履吾之阃，我之智不能与之争，力不能与之敌，财不能与之抗，势不能与之角，其为政府者，开门揖之，求自保其富贵而已，而一国之利害，非其所计焉。其为人民也者，茧茧然不奴隶而为奸利，即野蛮而思暴动。夫揖而进之，帖耳摇尾而乞怜者，犬狸之行也；奴隶而求生活者，牛马之质也；不量度而恣杀戮以为快者，虎豹之性也。是三者，皆不能竞存立于今日世界人类间，而足以亡国亡种者也，然吾恐吾国人之对外人，盖不出于此三事也。

第十二节　道路、少树木、多坟墓

道路者，公共之产也，国家借是为灌输之脉络，社会借是以为交通之机关，货物借是以为出入之利便，人民借是以为适宜之卫生。是故王道荡荡，王道平平者，太平之现象也，道路不治者，亡国之预兆也。彼欧洲人之得新地也，未营宫室，先营道路，其纵线、横线之所至，宽逾数丈，其直如矢，行者投足，有便利之心，爽垲之观焉。以道路为主，室屋为宾，未闻有以私产而敢犯公产者。异哉！我民族之性质，知有身家而不知有国家，知有个人而不知有社会，遂至知有私产而不知有公产。当其建一国、立一市也，凑集其个人，务各饱其私体，营宫筑室，以为此我一家之所有者，而不得已也，留其余以为道路，但求能容足而足以至吾宅而已。是故甲也者，务占土地，以益其家宅，以是为己之利也，乙焉亦然，丙焉亦然，而人人无公用道路之观念，遂无公治道路之议论，因无公守道路之法律。凡夫名都大邑、殷市巨镇，非无豪富之家、搢绅之族，轮奂翚革，壮异其居，而至道路间所出入，无不倾斜险侧，狭隘恶陋，污浊洼湿，凹凸黑暗，粪屑泥汁，酝酿粘和，晴则垄涌十丈，飞粪扬尘，渗口入鼻；雨则滑汰沾泞，泥淖三尺，粘衣着履，三岁不涤，而尤甚者，乃挖沟渠于衢路之中，以为倾拨污秽之所，而人于是矢焉，畜于是粪焉，过者刺鼻蹙额，脑气为之不清，而心欲作三日呕。而环其旁者，万户千家，若入鲍鱼之肆，久而不闻其臭，而气质且与之俱化者，此岂有高尚其性格、活泼其身体者之人物出于其间耶？吾闻欧人之游土耳其者，曰其都城之不洁，不下于中国。呜呼！我中国人种，何为以不洁之名轰轰于全地球，而至援我人种以为比例？且也，今日之文明国，其居处所在，必莳种植物，丹楹素壁，与翠干苍柯相辉映，而道路间，列树整齐，绿荫罦罳，日光澹宕于其间，云影迷离于其际，以一方居住之人物，吸养呼炭，而一方之植物，常吸炭吐养，相抵换而足于用，则一方之空气，常新鲜而不至有恶浊之患。故一望其国焉，葱葱郁郁然，若可称为世界之公园者，则必兴盛之国，而所谓文明之制度者，亦于此标其现象焉。我中国人者，生计之国民，非政治之国民，故以道路为无益于己事也者而不治焉；以树木为无益于己事也者而不植焉。当人烟稠密之处，连间接巷，龌龊湫隘，求其能留三弓之地，垦一尺之土，滋一花一叶以含润空气而爽亮心目者，不可得焉。而道路之间，行人杂沓，流汗挥热，骈趾摩肩，求其能荫暍于林樾而休憩于繁荫者，盖亦不可得焉。夫入山林，则人人有轩爽之心，而居城市，则人人有昏浊之概，必使城市之间，备有山林之乐，而后人治乃一进步。不然，而惟是郁伊以长子孙，局促以谋衣食，而气象失其清明，精神失其敏活，志虑失其飞扬，思想失其高洁，则所谓人类之贵，果何有焉？且夫树木之益，非独用于居处之间已焉，以润空气而生云雨，以吸水土而固堤岸，以荣山岭而供材用，不然，而吾种植之地，行将变易为沙漠而忧暮。堤坊所在，或冲激以波涛而易溃，而又材料告乏，无以供大工程之用。昔者吾汉中盖多材木，故秦时用之而筑为阿房宫，至前明时，惟用蜀中之材木，迄近日惟东三省多大树林，而北方之山，童童赤赭，南方山谷间，亦无巨材，至大建筑，乃用运自美洲之洋木。而工虞官废，无种树之令，伐木之禁，其必峰峦之间，日濯濯焉无疑也。西人谓吾中国岂有树木者乎？其言近谑，然而未尝不中吾国人之病也。且吾中国之尤令人憎者，原阜陵麓之间，累累然如疮痏如麻瘢者，皆堆积人肉馅馒头之坟墓也。试游人国，其铁道线经于旷野之间，眼帘所接，惟峰峦林木之相掩映而已。我中国之道路间，可植之山、可耕之地，若以供死者之用，而为万鬼之城市焉，墟落焉。夫土地有尽，而生人无穷，以七尺之躯，而必占寻丈之土，将化全国为墟墓，而尚不足于用。彼西人之于葬也，择一地层累而上，以与地平而树石焉。日本多火葬，其土葬者，棺直桶式，而或在于寺院之内，或择一处而丛葬之。是故占地无多，而全国之内，皆干净土焉。我中国教化，盖重传体，重传体故重坟墓。而风水之说，遂萌芽于人心、风俗之间，而日益繁昌，盖植于相宜之社会间故也。夫吾古者本有族葬之法，今当师之，而不封不土，与地线平，树一石碣，以志记念足矣。岂有生无益于人，而死乃夺生人有用之地，而徒留若堂、若坊、若马鬣封者，以为土地上之障碍物耶？且使其人而贤而有功于人群也者，遗蜕所委之处，过其下者，或凭吊焉，或崇拜焉，以为此古某名人之墓也，若汶汶无闻，徒营高官，积臭钱，为子孙作马牛，而子孙乃从而崇奉之，虽崔巍祁连，高冢若云，而宰木摧薪，石马磨刀，数传而后，卒归平夷耳。夫人者血肉之躯，而神明寓焉，血肉所聚，不能不散，故号之曰死。死者神明之脱离躯壳，则残胔剩骼，亦正与土石等耳，故谓神明为可贵而尊之者是也。以神明所不寄之体魄而宝视之，其见与印度河畔之积石者无以异（印度人于人死，积石河畔，以压胜之，崩则谓有鬼子来取，乃再积之，崩则又再积之，而以为常），此我国所当革除之俗，以扫除此地理上之污点者也。

第四章　民　习

第十三节　总论民习

凡万物之能存立于世者，非恃其有强武之力，能抗御他物，崭立于竞争之世界中，而有特殊之气概以自存焉，则必恃其有狡黠之才，依阿淟涊，附属于他物之下而不为其所绝灭以自全焉。此二义者，自人类以至庶物，莫不皆然。是故有猫，而鼠之一种类，未尝不繁殖于仓社间；有鹰，而雀之一种类，未尝不繁殖于林薄间；有鲸，而鳎（海鱼之弱者，故曰鳎，一名鳁，日本以充常食）之一种类，未尝不繁殖于海澨间。若夫人则官骸不具，而肢体弱小者往往多巧猾之夫，盖彼自视其强力不足胜人，乃不得不别出于一途，为强力之所不能胜，而后有以取便利于其间焉。故夫优胜劣败云者，非独强者能制胜夫他物而后谓之优焉。彼弱者之可以生，亦自有所谓优者在。虽然，同一人类中，而彼之民族，以强武胜，处于能制胜夫人之地位，此之民族以柔曲胜，处于依属他人而不为他人所铲灭之地位，换而言之，即所谓彼为猫而我为鼠，彼为鹰而我为雀，彼为鲸而我为鳎，且即以利害之间，互相牵制，而有彼此足以并存之理，亦如夫鸡犬牛马之为人用，而人因而豢养之，奴隶之，为主人役，而主人乃分利以赡之者，无以异也。夫所贵乎人者，谓其有自力者也，能独立者也。若偷安而存，隶属而生，则不得复谓之人类可也。呜呼！我种族之具劣根性，而习与性成，积渐而至如今日者，其故固由于受异种人之管辖而来者也。夫民族之义，本于共同之血统，而又有共同之土地，经数千年来，沿其利害相同、荣辱相同、休戚相同之事，而其间又有共同习惯之语言、文字，与夫教化、制度、风俗以联络之。故一种族之与一种族，亦犹个人之与个人，个人而失其天赋之权，以隶属于他人之下，则谓之奴隶之人、牛马之人可也。一种族而隶属于他种族之下，亦谓之奴隶种族、牛马种族可也。夫一种族之间，其可改良进步，而不必拘保守之名者，惟在文字、语言，与夫教化、制度、风俗之间，可择其优于己者而用之，而不能不保守者，则一种族所固有之权利，若天之分定以予我者也。夫世间恶孽，惟在弱肉强食之间，然而此恶孽之本原，固不当专责强者。何则？心思才力，人人之所同具者也，必人人自完其本能，而后彼此交际之间各完界限，礼让生而和平之道出焉。若我自谢其能，而使强者生其骄傲凌轹之心，则是此悲惨之恶剧，由我自缺陷其本分之所由致也。夫天地间人类、物类之相容，盖不外二例：一不同等之位置。甲为能使者，则乙为被使者，甲为能杀者，则乙为被杀者。一同等之位置。互有能则互相用，互相用则互相爱焉。前者强权世界之例，后者平等世界之例也。强权世界，盖不独强者之演恶习焉，弱者之演恶习盖尤甚焉，则以其对强者，有谄媚心焉，有卑鄙心焉，有依赖心焉，有曲从心焉。且一物也，彼强者夺于弱者之手，而弱者不得有其权，久之而弱者之于此物也，必淡漠视之，虽极之颠顿倾覆，而弱者毫不置念虑于其中，此固人情视夫非己有物之常态焉。且即有重视此物，欲不分彼此之界限，而欲代为之图治者，而其权已非我有，强聒焉且将不信于其主人，而将操鞭扑以从之焉。一国之内情如此，吾未见其国之犹可为也。然则中国之今情，可略溯其原矣。方其始之与外种人相遇也，未尝不欲竭其力以抗之也；抗之不能胜，而遂为其所压服焉。当其河山已非，宗社方墟之日，一二秉英雄豪杰之性者，未尝不并志壹气、焦虑困心，欲出万死不顾一生之计，绐之于他人之手，而光复我祖宗之旧物，而被捕缚，遭杀戮，徒党屠醢，而家族覆灭者踵相接，此皆一一摧伤民族之志气者也。夫既已帖服低首下心而事之矣，而学士大夫，偶或文字涉及先朝，亦可罗织字句之间，牵连成狱，其摧锄夷伤之所及要，使闻者惊心，谈者钳口，而后强者之位始固。然而凤凰之雏、鲸鹏之卵，固已不留遗育于民族间矣。方是时，其能俯仰新朝，而灾祸不及其身者，必其怵于势、慑于力，改志易虑，蝼屈无声气，以求苟全其性命者也。不然，必其入山之深，入林之密，为耕佣野老以藏身，而不愿闻利害治乱当世之事者也。不然，必其闷闷汶汶，塞聪堕明，受时势之大震动，而曾不激刺于其脑性，但能行尸走肉，饮食男女，以延祀姓者也。不然，必其或有大不得已者，而遂受其衣冠，拜其禄食，行其朝廷，以示无他，而不欲为之设一谋、画一策，行与心违，旅进旅退，以终其身者也。不若是者，则必薰心于富贵利禄，蝇营狗苟，为虎作伥，挟其小知小能，一技一长，与其媚悦迎合之技，以博取功名势力，而不复知天地间有廉耻气节之事者也。夫以一种之人，所谓有豪杰英雄之气骨者，既已销亡，不得延其种类而传其性质，而得意当世、子孙蔓延者，非黠巧之夫，即庸懦之辈，则其人种之不能立于世界竞争之场，盖可知也。不见夫印度乎，挟雪山而贯恒河，以地理饶沃、物产富备、哲学思想最高出之处，而屡为异种人所窜入，洎英人之来，遂以一公司之力而覆其国。吾闻印度诸王，每欲假外人之力以自残其同类。何则？彼固经异种之蹂躏，则其同种之团结力遂散，是故地虽大，人虽多，可取而亡之也。若夫中国，其于外人，则尊之如神明，而事之如父母；而于同胞，则凌之若牛羊，而践之若草木。此特性胡为乎来，则亦受异种之蹂躏，而同种之团结力已散也。是故今地球之民，凡曾受异种之管辖者，则其人民未有能自立者也，且夫合同种人而建立民族的国家，其爱国也，不待焦唇敝舌，设法而劝诱之也。何则？彼固天然有血族之关系，而非同于以人力强合之国家之所为也。若夫合异种而建国者，其间必一种人有权，一种人无权，而后能相容，而又以其利害之不同也，则彼此往往无密合之点。故非民族集合的国家，往往当外患之来，则内之离心力渐生，因其罅隙，而将有决裂之势。且夫一国之中，既集合素无感情之两民族，而徒恃强者之势力所鸠聚，则夫有他种之人，其力更强于此者，彼弱民族之不顾而之他，而另事一异民族，视弃其向事之主人，犹敝屣也。且其于同胞焉，以消散团结力之既久，亦一旦不能复合，或且欲蹴借之，以为事异种人之媒焉。此皆必至之势焉，以观今日之中国人而可验矣。当庚子之役，联军所至之处，有高插某国之顺民、某国之顺民旗者；有为洋人作向导，而假洋人之名，以搜杀掠夺各村庄者；有能洋语而向洋人谋事，或为之作翻译，为之作收税吏者；有挽留洋人假定之民政官，而送万民伞、德政碑者；有诵管韫山之八股以为洋人侑酒者；有以街上与洋兵或印度人之被雇为兵、与为巡捕而得其握手以为荣者；有以洋人出入其家为显赫，甚者有出其妻女以献媚者。而不独此也，今通商各埠，其为洋人之细崽、通事、捐客，与夫邮政、电报、铁路、轮船诸关洋务局所之下等执役人，以洋人为后援，其待同胞之中国人也，何一非若虎若狼、若帝天之面目。若上海之某华捕，以一华人偶游于西人禁止之界内，西捕欲释之，而华捕必欲扭之。又某华捕，以见日本下等人之攒殴中国人也，反扭中国人之发辫以去，而日本人则以服洋服而不之究也。诘之，则中国人与外国人斗，无论如何，必当办中国人。而上海虹口日本邮局所雇用收信之某华人，其狰狞之状，尤为人所痛恶。若此者悉数之不能终，偶举其一二人，而中国人无民族之感情可见矣。且也义和团一大事之发原，何一非此辈人为之火线也。初时京津各处铁道间之执役人，多假洋威，欺客无人理。若购车票，其银钱之伸缩出入，惟其所欲，无敢与较者。当京保铁道未毁之前，有乡民数十人已购车票，适车行而后期，不及乘也，乡民者以旅费无多，则欲退车票，执役人喻之不以理，乡民人多而口杂，其中有曰："尔辈之凶恶若是，当属义和团来，以烧铁路。"执役人遂以是言告洋人，谓顷骚扰之一般人，皆义和团也。洋人者，未解中国语，而不知其情实，执鞭以驱逐之。乡民既失赀，不得乘车而又受辱，乃愤而群诉于义和团，求其雪仇耻。义和团者，方跃跃欲烧铁路，遂以是于一夜间，尽烧京保之铁道，而祸势乃不可收拾。星星之火，至于燎原，则皆以无同种之感情而肇之祸也。且夫今日之依附洋人，而为之仆役者，其人大都已富贵矣，或且捐功名而膺显秩矣。他日者，中国之所谓高门右族，则多此辈人之子孙也。是固以事异种为遗传性者也，而洋仆其尤次者也。今中国之所谓仕宦之家，阀阅赫濯而簪缨联翩者，溯其由来，又何一不若为洋仆者之所为，而秉洋仆之性质者也。昔者，一异种人之来，其能善事之，则得富贵者也。今者，一异种人之来，其能善事之，则又得富贵者也。其仕宦也，犹其为奴隶；其为奴隶也，亦犹之其为仕宦也。吾见今日之逐逐以攒北京之臭肉者，转瞬而瓜分局定，则是辈者又将挟其今日逢迎钻营之伎俩，以事夫或英人、或法人、或俄人、或德人、或美人、或日本人、或不知何国人焉。而何国之与有？而何种之与有？若夫一二贤者，逢时之哀，痛苦流涕，冀图挽回，则固言之矣，曰："物非我有，而权之不属于己，必不见信于主人，而将受其鞭箠者也。"故曰：一种之人，为异种人所管辖，则奴隶之性成，而同种之团结遂散，未有复能建国者也。虽然，吾愿吾言之不验，而吾种或有复兴之一日，群詈吾言为居于一偏而不当于事理，是则至快心之日，而不愿以吾言为的，而他日之事，乃不出如是云云也。

中国上古旧民族之史影

原载《新民丛报》第31号

先吾种族而为中国之主人翁者，谁乎？则苗族是也。苗族者，始据中国腹地，而其后退败零落，栖息于南中国一隅之地者也。

苗族之与东南洋各种族，有无种类之相关，与吾种族有无血统之相混（近时熟苗与华人杂居，有通婚姻者），此人类学一研究之问题。要之欲考古民族者，必先研究苗族之所由来与其分散迁移之处，或因此而得东方人类学上一大发明之事，盖未可知也。

今之论苗族者，或云与在暹罗之泰伊种人，及在台湾北部之生番，所谓黥面番者多类似。是说而果足征乎？彼苗族者，素栖息于中国南方，其一部分或移徙而入于暹罗及中国台湾，而别成为一种族者，盖未可知。其或他蛮族中，尚有苗族之种类，亦未可知也。

今者欧洲人多喜入苗地，而教士尤喜传教于苗民，久居其地，习其言语，而考其风俗，尤喜抚育其婴孩，试验其性质若何。盖有欲研明之事理，不惮冒险而为之者，欧洲人之性质也。

近日本人鸟居龙藏氏，调查扬子江西南之蛮族，其调查之区域，为湖南之一部分，贵州之全体，云南之东部，四川之西南部。又与以上接近地方之两广地方及两广之猺獞蛮族，又海南岛、广东省北部之蛮族，又湖南湘水上流之蛮族，又福建省一残部之蛮族。

其调查之事项：

一、体质上之调查。研究人类学之最要者，体质是也。其研究之法，分为二种：一据生体；一据死体。据死体者，验其骨格是也。据生体者，又分为二种：一体质之部面（例若毛发、皮肤、容貌、颜色等），一体质之尺度是也。

二、言语上之调查。研究人类学之次要者，言语是也。搜集其各单独语，及其他语，成书备查。

三、土俗上之调查。如风俗习惯之事，又搜集其土俗品。

四、考古历史上之调查。搜采蛮人之故事及遗物，又访问与华人关涉之古迹。

五、写真摄影。此调查非独可明扬子江西南之蛮族已也，其结果或为安南、缅甸、暹罗、比律宾、马来诸岛民族之必要，盖一部分之种族往往与他部分之种族有相关者，事之常也。苗族之在今日，衰残凋落，然在往古，占地布种，其势力或百数倍于今日，即其文化之有无及文化之程度若何，亦历史上一疑问之事。日本田能村梅士者，论上古苗族之亦有文明，且其文明之发生早于华人，兹述其言，亦我学界上所不可不知也。

中国之文明滥觞者为何地乎？今之学者群不待疑问，而谓中国之文明则滥觞于黄河之流域是也。虽然，余不敢苟同其说，而欲提议一疑问题，即中国文明之滥觞果从何地是也。

论罗马之文明者，必谓滥觞于带伊白河。凡一国之文明，必由水之源流而发生者，此一定之理势也。中国之文明，其不能外此理势无疑。虽然，谓中国之文明滥觞于黄河者，其于事实诚不谬，然只就中国之北部而言之耳，若论中国之全局，则南方文明实别滥觞于扬子江，且其文明之发生为早于北方，试先定为左（下）言之例：

一、中国文明，南北有各别之滥觞。

二、南方于江水，北方于河水。

三、南方文明之滥觞，早于北方。

此实反从来之定论。虽然，余固有信此独断之见为不谬者，其中国北方之文明，有可信凭之历史，虽唐尧以前之事不详，然可以散见诸书者为征。且参以各国原始社会之理，则中国民族约距今五千年，有个个之部落，分布于河水北岸，沿流而东，遂跨河之南北，而渐次扩张其区域，其间侵夺赴仆，互有消长，有部落之数益减，其版图益大，遂有如三皇五帝之时代，以强大之酋长为君主，有此北方之情状也。若南方当日，其状况若何，与北方关系之事若何，年月事迹，书缺难稽，然吾谓南方之民族，其文明已早发生，而其后乃为北方之民族所征服者也。

据中国古史所记载，古代之文明，似专局于北方之一部，而南方一带，全在野蛮蒙昧之境。虽然，泰古之人类，从气候寒冷、地味薄瘠之处而渐聚于气候温暖、地味肥饶之处，而文明之趋势，亦必先发生于人口稠密之处。虽发生之后，欲维持以臻于完成之域，南方温暖涣散之处，或不如北方寒冷凝固之处为适宜，然文明最初之发生，多在于温暖炎热之区，如印度，如埃及之事例可征。盖文明之麹糵，不依暖热之空气，则到底有不能发酵者，试问江、河二水，为孰适于培养文明乎？彼河水者，以黄河为名，已显示以常泥浊而不澄清之意，且其河流屈折，流势奔放，动则增激泛滥溃决，颇不适于利用，往往至为大患者，古来盖不知其几何。若江水者反是，水质澄湛，流势稳静，除上流有峻湍之区，其余大致千里一碧，汪汪漾漾，无泛滥之忧，而有易亲易狎之状，患害甚稀，而适于利用。然则无抗敌天然力之智能如上古人类者，谓必聚合于黄河者多，而聚合于江水者少，此吾人所不能信之事实也。

又可以地味之关系论之，当时记地味之肥瘠者，惟《尚书·禹贡》一篇，依《禹贡》所记，而案其地味之等级，雍州第一，徐州第二，青州第三，豫州第四，冀州第五，兖州第六，梁州第七，荆州第八，扬州第九，其大概均以北方为上，南方为下，似当日南方之地味反薄瘠，而北方之地味反肥饶者。虽然，《禹贡》记事，则有否认者三焉：

（甲）《禹贡》记事，全与近世之实状相反。夫地味厚薄，容或有因时变迁之故，然全部面积，古今乃大相反，殆无此事理也。

（乙）禹以北人（按：禹为黄帝之子，昌意之裔孙，昌意降居若水，若水在蜀，故禹生石纽，惟禹事业之发端，皆在北方，故谓之北人亦宜），其视察南方之事，对之冷淡，或有不如北事之亲切者，虽大贤或不能免此人情。且南方当日，属要服荒服中，地势僻远，为北方王化所不及，故北人视之，全若夷狄者然，或不免有先入为主之过误。又《禹贡》九州，其地当今中国本土十八省中之十三省，面积广大，以当日之时势度之，或有视察不及精密之处，且即欲详晰视察，而当日视察者之人之智识上或不能得正确之结果，此亦事理之所或有也。

（丙）与当日视察之结果，有一全可反对之事，盖当日北方之人民常食黍稷，而米非所其用，遂至贵黍稷而贱米，贵旱田而贱水田，南方多水田之处，映于北人当日之眼帘，不免概置为劣等，遂至分地味之等级，乃与当日之南人及今人竟至相反。

此三者予于《禹贡》之记载为否认，而不敢坚信当日地味北肥南瘠者也。

无论气候也，水流也，地味也，皆南优而北劣，则中国之文明，谓南方较早于北方者，吾人盖不忧其乏论据也。

且历史上之事，亦可得左证焉。从来历史之通病，战败者之事迹多湮没不传，即传亦传其野蛮恶逆之行而已，盖历史之成，多出于战胜者之手，中国史盖亦不免此病。故据其古史，可以考见北方之事，而不能考见南方之事，其记南方民族如三苗者，亦只传其野蛮恶逆之名而已。彼三苗者，其果为恶逆之蛮民乎？抑为有智能之良民也？是实无由悬断。虽然，三苗文明之发生，实有较早于北方者，此尚不乏证明之资，无他，即一部之《尚书》是也。

《尚书》者，北人所记录，不仅记载尧舜以下之美德懿行，而兼载文物制度。然其中言法制者，皆在舜摄位以后，而尧以前之事无闻，或者为孔子之所删削（近时世界有论孔子之删《诗》《书》为历史上之大罪人者），然亦因其事或有不可信者。而三苗之有刑法，则已见于《尚书》，如《尚书》一二卷、《周书》二九篇《吕刑》皆是。是实遗珠沙中，而可谓今日之至宝。吾人得此，一则可看取当日南方文明之光辉，一则可想见南方法制已具之日，则北方则尚未十分成立也。

是故予于中国之文明，欲定为南方早于北方，而南方实滥觞于江水之案。盖三苗者，中国固有人种之一，而三皇五帝之民族者，属外国人种，从中国之西北方侵入，展布于北方黄河附近之处，屡与土著人种相冲突，渐次伸张其势力。故曾有一说，以黄帝为亚细利亚人者，盖亦近似之言。三苗人种者，其初或亦局于江水之南，以渐散入中部，至达于黄河附近之处，乃为北人所摧败，窘蹙而复归于江以南欤？

然则南方文明，其后无所表见，何也？曰：为北人所征服，而日窘蹙故也。黄帝者，以善战征为天子，与炎帝战而胜，与蚩尤战而胜，遂挟其战胜之余威平定四方。《史记》称黄帝"未尝宁居，东至于海，登丸山及岱宗。西至于空桐，登鸡头。南至于江，登熊、湘。北逐荤粥。迁徙往来无常处，以师兵为营卫"。云云。其四方往来，必非无意味之巡游，于其所谓逐，所谓

"以师兵为营卫"者，可想见当日往来无非征伐战讨之事。所谓"登熊、湘"者，熊、湘二山名，在今长沙附近，当日三苗之首府，在洞庭、彭蠡之间，距今长沙不远。黄帝南伐渡江水，因登二山以为用兵之所取道欤？当是时，南方各部殆已尽为北方黄帝之所征服也。

由来中国者，用武之事，南方人每为北方人之所胜，南方之文明虽已发生，而一至以干戈相见，遂不免为北方之强者所败，是实累代中国历史之成案，太古民族，或亦不能异此例也。

至舜即位，而三苗又被窜，盖三苗者，一经黄帝之征伐，势不复振，至是稍欲试其跳梁，而其力脆薄，不足以当战伐，卒罹投窜三危之刑。《尚书》纪其事曰：四罪而天下咸服。盖北方统一中国之势，至是而已略定者也。

田能村梅士之言如是，余盖读之而有感焉。夫千古种族之兴衰，亦关系于战争之事为最大耳。有黄帝与蚩尤（九黎，苗族，蚩尤九黎之君）之一战，而我种获胜，遂得分布其子孙于大陆，而世世有中国之土地，而彼苗民一败之余，尽弃其江淮、荆州及北方所已占有之区域。至于三危之窜，并弃其在彭蠡、洞庭间之根据地，而崎岖局促于山谷间，至于今不能自振。观于古史，蚩尤本其苗族之巫风，作大雾以迷军士，而我黄帝则造指南车，又使挥作弓、夷牟作矢，虽其事不尽可据，要之彼凭妖妄，我尚器械，则我种人之智能，固自有胜于苗民者在，而后能举其莽莽一大民族，兽蓰禽狝而桎缚之，不得与吾种争大陆一片土。是故涿鹿之战，我种之一大纪念事也，我乃若披坚执锐，受黄帝之命，而从应龙之后，以与彼种者，驰驱冲突于凶黎之谷、中冀之野也。而一回忆，我今日者甲午丧师，庚子丧师，土地削夺，种姓蹂躏，而同胞蚩蚩，沉昏若醉，昔何英雄，今何潦倒，乃不觉俯仰沾襟，泪尽泣血也。

抑夫彼苗族者，其于蚩尤，我之所谓凶残，彼之所谓英雄也。铜铁额，兽身食沙，或为传闻怪诞之言，然悬其形象，已足示威天下，则当日之势力可知。古史称其受庐山之金而作五兵，此足为当日制造之征。至言风伯雨师为五里雾等事，虽不脱巫俗，然社会原始时代，大抵以巫祀为民智开发之第一期，地球各国皆然。今日之所谓野蛮者，当日亦可谓之文明。然而彼苗族者，占有之地如此其广也，人民之生齿，虽不可稽，以其地面核之，不可谓不繁庶也。而自蚩尤外，若一无人物自崛起于其间，而一败之后，又未闻集合其同族奋发砥砺，奄奄无气，以至毙亡。劣等人种之性质，固不能一入竞争之场耶？然而今日者，欧种闯入，而吾种人俯首帖耳，受其羁缚而无可为计，是又无暇为苗族哀而行为吾种人哀矣。

吾友贵州蹇念益曰：苗族之人，其出与中国人交也，当卖买之时，虽道远，必载钱以来，若银洋则中国人往往上下其价值以欺之，故彼之不能用也。又曰：若买盐，其斤两时价，又往往为中国人所欺，故彼约钱若干，则必欲得盐若干，而分量之轻重，以手托之而知其数，颇不爽于毫厘，以其无权衡而习用此技故也。又曰：其织布也，亦有机，以两人对织，不若中国人所制之布机之灵便，然其成布坚实，胜于中国人布机所出之布。又曰：苗民者，其女子中或亦貌不甚丑，中国人所呼之为苗姑娘者也。苗民之有洞者，则有酋长管领之，其在平原者，多与中国人交通，有若干区，有苗籍之秀才额，其智识大抵概不及中国人，中国人盖多凌虐之。呜呼！亡种人之事情，固若是其可惨耶！然而今者欧洲人之虐遇我其殆尤甚，我同胞其亦痛乎否？醒乎否耶？

苗族语言，今揭其二三单语：

一呼矮 A.

二呼嚭 Pi.

三呼叵 Po.

四呼配 P,e.

五呼派 Pa.

六呼駄 To.

七呼伊 I.

八呼意果 Yik.

九呼摇 You.

十呼积 Chit.

男呼凯唔缪 Keng miu、坦唔缪 Tam miu.

女呼削缪 Sh,a miu.

小儿呼矮苦伊伙可唔 Akui ho,k,om.

火呼拖 To.

水呼泥 Ng'ni.

手呼阿普 Ap,u.

足呼阿拖 Atau.

耳呼阿衷 Abiu.

眼呼买典 Mai teng.

口呼噎蒂 Iti.

以彼者日藏于密菁深谷、蛮烟瘴雨之中，然而世之研究人类学者，以彼为最好之资料，胜于陈列大禽大兽之枯骨而摩挲石器、铜器之残物也。彼蚩蚩若苗民者，岂知其身不出洞，而世界乃买其风土记耶？而吾种内地人士，凿井耕田，溪异谷别，沿其老死不相往来之俗，而岂知吾内地矿产之里数、土物之产所、河流之长短、道路之险夷，悉了了于异国人之胸中，而已变其舆图上之颜色，各分其区域而认为己物，且将以第二之苗人目我也。呜呼！此茫茫大陆者，苗民所曾覆辙之途，我种人忍再蹈其覆辙也耶？

风土之与人生

原载《新民丛报》第32号

风土良处之生人

风土良处之生人者,无与外境界争斗之事,故无冒险心,无忍耐力,无贮蓄心,无勉强之习惯。土地绮丽,故好美观物,好始终变化之事。道路交通,故擅应接宾客之长,而奢华之风,亦由兹而起。

风土不良处之生人

风土不良处之生人者,习劳苦,无有愉乐之事,故能勉强,能刻苦,能忍耐,有贮蓄心,虽极俭约之事不适于意,而心能安之。其所短者,乏进取之气象,无活泼之致,不能为一飞惊人之举,惟营营兀兀,不挠不休,驯而能行千里之远者,可勉为之。譬之于马,非竞走之马,而负重之马也。

此类之人,若创新而与世人相接战,其才非所长,不能不让人为之,而为关系内守必要之人物。彼风土良处之人多夸大之言,喜自居上位,不能优待其下人,而又不能监督而秩序之。若以风土不良处之人当其职,其待人也,多出于真心,而有监督秩序之能,为其统属之人,多满足于心云。

海岸之生人

海岸之生人者,受波之感。波者,动物也,因方圆而异其形者也,当坚强之处，则避而改其方向，以走于少抵抗力之处者也。彼其映旭日而腾彩，绚夕照而烂色，涣然呈文章之美观，而至风起浪涌，又为泛泛然浮动之象，若无定质者然。故生是处之人，概好动之人，稍遇动机，彼直驱出。然多因其境遇而改易其性格，薄于执着力，弱于忍耐力，而短于自信力者也。

山间之生人

山间之生人者，受岩之感。岩者，戴土花，蒙苔斑，风雨千年，巍然不动。彼其当春之日，鸟鸣花开；涉冬之时，冱寒雪闭，若漠然无所感觉者然。故生是处之人，顽然兀然，守其古初，不能伴时世而进步，其改变之觉悟性极短。然有执着力，有忍耐力，不欣羡于世之华衣美食，行三里求酒店而不为远（谚云：山居之人，酒店三里），其肉体发达，而根气诚实，与生风土不良处之人多同。

平原之生人

茫茫平野，极目绿翳，无波涛之冲激，无岩峦之峥嵘，其感受波气也，惟见漾漾之平河；其感受岩气也，惟见不动之静林而已，而群花时鸟亦足娱人。故生是处之人，得海与山两方之长，所常能营远大之规模，而小事或非其所长。彼生海岸之人，乏忍耐持续之心；生山间之人，缺敏活进取之致；惟生于平原者，乃能调和而补其缺乏也。

记者曰：凡人之性质，多以外境界之习惯而成。若夫豪杰则不然，不为地限，不为俗囿。是以尘壒城市之中，荒僻山林之处，常有一二人之特出，其性质与其一乡之人迥异，所谓沛公天授者非耶？若豪杰者，诚加人一等哉。

人之气质，各有所偏，其偏至之处，长于是乎呈，而短亦于是乎见焉。所贵乎学问之道者，能变化其气质而已。彼蛮野之人，多任天质，而文明之人，加以陶镕改变之力，若合众多之分子而成为一物，有不易分别其质素者。彼夫华泽之陶器，人岂知其自土坯中来耶？墨子言所染染于学，则非染于风土者比矣。

是故天行之美，常待人治而成，天行之病，亦待人治而灭，人治之进步，世界之所以有完人也。故夫人者，不可不企望为豪杰，而以学问自造成其天性也。

华赖斯天文学新论

原载《新民丛报》第33、34号

英国科学大家华赖斯氏（Alfred Russel Wallace）顷著一论，题曰《宇宙与人类之位置》，一时科学、哲学、宗教家，纷纷评论，起论坛之波澜。华氏之说，以近世天文家学为根柢，其结论之归宿，则与近世天文学家大异。兹揭其要点如左：

一、星界为有际限之事。

二、地球位置星界之中央。

三、地球外无他生物之处。

四、宇宙最大之目的，在造人之灵魂而使之发达。

华氏之言，其可为定论与否，今尚无可断言。虽然，氏以深远高尚之思想，该博精确之智识，据其所论，诚可为天文学家增一进步。世之抱高远理想之士，其乐取而研究之欤？因译述以贡诸我国学者。

华赖斯曰：古代天文之说，以为地者居于中央，而日月星辰，各有其轨道以环绕地球。自哥白尼之说出，而古说遂废。哥白尼者，以为宇宙间之行星至众多也，各行星之中，其位置形状与吾地球同者，又不知凡几也。厥后奈端辈及几多之天文学者，又以强力之望远镜与天文学所用进步之器械，发现亿兆无数星群于星云之中，大于吾等之太阳者甚多，大于吾等之太阳系（吾等太阳系即八行星也）者又甚多。吾等之太阳、吾等之太阳系，其在天空间不过一些小之物，由是意宇宙间或有优于吾等之地球而可以为生物存在之处者在。而地球与吾等之人类，非于宇宙间有特别重大之关系。此近代天文家所承认之说也。

一恒星为一太阳，他之太阳，各有附随之行星；他之行星，亦可为生物存在之处。此学说之风潮，涨漫于过半世纪间，而于实事上皆受其影响。宗教家假是说而归于神力之广大，怀疑家谓人类于宇宙非占特别之位置，未蒙特别之恩惠，且吾等所属之太阳者，不过在宇宙间为第二等、第三等之恒星，而区区为其附属之一地球、为其附属地球上之一人类。而谓造物主者，特创造天地以为人类之用，与所谓牺牲其独子者，皆属不可考之言。而宗教之教仪信条，遂为世所轻蔑。彼神学者对此攻击，无力以防御之，亦相率而抛弃其从前之观念者，盖时有也。

至最近四半世纪间（百年中之二十五年），积天文学者几多之观察，几多之发现，其智识日益明确，而宇宙与人类之关系，遂亦逗一新光明于人间。此固非为维持宗教者言也，盖实见吾等人类，其所占之位地殊为特别，且其位地直为有一无二之处。彼世间抱高尚思想者，谓宇宙之作用所以发达人类肉体中不可灭之灵魂，此言也直可以最近之天文学为强援而证其说之果不诬也。彼持唯物论者，谓以至小地球之人类为目的，而以至广大之宇宙为方便，其目的过小，其方便过大，失其平均之理，因欲攻破其说。虽然，使果有至大且贵之目的，则虽费无限之空间，无限之时间，以求达其目的者，决不得谓之不均平。夫发达人类之灵智，其目的实可谓大且贵，而以宇宙之物质及以太为其用。余者固深信此宇宙后，有一灵能之原因，而造物者不同于无意匠之所为也。

人类地位之如何，盖可据近世天文学证之。虽然，以其可证诸事，而组织为一结论，则余尚未之闻也。

星之数果无限乎

今学者谓星数无限，星界之广无边，此固尚未有不易之确征也。若诚有之，则吾今兹之论可以不作矣。何则？无边无限，则无地位相异之处，亦无以何地位属于何部分之事，而无所谓近于中心，亦无所谓边于中心。以无限之空间，何处皆中心，何处无周边者，球体之义然也。

当十九世纪之前半时代，台罗伦及海路奢二氏者，以望远镜之力，星之被发现者得增多数。虽然，此星数之增多与望远之力盖有比例，而其后用非常强力之望远镜，所发现之星数乃不与望远镜之力而俱增，以定率之比例相较，甚为减少。若是者不啻示星界有尽，而窥测之已近其际限也。

今之星界之中又尚留多数之黑暗，若星之在宇宙者，其数果无限乎？则凡望远镜所不达之处，与夫望远镜所能达之处，其星之散布者盖有同一之密度，而于星所占有之空间，其面积乃益大，若是，即星界中必无尚留黑暗之处之理。何则？无边之星界愈远愈大，必能照澈此黑暗之处故也。

星界之际涯，则更有可以照像器证明者。今以照像器之干板装置于望远镜之中心点，以照摄天空诸星之影，而宽其照摄之时间至三时之久，则凡所得照摄之星，比之肉眼从望远镜中所得见之星，其数增多。虽然，试增加其照摄之时间至三时以上，所费照摄之时间多，而被照摄之星不增，与其在三时间可得照摄之数之定率比较，有甚减少也者，则明示以星界之有尽，而望远镜之已达其际涯也。

天文学者据星之大小以分星之等级，而一等星之数则为二等星之数三分之一，二等星之数则为三等星之数三分之一。每进一等，其增数以三倍为定率。依此推算，自一等星至九等星，其数约二十万，而自九等星以达于十七等星，依前比例推之，则今日最强之望远镜可得见之星数，约计盖十四亿。然以实际考之，望远镜之可得见与夫照像器之可得而照摄者，数乃不超一亿，自九等星以下，其比例之数反从而减少者，是又吾人可证明星界有尽之一事也。

则更可以光线为基，而证明星界有尽之事，兹者假天文学大家偶加摩氏之说而指示之。以地球为中心点，而以吾人肉眼所得见之星界想象为一大圜，而至有直径二倍之处，又为一大圜，而又想象此第一圜以至第二圜，其周边之距离等，自第二圜以至第三圜，其周边之距离亦等。如是递推，至于第四、第五、第六多多无限之圜，若星界无限，则凡宇宙之各部分，其光力所布大概归于平均。地球者，得于其第一圜及第二圜之间，受其所发同等之光，更得于第二圜及第三圜之间，受其所发同等之光，推而至于第四、第五、第六多多无限之圜亦然。圈之远者，其光力所从来之路远，或不免因而微弱，然愈远者，其圜之轮廓愈大，其容积之星愈多，从其距离所减之光，可于容积所增之光补之，即距离者以自乘之逆比例而减光力，容积者以距离自乘之正比例而增光力也。夫各圜与各圜之间，光力既为同等，而又圜数之多至于无限，即令宇宙间有诸处之防害物，而以地球之位置论之，于日间可得受于太阳之光量，亦可于夜间而得受之于他星。何则？彼无限之圜，俱可向之受光故也。然而地球所受之光，其实际颇为少量，则第一圜之外，尚有多圜星球存在之事不可考。试以地球所受于星光之总量计之，其数仅得月光四十分之一；而月光者，又仅得日光五十万分之一。据此征之，而星界有际限之事，益可无疑也。

以上得诸事之证明，可为星界有际限之结论，则更进而论星之配置。

星于空间之配置

以恒星为不动者，往时天文学者之言有然（往时以不动者为恒星，动者为行星，今知凡星皆动。故恒星、行星之界释以能自发光者为恒星，不能自发光而受他星之光以为光者为行星），今则考见诸多之恒星，无不运动。且由是而知凡宇宙间星直无一不运动者，特恒星之运动颇为微小，往往积数年之观测，仅得就其光而认识之。其运动之最速者，为北斗星中六等又二分之一之星（过于六等星二分之一，尚未至七等星者），然一年间之运动，从地球上观之，仅不过一度之三千六百分之七。而在他星，或须历数世纪之久，方能有若此之运动，其一年有一秒之运动者，颇为少数。此事已尝就数千之星，而种种研究之。至近日又发现有数群恒星，其运动有同一之速力，同一之方向，于菩涅台士之一群星尤明示此象，其余星群亦似有同一之致。由是而推天者，或于部位上有一定之方向，而后诸星皆依之而行。我之太阳，其亦必有一定之方向，一定之速力者，可知特定方向与速力，其事极为困难，以太阳动，星亦动故。然至太阳与星之距离测定，此困难亦已减少，而星之运动，其速力与方向亦由是而得知其正确也。

测定星之距离，亦为至难之事，其位置既属非常之辽远，而其星又有自身之动，不能得其一不动之点以为根据。又测量距离者，必有通长精密之基线，及其线之两端可以测精密之角度，而其为用，即以有一亿八千万里以上，地球轨道之直径为基本，而以之推量他星之距离也。然以天体之动，不易测其精密之角度。至近时天文学者以种种精巧之方法，过分精密，遂得测量多数之星距离，而实现各星距离之度直有可惊之辽远者。以最近之星计之，从太阳与地球之间，以三角法测其距离之数，不仅仅挟一秒之角度，其余所测之各星，尚有远过于此者，从太阳与地球之间而测其角度，殆不足一秒之十分，此距离之大，以何方法比拟之乎？试以相隔一里之距离，而观察其五里长之物（其比例太阳与地球之距五厘，恒星与太阳及地球之中间之距一里，从恒星而观太阳与地球之间，犹以相距一里而望一五厘长之物），从恒星而观太阳与地球间之距离，其定率盖如是也。

往时以光力之最多者想象以为最近之星（以是分星之等级，自一等至十七等），然光力之大小与距离之远近殆无何等之相关。今日所知最近之星，实亦有一最光辉者，然以光力分之五等、六等星中，有相距反近者；一等星中，有相距甚远者，则光力大小殆不足以定星之远近也。至运动则实与距离有相关之事，运动最速之星，即可定为最近之星，如从山上而望海上之船舶，近则见其速驶，远则见其迟动，于星之理亦然。凡星者，殆皆一律运动，至比较之而或见其速动，或见其静止者，盖关于距离远近之故，此一定之事实也。观乎此，而吾人于星界之形状及其组织，亦略可知矣。

银河

银河、一大星云环，自古惹世人之注意，而天文学家于此得多少研究之益。此大星云环约当黄道六十三度之角，分天为两半球。以最强之望远镜及照像器观测之，此星云环之状，实为无数之小星而群集，而此小星以外，又有多数之小星集于银河之中及近银河之处，惟在银河之两极，则星数最少，从两极渐近银河中来，星数亦渐次增多。据海路奢之计算，银河之两极初十五度，十五分平方内，计星数平均四个，次十五度增至五个，以后追增有八个、十二个、二十四个至五十三个之多云。

得几多学者之证明，而海路奢之说益确。部罗古度自一等星至十等星，共测星数三十二万四十有余，而断定银河中之星数为最多。意大利天文学者洒排利以今日最精切之方法测星，偶加摩精查星图，亦均断定星数最多之处在银河中云。

综合各事而考之，银河者，实大小各种星群所成之一大圆环也。虽然，银河者犹多留暗黑之处，而通观其暗黑之间隙，殆皆无星，以是知银河之底殆不甚深。而最关重要者，则为吾等地位不在银河之里，而在银河一大环表面之中心，即不在正当其中心，亦离其中心之点不远。试从吾等之地位以望银河，无论当银河之何部分，其距离大都相等，所见银河之两端，其广狭亦略相通。设令吾等之地位偏于一方，则必见银河之一端或广而一端或狭，且银河远处之一方所得见之星数亦少。虽今之学者有谓银河南广而北狭，故吾等之位置近南，然银河两方时有广狭之不同，有北广者，亦有南方狭者，要之从各部分距离之相等观之，即吾等位其中央之证也。

更有要言于此：银河者，不仅所见如圆环，其实际为圆环体，此海路奢研究银河与黄道之比较所断定。而吾人地位在此圆环之表面，且在其近中心点之处，其可取以为证之学说者亦多。

我等之星群

如上所述，星之远近，不关光力之强弱，而关运动之迟速。依此测星，其最近之星，一体散于太空之中，不专在银河中及其近傍之处。偶加摩曰：若拭去天空中不见运动之星，其余各星仍见其散布于全天无异，于银河边无特多，亦无特少。教授格布坦及其他天文学者认此一群近星为球状，我等之太阳系者，位于此一群星之中央，且占地位于银河环平面之中心。若此星群不为球状，则星之散布不规则，吾等不位其中央，则所见之星一方多或一方少，而吾人观星，遂不能见全天同一之状，由是而有一极大之结论出，即吾等之太阳实位于宇宙之中心，而吾等者，实占物质宇宙中央之地位也。

即有反对论出：据精密之数学，谓吾等之太阳系，不正当宇宙之中心点。然即不正当中心点，而在其近中心点之处，此吾总合诸家之学说而加以研究所敢断言者也。太阳系之地位既定，更进而论太阳系中地球之位置及地球有关系于生物之事。

地球与生物

宇宙间各行星，皆能发达生物与否，此一大疑问之事，余今者先考求关于生物发达必要而不可欠缺之事，而后断定他行星不能发达生物之故。兹就所见而少述之。

昔时之论，谓他行星与地球全异其要素而成，于此相异之状体中，他行星亦或有发达生物之事，而温度与湿气等则全置不论。至近时考知他行星与地球，且凡辽远之恒星与星云，无一非同一之元素所成，以同一之物理及化学法所支配，故地球外之各行星如有生物，亦必与地球之生物为同一元素之所造也。

抑生物发达之事，必赖液体与气体不断之循环，而此必先赖有适当之温度，在冰结点以上，沸腾点以下。然实际则温度适当之范围尚有更狭于此者，而后方为适当之用。今考宇宙空间之温度在摄氏之冰点下二百七十三度，而太阳之表面约九千度，至适合生物发达之温度，在从零度迄七十五度，凡高等生物之发生，均在此温度之内，而此温度尤必历数亿万年之久。他行星虽或有一度适合于此温度，而无此继续之长日月，则于发达生物之事为难，请更进而言地球适于发达生物之故。

一、得适当之温度，云雨河流得为蒸发气，与太阳得距离适宜之度。

二、以云雾露等使水分循环，又以昼夜冬夏平均各带之温度，以适当之分量与密度，使空气常依地球之大小而存在。若行星中如火星者，虽有空气，而其空气之分量或多不足。

三、海比陆广，以潮汐、潮流循环之不断，使温度均平，而此合正规则之潮汐，由地球得好伴之卫星（月也）而起。若行星中如金星者，不能有此之好卫星。

四、有甚深之海，水之容积比水上陆地之容积三倍，以变化适当之温度，又使数亿年间无一次陆地淹没之事。

五、以空气中微尘之作用，使生云雾雨露，而此微尘从火山沙漠中来，不绝而混入于空气之中。

由是而知地球之能发达生物者，在所占宇宙间之地位与其在太阳系中所占之地位适用故也。而他行星或不能如地球位置之适宜，则亦不能有地球间所有之事，且也，地球所用为发达生物之事，若于过去或现在，有一事之中绝，则亦不能收发达生物之结果，而从其所占之地位及其永久无间绝之事观之，则地球者，全为造高等生物而设者也。

星界之中心

吾等之太阳系在星界之中心，有关系于地球发达生物之用，他之太阳，又何故无发达生物之行星乎？此困难之问题，非有最高之数学、物理学与最大思想家之智识则不能答，余兹者欲就思考之所及而稍述之。

从近世天文学说证明星界之有际涯，而困难之问题又来，何也？即物质界之涯，物质者能无失其力之事乎？多多之太阳，若同彗星，作双曲线或抛物线之轨道，无飞出星界，永远消失之事乎？可以气质分子比较银河之众星，若冲突，若有他之理由，离近傍星之摄力，能无出外界，忽冷却，永远消失之事乎？如是则星界之各部分常多不定之态，即不能为同一继续之事而不适于发达生物之用者也。

不仅此也,以太之作用,于其星界之中央部及星界之尽际,有同一之摄力乎?近时学者所信仰,凡摄力皆由压力而生,于星界之中央压力之方面平均,其外部以不平均之故,遂有摄力变化之事否耶?此又待数学与天文学者之解答也。

摄力之差异暂措勿论,兹就近时所发现之发射力,即电气、磁气,与拉盖斯氏所作之X光线,可尔若泰伊氏所作之海卢电波(无线电信发射力),勃开路氏所作之光线(用金石发起之一种光力)等是也。电气为有机体发达之必要,而他之发射力亦有不可思议之影响,及于生理,可谓生物构成之要素,凡高等生物必皆含有此力。至其调和之度过于微妙,尚有未能推测者,而此微妙力适当之调度,惟星界之中央部有之,于外部或为过度之发显,或全欠乏,或甚不规则,不能为微妙继续调和之事,则亦不适于发达生物之用也。

由是而知,地位之结果可以考物理之事情,而地位与生物发达之关系不可得而否定也。吾等之地位者,位一大星群之中央,且位于银河环平面之中央,此非偶然而不足玩味之事,盖得此地位,可推知宇宙所以发达人类之意也。

从无量时以来,宇宙间事,曾不知其几亿万千,而发达灵魂,必为其中之一大事也。宇宙间万象森罗,无非其精神所发现,而其作用,乃在发达灵魂,而吾等人类者,为其发达灵魂惟一主要之所在。且除吾人所有之地位外,宇宙间不能再有此发达灵魂之所,吾人者又何可负此宇宙而不存向上主义之理想也。

华年阁主人曰:以宇宙为一大灵,个体之灵自大灵中来,而复归于大灵,故人者不可隳落其灵性,如泡解之归水,杂尘埃于中,则与水不能融洽。人之归性于大灵也亦然,此为几多学者之所信认。虽然,理想之事不如实证,理想者非上智不能悟,实证者虽中人亦可语。若华赖斯氏之论,为修养灵魂者实下一注脚来,不仅于科学上为新发明之言,于人心上亦有莫大之影响。虽其言之确否,今日尚不能定,要之为最近之学术上之一大希卜梯西(假定是名而后实证,学问上多有须用此者)也。其文揭载始今年西历三月,各国争先传译,兹辑述以入之我国学界,其亦足起大思想家之研索欤!

天文学诸说,兹未暇一一备列,附述星云说及细尘与气象之关系二篇于后,学者参考之资,或亦有取于是欤。

星云说

太阳系中，关系太阳、行星与月之起原，此学说之发明以来，几将一世纪，当时几多学者，于同时间各为特别独立之研究，大思索家康德，大数学家赖菩拉士，及大观测家海路奢，各异其方法考察天体进化之理，而终同达于星云论之一归宿，从类别之考察，而得同一之结论，则其结论之关重要于学界上，盖可知也。

此结论者，颇可以简短之言说明，即当最初之时，太阳、地球及其他之行星不同今日之状态，并不如今日有各别之分体，太阳系之全体为混沌一大火雾，以不可计之长岁月。此大火雾者，别分为太阳系之诸天体，其大部分为太阳，他部分分为金星、木星、地球及其他之诸行星等。土星之圆环与月，亦同为此星云所成，而太阳之本部分今尚团缩如故。

自三大学家唱星云说以来，开发世间无穷之智识。今世学者，于考察天文之事，其推广精密远过于三家之学，然此新智识者，不仅不破坏三家之说，而反与以极大证明之事。

英国大学天文学教授坡尔依热学之法则立论，谓太阳不断发散其热力，不能不时时缩小，依现时最可凭信之计算，太阳之直径一日约缩短十六寸，十年约缩短一里。以太阳之大而论，此缩短诚不过些小之事，盖依此缩小之定率，至四万年不过仅减少太阳之大二百分之一。然从天体进化论之，此变化不可谓不急速，盖天体进化以百万年或千万年计，若万年、十万年者，殆不足计算之时间也。

太阳之缩小为无可疑之事实，然则溯之古初，太阳必有大于今日二倍之时，更溯之古初，太阳必有大于今日十倍、二十倍或百倍之时。当其时，构成太阳物质之分量与现时同，分量同而其容积大，则其物质必不能致密。然则古初时代，太阳物质之密度，同于今日天文学所称之星云者，必无所异。其当时太阳面积之广，占领空间，合以今日地球所行之轨道，当尽在其面积包含之中。虽然，昔日地球之状态，亦不与今日同。从今日之火山考之，可证明地球内部含多量之热，而此内部之热，时时泄出，未有断时，又可知地球于古昔时内部之热量远过于今日。若更溯之古昔，则地球者，不仅内部甚热，其表面亦热，或为赤色之热状，或为白色之极热状。更进而溯之，其热之异量或为液体之状，或且不能为液体而为气体，与近日星云之状无以异者。

地球如是，他行星如是，凡太阳系之各行星必皆如是，盖太阳系者，本为一大团之星云体也。

不用星云说以解太阳系，则到底不能解之现象也。赖菩拉士者测定太阳系中之行星，以同一之方向回绕太阳，及各行星共太阳，皆从自己之轴，以同一之方向回转（可参观华赖斯天文说"星于空间之配置"项下），各星有同一方向运动之事，则为一体所分出之理无疑。赖菩拉士测定行星运动之方向，其数不过三十，今日已测定五百行星为同一方向之运动，是又不能不归之星云说也。

近时望远镜之进步，星云之说遂得几多实例之证明。现今宇宙之中有几多之星云，而其进化之程度各异，或为纯粹之云雾状，或有中心凝缩者，或有太阳与行星分离者，以进化阶级不同之星，于一时间得同见之于空间，康督、赖菩拉士、海路奢等，恃其天才所唱之理论，不能目见其实状者，今天文学者假望远镜之力，可尽得而考察之也。

最近依科学之事实以证明星云说，或全为百年前之大学者所不及知，即以化学研究之结果，知太阳与地球及其他之行星为同一元素之所成是也（可参观华赖斯天文说"地球与生物"项下），由是而推，又可知凡宇宙间之诸天体（尽宇宙所有一切恒星、行星等），其起原实出于一个之星云云。

细尘与气象之关系

苍茫大气之中，野马（细尘也）之踊跃奔腾者，几疑其无关作用，徒变人间世为不净之土而已。然宇宙间万事万物，交错纵横，直无一事不相联绾之理，如吾人所见云也、雾也、雨也，以为地体上一种水蒸气之所发而已，而乌知其化成之理，乃以此无限飞扬坌涌之细尘为其构造之原因，使非得科学士之发明，则气象上一不思议之奇事，殆无人窥见其底奥矣。试略举爱狆概氏研究之所得，而述其言曰：水蒸气者，依细尘而凝结，即为生云雾雨之本原，试以通常之空气，入玻璃管中，或通水蒸气，或以排气器疏之，使空气稀薄，渐归冷却，依是二法，皆能使管中生雾。若以绵漉之空气（无细尘在内），如前试验，当通水蒸气时，其管透明而不生雾，待其冷时，水蒸气仍不凝结；用排气器疏之之法，至于既冷，亦无生雾之事。氏依此试验，直断之曰：水滴者，待细尘而成，若地面上无细尘，则地面上直无云雾雨等之现象，其事盖可信也。

细尘之起源，由于各种物体之烧燃，又热度过足之时，随其热度之发散，亦能生多量之细尘，例则燃烧漉之煤气、漉之空气皆能生雾，是亦先成尘而后生雾之证也。

古人诗曰："窗内日光飞野马。"当一室之中，日光映射，触于吾人之眼帘，见其高低上下骚驿往来之象，是亦所谓细尘者是也。然是等细尘，仅居少数，虽亦能凝固水蒸气，而地球上云雾雨等之象不仅恃是等细尘以为构造之大源因也。

细尘多时，水滴轻，而久浮游于空中；细尘少时，水滴重，而雨即由是成焉。

英国伦敦之雾，终岁弥漫，世界最著名之大雾焉，使燃烧得法，大尘减而细尘增，其结果即可使成雾云。

氏自制灵便之测尘器，据其所测定田舍空气之尘数，一立方柴基中，五百（晴天之时）乃至九千五百（阴天之时）。氏所居之苏格兰首府以丁堡，四万五千乃至二十五万。于一室内，最初四十二万六千，点煤气灯四个，二时间后，多至四千五百万，纸卷烟草一回吸入，计有细尘之数四十亿，而气象之变化，如寒暑一朝夕、阴晴之殊，细尘之数，遂分多少云。

按：有人测空气中细尘之数，屋外空气，一立方米陀路含二一四八一，风多扬尘之日，三〇一达〇〇〇，甚则有比最小数之时多至三百倍者。又晴天比阴天之日，含菌数多四倍，起风之日比不起风之日，含菌数普通多至九倍，雨天能灭细菌，于道路上洒水，亦能使细菌之数减少，若尘粪之都，如中国之北京者，含细菌极多，于卫生上大有关碍云。

氏又测定凡尘数同一而温度小之时，则空气透明之度大；温度同一而尘数少之时，透明之度亦大。又尘数同一，温度低下之时，透明之度亦大，而空气中水蒸气之作用，于未结露点以前已能凝结云。

吾人日居此尘界中，每欲得云雾雨等一洗濯之，以酿清心豁目之趣，而乌知云雾雨等之造作，反待细尘而成，万物之互相为用也，其变化每出于思议之外，洵所谓造物之奇欤。

世界最古之法典

原载《新民丛报》第33、34号

　　近时法国古物探险队于波斯诗赛地方发现一石柱，所刻者为纪元前二千二百年顷巴比伦加摩剌比王之法典，比世间所称为法律之父摩西之法律者，更早一千年，是实世间最古之法律也。柱高八尺，其正面刻王与神之像，王立神之前，神者坐而口授王以法律，神住山岳，而授人间以法律，即所传为陛路之神者是也。摩西法律，称神临于西奈山而授之，然神在山上，授人法律之事，已早见于此也。

　　巴比伦古物之被发现者，以此石柱所刻之文字为最长，总以四十九段三千行成，惟其中有五段为后王所铲凿抹煞，文字者刻画形，最美观品。

　　石刻之首段，称自王即位以来及以巴比伦为首府之事，此段于研究法律，无甚关系，而为研究历史之要品。据此石刻，当加摩剌比王之时代，亚苏路（亚西利亚曾以亚苏路为都，在底格里河边，距呢呢比六十里），与呢呢比（亚西利亚之旧市，建自纪元前二千三百四十年顷，后由亚苏路迁都于此，为巴比伦所灭，其地全无遗迹。五十年前，西人探险于底格里河东岸之地，发掘古城址，大概均认为呢呢比之遗址云）者，盖尚存在无疑。荒古邈漠，久相忘于世人心目之事，一为此刻石之文所照，几多战伐及其他关系历史上之大事，复收拾而入于人间知识之范围来，不其然耶？

　　进此则为关系法典之文，分为十九段二百八十条，其首述曰："余立法律及正义于此地，于余之时代，余欲使人民得有幸福"云云。王者，盖专为其时代与其人民而立法也。虽然，王之法律，实有永远感化、永远生存之影响，彼摩西之法律，亦以王之法律为基础也。

王何故作此法典而刻石以遗后世乎？其文中有曰："助被压制之人民。"此贵重之法典，书之石，置之巴比伦眉罗吾古之宫殿中，如王者诚富于仁心而真心以望人民之幸福者也。王自言曰："余者以父对其子之心而君临此人民者也。"诚为不欺其言云。

巴比伦于太古时代，农业、商业之事已极发达，故关涉于农业、商业之法律，甚为精密，如灌溉法、奴仆使用法、凶年赈救法、金钱借贷法、本店代理店之关系法等，凡往昔四千余年前开化之事，今乃得而见之也。

观家族上之法律，其视妇女地位甚高，若男子有指他人之妻之面者，定以侮辱之罪，烙其额上，惟男子离婚之事，则比之今时为易，若无子者，若乱家者，皆得离婚，若无正常之理由，则离婚之时，夫不得不给其妻以赡养金。妻之病者，夫得娶第二妻，然第一妻未死以前，夫有保护之义务云（此法典有一条云：旅客酗酒，则处旅店主人以死罪。可见当时酒禁之严云）。精查此法律，而后观希伯来之法律，二者多大相类似。希伯来之法律，由受此法律之感化而来，盖无疑也。又不仅为希伯来法律所模范，实可为凡为国民立法者之原本。巴比伦历史中，予后世以最大之感化力者，实赖有此立法之伟人。虽然，此伟大人物之事迹，数年前尚一无人知，埋没于荒烟破墟之中，览此文者，又乌能不感人生事业，乃与天地长久无穷期乎？

记者曰：今西洋学者，非独发明新学理也，于古昔之事，被其发明者甚多。然皆从事迹实验得来，与我国学者从纸片上打官司，断断不休，盖有异矣。我国人以考古自尊，容讵知考古之事，亦不能不用新法而后可谓之真？考古，若仅抱一部《十三经》，仰屋钻研，以为古莫古于是矣，则真河伯之见也。

后世之事，无不从上世孕育而来，自其脱壳而后，若与前事截然为二，然细索其从来之迹，草蛇灰线之中一一可求，且往往于其中得豁然大解之事。是故考古之学，亦今日之饶趣乐而有实益者也。虽然，必先汇通群学，而后于考古之学，其眼光乃自不同。若夫以考古为考古，其学术之范围甚隘，吾见其考古之不足观已。

近顷发现世界最古巴比伦王加拿垃比之法典，已简单撮述，英国某杂志中记录较详，兹揭左（下）方，当不嫌其骈枝云。

据基督教圣书所示之年代，世界太阳与月与星之造成，在基督降生前四〇〇年。于纪元前二三四九年，有挪亚之大洪水，除挪亚一家族外，人类尽灭。又纪元前一九二一年，亚伯拉罕向迦南地，而出埃及及神示十戒于西奈山，其事在纪元前一四九一年。摩西之死，在此后四十年，此皆基督教信徒以为确凿无疑之历史也。

凡古代所尊为神圣之书者，近时学者分析批评，殆一无所忌惮，而古人信仰之谬点亦由是破。据学者之说，最初成文之法律，断在纪元前十世纪时，即摩西死后五百年之时代也。世所称为摩西之法律者，决非全出自摩西之手，惟其为世界最古之法律则无疑。印度摩挈之法典（婆罗门族所发布者），亦不在纪元十世纪以前，于纪元四世纪时，尚无有此法典之确据。古代罗马造十二铜标，其事在纪元前四百五十年，中国孔子之说教，在纪元前六世纪（按：中国文化决非孔子所开，观孔子以前之人物及孔子并世，或稍后于孔子之诸子百家，证据显然。近人以六经均为孔子所作，遂若孔子以前，中国全属草昧之世界，此迷信宗教者，推戴一人而抹煞他人之通病，文化进步，此等说必不能存）。梭伦之立法律于阿善，亦在纪元前六世纪。来喀瓦士立法典于斯巴达，在纪元前八世纪。由是言之，法律之最古者，自必首推希伯来人，称神降西奈山，而授人间以法律之事也（六经若非孔子所作，则中国之有法律，实早于希伯来，惟比之加摩拉比王之法典，则中国为稍后矣）。

至今日而摩西之法律，已不能保其最古之名誉，近顷于波斯诗赓地方所发现之法典，直为纪元前二二〇〇年之物，其时代之先，远为西奈山之法律所不能及。

此法律为纪元前二十二世纪、二十三世纪之时，巴比伦大君主加摩拉比王所搜集而编制之，其中条项早于加摩拉比王千年以上之时代者，亦或有之，而世界最古法典之名，遂不得不归之于是也。

有此发现，神之首授希伯来人以法律者，已不能保其威严与价值，而确信圣书为无谬之教徒，亦不能不对此而生疑惑之心。

最古制定法典之加摩拉比王者，其名不惯闻于人之耳，《创世纪》十四章，有唉摩拉培卢者，西奈路之王，征服其近邻五王国，为一时有名之英雄，惟其时代则稍异耳。《英国百科全书》第十版于"巴比伦"项下，有简短记载加摩拉比王之事，兹述如左：

亚拉莫度人之霸权者，终为宁摩绿之子加摩拉比王所覆，其名有书《盎摩拉比》，亦书《加摩拉比》，《创世纪》第十四章一节，有唉摩拉培卢王者，盖即王之事也。

亚拉莫度人从其王客度尔赖梅士，取巴比伦，破坏其神殿，然加摩拉比王者卒恢复其运命。当王之三十年，有一大战争，破亚拉莫度人，放逐之。其后二年，并吞赖尔赛与阳督排尔，以巴比伦为首府，统一巴比伦之全土。巴比伦既独立后，复与文艺。加摩拉比王之权力，迄海中海岸，近时发现几多巴比伦王之契约书及记录，而以加摩拉比王之时代为最多云。

鲱尔奇斯密斯氏者，发掘尼内勃及巴比伦之旧墟，得见巴比伦太古诸朝之记录，凡创造天地及大洪水之事，圣书中所有者，巴比伦记录中皆已有之，圣书中不过变化巴比伦之事而出耳。至一八七四年以后，巴比伦王之文库亦被发掘，与鲱尔奇斯密斯氏所发现者相印证，其事益确。然吾等得读纪元前最古二十三世纪时代所制定之法典者，则自一九〇一年始。

此法典者，刻于石柱，柱高八尺，石黑色，以一九〇一年之十二月及一九〇二年之一月，于诗赛古市，名唤库罗派斯之小山，法国马尔庚氏之探险家，掘土至百尺以下，始发现之。

石柱者以照像器摄影，探险队属东洋古学者西露氏翻译其文，从法国文部之命归尔尔及希阿两氏之出版，石柱之正面有雕刻，神之座前立加摩拉比王，表神之口授王以法律也。

巴比伦已被发现之古物者，以此石柱之文为最长，其文字以四十九段三千行成，为后王唉赖麻他抹杀其五行，其字体用太古彼地王族最美之草书，其文字之开始，载加摩拉比王夥多之称号，而言神授王位及以巴比伦为首府之事。

读此石刻，多奇怪有兴味之法律，得照见太古五千年前阿付腊底斯、底格里士两河间文化之光明，且知当日者，女子所处之地位甚高，虽不能至男女同权，而女子可不全为男子之奴隶，其造母之一字，含有"家庭女神"之意味，可想见当日无轻蔑女子之事。此法典二百八十二项，以六十项（即五分之一以上）定女子之权利，三十项关系土地及加害于人身之事，其主义以目偿目、齿偿齿云。

此法律中，有水裁判之制，阿付腊底斯河之圣水，实为最高之裁判所。

人若施魔法于他人，施者与被施者，当事实不明之前，被施者当投入圣河，溺则施者得取被溺者之家，反是则施者之命与家皆不得保。为人之妻者，若以奸邪遭夫之疑，当飞入圣水，以一明其邪正之事。

巴比伦之酒家，皆妇人为之，若者比法定之酒价廉而出售，则酒家妇当投入水中，以受水之裁判。若有暴民入酒肆中而酗酒者，当先处酒家妇以死刑。若男子指尼及为人妻而加侮辱者，则烙印男子之额云。

妇人结婚，在未渡契约之证书以前，尚不为人之妻，为妻而脱走市外者，可得与他人结婚，其前夫不能有强制复归之权。若夫被擒，妻无生活之资者，得再婚之自由，有生活之资而欲再婚，不能不受水之裁判。妇若再婚，尚苦乏生活之资，其先夫脱擒而归，则可呼而还之，其妇以再婚而有子者，亦得弃之而归于其先夫（按：此等法律，意多离奇，不知太古人之风俗及巴比伦当日之状态者，无从悬拟其当否）。

人若欲去其有子之妻与妾者，返其女之持来金，予以应得享之权利，而子之养育，则为去女之义务，其子生长后，可以其子所应得财产之一部分与母，而母则得自由他嫁云。

若欲去无子之妻者，不能不悉返其女之持来金，若无持来金者，予以银货一米乃（不能知其正确之价值，约当今日之四百圆），若贫而不能予以一米乃者，不能不予以三分之一。妻若紊乱家政，则夫可不返其持来金，亦不予以一物，而径得离婚云。

若妻于品行家政无有缺点，以不爱其夫而不愿共居者，得与其夫离婚。因离婚之故，或虑生活之困难，妻得取返其持来金。若奸淫之事，不得为离婚之理由，被捕之时，定例可以其妇与奸夫共缚而投之水。若夫欲赦其妻，可得赦之，夫若有奸淫之事者，则妻不能如之何。

妻若欲净修（如中国之为尼等），而厌与其夫同居者，不能不以代理人代妻而尽对夫之义务，若代理人不能出子者，其夫可得蓄妾之自由云。

妻若以病身之故，夫得娶第二妻，而不得与其病妻离婚，迄其死得住夫之家，而夫不能不养之。若病妻与第二之妻以不睦故，病妻得取返其持来金而去其夫之家。人若与其女奸者，处市外放逐之刑，与其母奸者，二人共处火刑。

妻得承袭夫之财产，而可让与其子，不得让与其兄弟。妻与夫未结婚前之负债，各自负其责任，若结婚后之负债，二人共负担之。妻之财产，其死亡时，可归其子与其父所有，而夫不得受之。第一之妻之子与第二之妻之子，对其父之财产有同一之权利。有幼子女之寡妇者，如欲再婚，必告其事于裁判官，而待裁判官之认可，若裁判官不许，则妇人不能再婚。

女子嫁时，不取其家之持来金，则父死时对其父之财产与息子等同有权利，委托乳母以小儿，使其死而以他之小儿代之者，可切乳母之两乳房云。

人若打父，切断其手。若损绅士之眼者，拔彼之眼以偿之。损贫人之眼者，可偿以一米乃之代价。若毁人之齿者，拔彼之齿。折人之手足者，折彼之手足。若误失而使人负伤者，当偿以医药之代价。

窃盗与强盗，共处死刑。抢火之盗，投火焰中而烧杀之。盗人之子者，打死。盗人之家畜与船者，偿以代价之三十倍，即极贫亦不能不以十倍之价偿之，若不能偿之时，则处彼以死刑。

为医师者，以外科治疗之误而使患者死，及使患者有失明之事，则可切断医师之两手云。

华年阁主人曰：法律者，人类进化之第一阶级也。人者，自兽来，各带有兽性，争夺嗜欲，造世界种种之恶孽。圣人者，起而患之，以一己之理想，欲与众人为契约，而法律之意，由是萌芽。法律者，造人类善根第二之习惯性也。

中国有一大患，隐伏于人心之中，而不可救治者，人人不肯守法律是也。是故自由独立主人翁之说输入中国，适足以助其嚣张，而无补于事。盖以素不知法律之人，而投之以是药，则宜其发为狂焰也。

中国人不守法律之故，其根原亦从专制政体来。专制政体者，君主一人，独立于外之外，夫以己不守法，而欲强人之守法，则人人务逃避之，而法律之效用，遂不得普及于人心，此专制国之人民，所以必缺法律之意味也。

守法律者，视法律为跻人于平等之物，务裁判其个人，以立于法律之下，有法律中之自由，无法律外之自由，有法律中之主权，无法律外之主权。虽中国今日，无尽善尽美可依奉之法律，而人人心中不可不信仰一种法律而遵守之，而后进而言自由，言独立也，与夫不守法律人之言自由、言独立，必有异也。盖自由、独立不难，而养成可自由、可独立之道德与资格，乃为难尔。

此篇法律，取以与今日文明之法律相比，其踳驳处，不可枚举。然在太古之时，亦可谓思想周密，而巴比伦古代文化之光明，不啻借是石刻，以照耀于今日。史称地球首开化国，在巴比伦之墟，由巴比伦而东，流入中国，东化印度，南被犹太、埃及，而依地中海以兴希腊。今日各国古事中，往往有与巴比伦合者，群疑其从巴比伦传来，非无故也，使其古迹不尽销沉，而更得获发现之物，其于太古之事，必有日益明了者，而全地球开发文化，必首推巴比伦者，固可为定论矣。

战败后之民族

原载《新民丛报》第35号

中国有两大恶根性，一藐人病，一恐人病也。

天之下惟有地，地之上惟中国居中央，有文教，其余皆夷狄，无教化者，此数千年来所抱之谬想也。此种根性之养成，由于自黄帝、尧舜至于汉唐，皆为东方一统之大国，而以其观象，印于人心之间，卒之时势进步，而旧印象仍未脱于脑中。其弊则于近日之变法见之，凡所谓顽固守旧耻学于人，即不然，而于他人之文明，终有斜睨不满之情，皆此种根性之产物也，反是者，则又一变而为恐人之病。原此根性之所由成，盖自宋后，屡与异种人相冲突，以受创痍之故，全部为其所压服，匍匐稽首于其足下，由是一般人心所计算，以为抗拒而死之凶，毋宁服从而生之吉。故经一次战争，一次杀戮，即低减一度民气，而渐入于委苶之境，卒之刚强英武之气全消，而柔顺巽滑之习以成。斯时即有反种之刚性人出，必不合于全社会之人心，群以为招祸不祥之物，不待异种人锄之，而本种人亦必杀之矣。合是两种性质铸为社会，而后有今日疲敝癃病、无知觉、无变动之中国。

民族之以战败而变性质者，固有可证之例在。日本人研究虾夷人性质，谓其先实为勇健善斗之人种，当日遍布于日本全国，而日本人尝屡为其所苦。今检古史，有若神武天皇之东征，有若日本武尊之东征，有若四道将军之派遣，有若阿部比罗夫之远征，皆为制服虾夷之事。当日虾夷人力能与日本人相抗，不易屈服，然以今考虾夷人之状态，其祖宗之胆勇，全归消失，一变为从顺温和。盖经数次挫败之后，其脑里有日本人到底不能胜之印象，而毋宁服从以谋安宁之念起此，其所以变为今日之现象也。当维新前，松前侯领虾夷地，其时虾夷人犹有首长，而岁贡方物于松前侯，若自立国而归保护者然。及维新后，改称其地为北海道，因地势划区域，设郡、町、村，虾夷人之部落与日本人之村间，同一受统治于日本国家之下，其旧日首长予以称总代人之职，有事则下其命令于首长。虾夷人以彼之首长犹听官吏之命（犹列强用"满洲政府"以治中国之民，所谓"奴隶之奴隶"也），视官吏为至高无上之人，见时除恐惶之外无有何物，有时出其奇态之捧手，以表敬礼。今日凡日本人所为之事，虾夷人俱不能染手，其生齿有逐年减少之势，仅于北海道犹残其面影而已。嗟乎！观于虾夷人由战败而改变其性质，以性质改变之故，志气颓废，权利尽失，而渐趋于灭亡。吾未暇为虾夷人哀，而欲洒一掬之泪，为吾种人道矣。

则且以我国之近事征之。庚子之役，义和团之在北方亦极一时嚣张凌轹之概，其后经联军之挫伤，京津一带至凡着西衣冠者，皆可以横行于一时，而敬礼之惟恐不至，乡间老媪提洋人二字，犹发一寒噤。北方之风气遂一改排外为媚外，坚强独立之志为列低炮所轰散，而添一种柔媚滑黠之点于气质中，为保护其生命之用，其变易亦已甚矣。盖尝闻之民族之被征服于他民族也，犹妇人之失身。妇人一失身，而节操二字全消失于其性质之间，一民族而为他民族所摧伤，其志气亦全消失于无何有之乡而不能再振，甚矣万物之不可不自强，而生存竞争，其淘汰之祸为至烈也。

嗟乎！风气已成，虽英雄不能为力，习俗俱化，即贤者无如之何，以祖宗有胜人之资格而为之子孙者，乃为他人之所胜，此四百兆不肖之胄裔，黄帝有知，能无痛哭乎？！

神话历史养成之人物

原载《新民丛报》第36号

一国之神话与一国之历史，皆于人心上有莫大之影响。印度之神话深玄，故印度多深玄之思，希腊之神话优美，故希腊尚优美之风。摩奇弁理曰："凡人者，皆追躐前人之迹者也。"鹏尔曰："欲为伟大之人物者，不能不有模范，而后其精力有所向而不至于衰退。"尼几爱曰："历史者，造就人才之目的物也。"诸贤之言如是。夫社会万事之显现，若活板之印刷文字然，撮其种种之植字排列而成，而古往今来，英雄豪杰，其一言一行、一举一动，即铸成之植字，而留以为后世排列文字之用者也。植字清明，其印成之书亦清明；植字漫漶，其印成之书亦漫漶。而荟萃此植字者，于古为神话，于今为历史。神话、历史者，能造成一国之人才。然神话、历史之所由成，即其一国人天才所发显之处，其神话、历史，不足以增长人之兴味，鼓动人之志气，则其国人天才之短可知也。神话之事，世界文明，多以为荒诞而不足道，然近世欧洲文学之思潮，多受影响于北欧神话与歌谣之复活，而风靡于保尔亨利马来氏 Pant Henri Wallot 之著 *The Lntroductien al Histoire de Dannemark* 及 *Histoire de Dannemark* 等书。盖人心者，不能无一物以鼓荡之。鼓荡之有力者，恃乎文学，而历史与神话（以近世言之，可易为小说），其重要之首端矣。中国神话，如"盘古开辟天地，头为山岳，肉为原野，血为江河，毛发为草木，目为日月，声为雷霆，呼吸为风云"等类，最简枯而乏崇大高秀、庄严灵异之致。至历史，又呆举事实，为泥塑木雕之历史，非龙跳虎踯之历史。故人才之生，其规模志趣代降而愈趋于狭小（如汉不及周，唐不及汉，宋不及唐，明不及宋，清不及明，是其征），盖无历史以引其趣向也（如近世曾文正之所造止此者，其眼光全为中国历史上之人物所囿）。且以其无兴象、无趣味也，不能普及于全社会。由是起而代历史者，则有《三国演义》《水浒传》。起而代神话者，则有《封神传》《西游记》。而后世用兵，多仿《三国》《水浒》，盖《三国》《水浒》产出之人物也。若近时之义和团，则《封神传》《西游记》产出之人物也。故欲改进其一国之人心者，必先改进其能教导一国人心之书始。

四岳荐舜之失辞

原载《新民丛报》第36号

为天子者，非独恃其有德行而已也，才略、胆勇、智识、谋虑与夫一切可以济世利民、建邦定国之道，必当无一之不备，如徒曰：德行而已，或能保其不至作恶，而不能保其必至有功。异哉四岳之荐舜，其辞仅曰："父顽、母嚚、弟傲，能和以孝，蒸蒸治，不至奸。"（据古记文）而无一辞以及乎其他。如四岳之所言，舜不过一孝子而已，世固有至性过人，终身孺慕，可以入孝子之传，而不足以正南面治万民者。尧之欲逊位也而咨之四岳，求其有能为人君之人，非求其有能为人子之人，即云：舜之孝行，闻于一时，不能不首称述。然称述之是也，称述其孝而外此更无一辞，则固不足以知其人果能胜天子之任否也。幸而舜之立朝，有齐七政、巡四方、治水、伐苗、立刑法、命官二十二人等事，不愧为大有为之主（无为而治者，其舜也欤？夫何为哉？恭己正南面而已矣，是偶像之君主也。东方学说处君于积极之位，治乱兴衰皆由于君之一人，而以木偶示为君之道，启后世人君委靡之机，而不知兴作者由此）设也，舜于绍尧而后，于天性纯笃而外一无所表现，吾不知当时之天下何所赖于舜，而尧又何故而必行此破格之举也。彼四岳者，其又何颜以对尧与夫当时天下之人耶？即曰：四岳者，固深知舜之才，故能荐不失人，然果如是，其于荐辞，固已失礼矣。抑夫后之作史者，其见之短不及此，而有漏载四岳之言耶？顾吾人于此，更得于古史中而窥见一理曰：中国崇拜祖先教之风俗，盖自唐虞时而已然。故禅让者，关一国之大事，而当时之典礼则曰：受终于文祖，盖隐然含有家族之意味。后世天子之庙号，遂有用孝字者，盖美其能守先业以不失天下，则有无惭于祖之道。此而以国家之义律之，其背舛实多，而不知其由崇拜祖先教之伦理而出者也。观四岳荐舜之辞，而可以见中国最古伦理之思想矣。

托尔斯泰伯之论人法

原载《新民丛报》第36号

所谓君子、小人者，一定之名词，若既为君子，无所往而不为君子，既为小人，无所往而不为小人。而若丹之不能指为素，圆之不能用为方欤？抑夫君子、小人者，非一定之名词，君子之人，不能保其无往而非君子，小人之人，不能断其无时而非小人，而当视其地与时与事与位，而千态万状，参差无极也。此二说者，各含真理，然而前之一说，已为世人所公认，而后之一说，尚属微茫，而世或不甚注意，此亦人类智识界之未尽发达也。兹述俄国托尔斯泰伯之说，世之学者欲论世知人，其必有取于是欤？

托尔斯泰伯曰：世人之所信者，谓人各有特殊确定之性质也。而遂谓若人为仁爱人，若人为残忍人，若人为贤明人，若人为愚钝人，若人为敏活人，若人为无感觉人。夫人之品第岂真划然，不相通融若此者哉？吾人之评人也，宁曰：若人者，残忍之心不如其仁爱之心多、若人者愚钝之事不如其贤明之事多、若人者无感觉之时不如其敏活之时多而其言稍为得当，不若径分某为残忍、某为仁爱、某为愚钝、某为贤明、某为无感觉、某为敏活者之多含过误也。夫残忍、仁爱、愚钝、贤明、无感觉、敏活之词，吾人常以之分人类。虽然，欲知人真实□相，断非可用若是之笼统词也。

人之入世也，譬之其犹河流之水欤？河者皆同载是水而初无所异者也，然而有广狭疾徐清浊之不同，此非关乎水有不同也，因其河而异也。惟人亦然。人者，各性质之萌芽，皆含有之。然而或一时也，此性质之萌芽显，或一时也，他性质之萌芽显。故有同一人而始终相同者，有同一人而始终不相同者，盖以此也。

　　托尔斯泰伯者，今世之伟人，处俄国专制压抑之下，而以其高尚之品行、真诚之血性、精博之学识、粹美之文字，与其政府相反抗，而能转移其风气。各国人闻伯之名，皆望若山斗。我国文字中论述之者尚少，其行传事实兹不及叙，附志于此，欲使我国学界中知其为可模范而当向往之人云尔。

几多古人之复活

原载《新民丛报》第37号

古人有言：盖棺论定。此非至言也，英雄豪杰之生于一群中，其声名之显晦隆替，悉视其一群人之智识为准，其言其行与其一群之人合者，则其道行，其志光，反是而特立独行，则言高而霾，行畸而否者多矣。虽然，为一群之人导进步者，必赖有此等人。尼几爱曰："大人物者，非时代之儿，而时代之继儿也。"是故大思想家、大宗教家、大政治家、大教育家，未有不与一代之时势相反抗者，抗之而不胜，杀戮菹醢，人物之本分也。抗之而胜，则一群之时势者，一二人物之所造也。夫人群者，进化之物也，进化之例，虽经若干时停顿之结晶体，若干时凹凸之浪纹态，而必吐故纳新，不能亘古而不变者，此例之无可逃者也。故夫一群之人物，有黯淡于前而光明于后，有崇拜于古而唾骂于今。一群中之时势变，而识量变，识量变，而批评亦变。以文明之人而视野蛮之世，其贱物而珍之，珍物而贱之者，为不少矣。试举一二事以譬之，埃及人用拜物教Fetichism崇奉猫、犬、狐、牛蛙、甲虫、鳄鱼等类，自他人视之，以为贱类之动物也，自埃及人视之，以为神也。布哇之哇缶岛，其海滨游戏之儿童，拾龙涎香以为烧物（龙涎香为鲸族肠中产出之物，入水不易融解，凝若蜡块，因风向水流尝漂积于一处。其大有五十斤，或至二百余斤者，种种色别，以灰色及暗色者为多。布哇哇缶岛哈乃海边有人见小儿烧物以为游戏，视之乃龙涎香也，拾而得二百余磅。闻该岛昔时已发现有一万余弗之物，其价一翁斯三十五弗）。自彼视之，犹粪土也，自识者见之，以为希世之珍物也。人物之生于世，其所遭逢大抵如斯矣，非独于其生前然也，于其死后亦然。丘陇变为田，松柏摧为薪，下有陈死人，杳杳即长暮，而不知其言论行事之影响，长留贻于人类之长日月间，而其价格之高下贵贱，且日抑扬反复而未有已。然则号为死者，亦只死其形魄已耳，自形魄外，而悠久之寿命，皆归其所自造。桃李之华于春，而松柏之荣于冬，亦各视其时会也而已。中国自数十年以来，丁时势之潮流，蒙晦之古人而复出现于当世者，已略可指数。最古者黄帝，孔子述六经，为其所删，幸百家之文时时称道，至今而我族之伟人尚如化石之仍留其形迹。又若郑成功者，不甚挂于我国人之齿颊，甚者或且置与叛逆同科，而日本则以其为半日本种人，多有传记，盛述其行事。近则郑成功之行事，亦渐照耀于中国人之眼中，而数为一代之人杰。是二者皆伴民族主义之发生而复活者也。而若张煌言、甘辉、朱舜水、王船山、林清诸人，皆其例也。又若黄梨洲之《原君》，近时称为特识，顾宁人"匹夫有责"之言动辄引用，虽为日本人所讪笑（谓中国人动援古辞为文字上之变法，而不求实际），然以寥寥一语而盛行若此，所谓因时运者非耶？是则伴民权主义之发生而复活者也。又若于政治上受恶名之商鞅、王安石，渐有从史笔诟病之中，而考见其学术才略皆秀出一时者，是则伴变法主义之发生而复活者也。又若知一切学说，皆宜以平等观，而不当束缚迷信于一教之言，于是道德、名、法、杨、墨、阴阳诸家，向为儒家所压制而不宣者，渐知其渊源各异，而初非有彼此邪正之别，而老子之学主自由，杨子之学主乐利，墨子之学主敢死，又主博爱平等，多与近日欧洲之学派合，而遂有唱中国之衰弱为原于墨子之教之不行者，是则伴思想自由、言论自由、信教自由主义之发生而复活者也。而若少正卯、孔融、李贽诸人，亦皆由是而显者也。又若因研求地震学，而张衡复活（日本地震学室绘有张衡地动器图），尚冒险、探险之风，而张骞、班超、玄奘、郑和诸人复活。夫以上诸人者，向也或显或隐、或蒙谤讟，受垢尤，事与运会一旦拔泥途之中，而得籯于青云之上。而所奉为金科玉律之书，若《春秋》，则欧西学者评为非凡，若《论语》，则英国学者赖斯底氏置于无用书之列（赖氏列世界无用书各种，有中国之《论语》）。人之智识相越，其度量顾不远耶？《可兰经》者，回教人所视为天条者也，而自他人视之，足以付火而已矣。《新约》者，耶教人所视为帝命也，而自他人视之，足以覆瓿而已矣。善乎人之言曰：凡博一世之喝彩者，或非第一等之言，多者其为第二等、第三等之言也。彼终身思想界为人之奴隶者，或且有馨香道统，攘斥异端之见存乎其中。不知道统云者，一教中自娱之帝号，甲称尊于甲，乙称尊为乙，俄称君为柴，英称君为铿古，夫何择焉？异端云者，一教中嫉妒之偏言，此足以詈彼，彼足以詈此，北称南为蛮，南称北为索虏，又何择焉？夫吾辈之于古人，何怨而何亲，当无为此左袒而为彼右袒者矣。平其心，莹其虑，而后无魔于吾之心，无蔀于吾之目，得尽两造之辞而准其衡量焉。况乎我即有溺好之一人，而时势之所去，虽以一人之力翊之而不足也。我即有偏恶之一人，而时势之所归，虽以一人之力排之而亦不得也。殆亦付诸物竞天择，而各有自存其宜者在耶？从而有辞，以为几多复活之古人贺，贺曰：古人之墨墨兮，吾疑其有冤也，古人之昭昭兮，吾又安知其果贤？乘除成坏其种种兮，翳不见乎沧海与桑田，贞以待天之时兮，恃吾精神以为之渊。羌不伎不求而内自完兮，曰：吾道其当然。待世界末日之审判兮，吾又安用乎矫揉焉？视前贤吾遵乎大路兮，覆来者其着鞭。

文弱之亡国

原载《新民丛报》第37号

总古今亡国之原因，文弱其一大病根欤！夫政乱可治也，法坏可理也，民贫可富也，土狭可广也，独人民一流入于文弱，则将与灭亡为邻而不可为也。德国学者苏怀尔特氏，其所著书，曰《爱耐卢尼（一种力之总名）学》，破从来学者言天地万物之本原，以物与力为不可离之说，而曰："天地万物之本原者，无物，惟爱耐卢尼而已。物者，爱耐卢尼发宣之表象也。"云云。昔时言唯物者，每苦于最朔之阃奥，不能说明，自唯力论出，而为学界溯一最上之远源。夫力之最大者，莫如世界存立之事，彼世界之所以存立者，亦不外乎力，一旦无力，而恒星、行星诸天体且立解散而归于无，以至万物然，万事亦莫不然。顾力者概名也，理赅而义精，兹且无暇详论，而但举国家所以盛衰兴亡之故，有关于武力者而言之。夫今日中国之见弱于欧西诸国者，固曰：非独彼之兵力强也，其文明我亦不及也。虽然中国之文明，今固不及欧洲，顾在昔日，不远过乎其近傍诸蛮夷国乎？曰：由于中国之文弱而已。夫由文弱之故，以文明国而为野蛮国所倾覆者，地球上不乏其例，试略举二三事以征。古者国于底格里士、幼发拉底两河之间，有加勒底（亦作加尔特亚）者，最早以开化著之国也，其地处平原，绕河流，民务农业。而亚述者处其国之北方，接近终年积雪之亚美尼高山，地多丘陵，民业狩猎，好征战，常携弓及投枪，善骑马之术，便捷轻利，其天性勇猛而残酷，以杀敌人为一种无上之快乐，出兵凯旋，于壁上图战斗之状，旁附说明，以夸耀其威武。初为加勒底之属邦，后反征服加勒底，又侵轶其旁诸民族，为古代西亚一大霸国，无他，以民族强故也。希腊，又古代文化轰名之国也，马基顿为其北方之一小国，希腊人常鄙之为野蛮，为半开，民皆务农业、猎业，不好文学、美术，质朴而勇敢。雅典人以市府为生活，而马基顿人以田舍为生活。及亚历山大王父子起，利用其民以征伐南希腊各国。是时雅典市民忌兵役，用雇兵（雇兵亦为亡国之一大端，其例甚多），而马基顿以国民常备兵，又用新战术，编制方形密接队，希腊各国，皆不能敌，遂以数代执希腊列国牛耳之雅典、斯巴达，皆匍伏于山间一僻小国之足下，而听其命令。亚历山大王既征服希腊全境，遂为希腊各国之总大元帅，率师伐波斯，沿道亡埃及。既覆波斯，兵及印度，战功赫赫，昭著于地中、红海、里海之间，至今为地球上有数之英雄，无他，亦以民俗强故也。蒙古成吉思汗，全地球之最著武功者也。当日蒙古之风俗，堪劳苦，忍缺乏，以游牧为业，习于远征，食物极粗，常食者不过肉、乳、干酪等，其贵重品，为马肉及一种之蛇肉，饮料惟潼。其出征所携带者，惟武器与天幕。又有二器，其一入乳，其一备盛食物。一切劳役之事，多妇人任之（今黠戛斯人亦然，黠戛斯亦作吉利吉思，古之坚昆，又为契骨，或作结骨，今俄罗斯烟尼塞斯科多木斯科之地），课税亦多完自妇人，男子可不顾家，专事征伐，为兵营之生活。凡男子十人为一组，撰一人为长，进而为百人组，千人组。其牛马毛织物等归长官，备马甚多，过于人数几倍，亦有炮火，用以攻城，当日蒙古人，几统一亚细亚，亚洲之文明国，若中国、若印度，皆为其所征服，驱俄罗斯于北海之滨，而尽夺其地，取攻势以入欧洲，与日耳曼人大战，至今成吉思汗战伐之痕印，犹留欧洲人之脑中，而黄祸之来之时惊其梦，以未开化之蒙古人，而武功盛大若此，无他，亦以其民俗强故也。夫以文明国若加勒底，而见凌于亚述，若希腊而见弱于马基顿，若中国、印度而见夷于蒙古，彼亚述、马基顿、蒙古人者，其文化固远不及加勒底、希腊、中国、印度也，而征鞭所指，诸文明国匍匐惶恐，不能自救，而卒为其所鞭挞焉。反之而若日本者，亦小国，当日之文化，亦尚不及印度、中国，而当蒙古人之来伐，今考其古文书，六十五岁尚自出而从军，至八十五岁，以行步不自由而止，何其有殉举国以拼一死战之勇也。而卒败蒙古兵，能保全其国土，以蒙古兵之强，横行亚洲，所向夷灭，而不能取区区数岛国之日本。然则国之所存立者，其故可知已矣，是又不必征之域外史也，征之于中国史，鲁、卫文物之邦，秦以畜牧立国，杂戎翟之俗也，然而鲁、卫屡弱，不能自存，奔走听命于盟主之下，秦进而与中原抗衡，为霸主，卒夷六国而致一统之业，无他，一文柔一强武故也。故万物之在天地间，必以力能自卫为第一义，不能自卫，谓之自辜负其天职，其对于己，已先负罪矣，其灭亡岂足怜哉。顾尝考之，中国人之入于文弱，大都著自秦汉以下，当黄帝时代，其势骎骎，有膨胀四溢之势，降而唐虞以迄三代，虽规模稍狭，亦能充实其域内之势力，至秦汉以后，历级而降，有代逊一代之势，是何也？则由君主之用儒术以柔之也。吾观于日本论江户时代之教育，而可以为中国写影矣，其言曰：

欲观江户时代教育之内容，观其所行教育，而将使为何等之国民，是可知矣。

第一，当时之教育，奖励消极之道德，以进取活动之风气变而为退守柔顺之风气，盖强悍奋烈战国时代之国民而置于制度之下，使为依阶级循秩序而生活之国民，势不得不如此也。

第二，当时之教育，奖励好学之风，以国民尚武之气象，变而为好文之气象，盖化有为活泼之国民，而使为平静安息之国民，势必收其野心，使不得已而惟泄其才力于文艺中也。

第三，当时之教育，主张儒教之一种伦常说与佛教之慈悲忍辱说，以自由天才之性质变而为轨辙步趋之性质。盖化勇武杀伐之俗，而使为温良恬退之俗，势又不得不如此也。而其所用之文字，使学者能朗诵，能牢记，常触事乘机而能忆起。要之，使我有进步可造就之人民，使有退婴怯懦之风，岂非可憾之事乎？

噫！是何其摹中国之教育而酷肖乎？彼以变更之速，故受其毒也尚浅，而中国则沉迷陷溺几二千年，宜其失我种人固有绝特之性而易以习染卑劣之性也。夫事有其因，必见其果，今者与欧洲民族遇，一败再败，宜图奋飞而反显现其委茶颓败之实状，与夫欧种人之性质，何其无一相似也！彼英美国人之天性，是可略举其言论而想象之，往时美国统领于桑港之演说，其言曰：

余所望于我国民者，于临大机而能有觉悟也。夫我国民，非好求安逸之道者，于一八六一年，任南北统一之破坏，而安居家内，是最容易，而为好安逸者之所择而必居于是焉。幸而我等之祖先，此不好安逸之性,为其血中之铁,胸中之魂,(喝采)伟大悲壮之林肯,决然奋袂而起,国中青年咸起而应其召唤,手剑与楯,欲为保永久幸福之拥护神,甚而国中之女子,皆武装而赴战场,任其所至难之任务。我国之健男儿,血战四年,而得最后之胜利者,皆恃此力行之效,而后能收此光荣,照于吾辈之身,且使青色服(北军)之健儿,与灰色服(南军)兵士之子孙,同享此同胞之权利也。若吾等之祖先,避力行而贪安逸,或者如当时一辈人之言曰:"吾等者,从和平之道而行,能保此统一,固所望也。虽然,欲以保之之故而以血与苦痛为代价,是所不欲为也。"云云。而从其说,则今日者,不能于此堂有抬高头而步之男女,不能于世界表有最大之自尊心,于国家权利不敢后一步之男女也(喝采)。余望我国民者,对万事而必尽当前之义务,于事之未成,常鼓舞其不退步之心为政策,而不欲我国民者于将来有若何不幸之事,闭眼而不顾,而惟以保现在之平和为得计也。余望我国民者,数世之后,遂为世界国民之模范,常以平和与正义,勇气与力行,以不惧强不虐弱为的而行之也。

是数言也,可以见美国人之性质,而美国之所以致强盛者,盖由此也。又英国之常言曰:"余事不成者则死。"此言也,可以见英国人之坚忍不拔,一向其所定之目的而行,虽极若何之险阻危难,而不达其目的则不已,此其所以征印度、战南非而卒能成其功业者,盖由此也。而与夫我国人之性质,何其不相似也,是彼之所以强而我之所以弱也。且夫中国之言变法也,与日本同,然而日本能鼓全国之动机,而收改革之效,而中国所发泄之力,若是其微弱者,无他,彼有萨派等之强藩,浮浪辈之壮士,若龙兴而云从,虎啸而风生,故能摇撼政界,摧陷廓清其旧制度,而后新机乃乘之以生,其原本由于国人之性,有为而可用也。中国则芟夷驯扰于百王之下,而苟安偷息于累代以还,动者一二人,而睡者千万人,置一二人于千万人之间,其何力之可施,而何事之能为?传曰:哀莫大于心死。若中国者,其心固已死矣,夫人之所以生者,以有活动力故也,其所以死者,以失活动力也。活动力强,则为少壮之时代,而万事可成,活动力衰,则为耄老之时代,而万事不能为。凡所谓勇往、奋发、果敢,人生种种之美称,皆恃此活动力为原因,而显其一种作用之态象而已。世界之政教亦可以是分之曰:能增进国人之活动力者为善，消阻国人之活动力者为恶。吾冥冥乎搜之中国之政教界，而皆属乎消阻活动力者一方之事也。是故中国之亡，不亡于今日，而亡于人心风俗间，初萌弱点时也。昔辽之太祖尝曰："吾能汉语，然绝口不言，恐效汉而失柔弱。"诚哉，汉不柔弱，彼又安能至汉土也？彼取我汉土，故能知我所以致亡之原，而因欲以我族之小影，为彼子孙之大戒，我种人固未尽丧乎？为外界之事变所迫，而后内部不能不生改变之事，以求存立，是万物进化之公例。我种人之性质，其能因时运而改变乎？不能因时运而改变乎？是为兴盛亡灭之大问题，是在今日矣，是在今日矣。

厌世主义

原载《新民丛报》第42、43号合本

以世界为恶土，以人类为秽物，萧然作别一天地之想，而绝人避世、不与社会相接触者，世称为厌世主义之人，而评者曰：人类者，群物也；世界者，群之现象也。一人之以生以养，以出以居，以作以休，以歌以哭，无一不与群相关切，以个体立于一群之外，而个体立毙。是故有造于群而名之为事业，有效于群而称之为功名，有福于群而号之为德行，有序于群而目之为伦理。揭而言之，谓人世间事，无一非群之事可也。而一人之对一群，其责任之重且大固何如？而是人也，离群绝群，食群之福利而不偿，沐群之恩泽而不报，率是道也，是大涣其群，而使人类复返于蠢蠢然自生自卫之动物也。故持厌世主义者非也，目为厌世主义之人，即含有诽谤之语意于其中者也。是言也，诚哉然矣，其理固无以易之。

虽然，所谓厌世主义者，一括之名词也，其起因若何，其终局若何，其派别又若何，是不可以不辨。夫仅曰厌世主义，则是尚为未判是非之一名词也。

是故欲问厌世主义之当有与否，当先问世之果可厌与否。今夫人间之杀戮也，争夺也，诈伪也，邪曲也，贪酷也，骄慢也，卑佞也，险巇也，凡夫一切可恨可愤可叹可泣之事，无不自人类演之。彼动物之对吾人类，或以其能力之殊异，而视为天人盖不可得而知。以吾人生为人类，一观人类间之事，其暗黑而惨淡，凶残而劣恶者，直谓修罗之变相场，而魑魅魍魉之写影图可也。彼野蛮之俗,人与物相食,人与人相食(上古野蛮时代,曾有食人之俗,今日于河海沿岸发现之厨芥丘,不但见当日人类为食髓,故遗有动物之管状骨,又有打破人类之管状骨。又今澳大利亚之土人,尚以饥饿、食欲、迷信三者,有食人肉之俗,于北库因撒狼狭地方,以人之腿肉及肾脏为美味。又住于新几内亚及其他岛屿之黑色人种,名排富阿种族中之喀伦卡勒部族者,其文化最低度,人皆赤裸露卧山野,见他人过出而攫之,啖其生肉,子之尸体皆葬腹中),于危险残虐之中,送其一生,而无人生之况味者无论矣。进而为有伦纪文化之国,而专制政体下之人民,其匍匐呼号,不得自由之状况又何如?又进而为立宪民权之国,其文化固更上矣,然一旦入其地也,见其议员之悉以运手段而得,总统之又以由制造而成,而偏党曲私,无公道之可言者又何如?而工商膨胀,都邑繁华,一皆托辣斯所占领。而劳动社会之日入于穷蹙,救死不赡,至不得不服动物之劳,而以养富人之逸欲者,其失望之境遇又何如?略言其大致如此,其细故不能覶述。然则此世界殆终为地狱耶?此人类殆终为恶魔耶?呜呼!一二志气清明之士,恶感接于外,而忧思发乎中,又乌能不焦首蹙额,而生厌世之想也耶?

是以或人民者,追忆既往而讴歌之,是以太古为黄金之时代也,或人民者,希望将来而祷祝之,是以后日为黄金之时代也,是何故而然耶?谓夫人之情,往者不再来,故易怅人之记忆,来者不可知,故易动人之企想,是固心理上有是意象矣。虽然,使现代之世界,而固为极乐之净土,无上之天国,人人居之而安心焉,满志焉。焦领之气不见于色,呻吟之声不接于耳,则追念既往、怀想将来,侧身天地,不胜俯仰之慨,未必不因之而稍澹也。然而此现代之世界,固能副此想象否耶?且即不欲其能副吾人理想上之乌托邦、华胥国也,而但使掩耳蒿目者,不如今日之甚,夫亦可以稍安焉。然而此世间其能若是否耶?

故夫自古生人,其思想之稍高者,其怀抱之稍深者,其感情之稍富者,其志气之稍介者,或遂遭逢不时,与世龃龉,孤臣弃士,冤夫劳人,其牢骚之慨、不平之声,充满于山泽间,虽阅世长久,而犹若闻其歌哭之音,盖自昔贤哲,殆无一不含有厌世之性质者也。宜乎鑐喷胥尔(亦作佐边荷埃)与夫哈脱门(亦作黑民)之哲学,皆以有厌世语,为其学派之特色也。彼无厌世之想者,其言多不足动后人之玩味,然则厌世之士,不能一日绝于天壤之间者,夫岂无故耶?

然而由此道也，而遂判一至大之途径于其间，其缘起同，而其归宿大不同，其怀想同，而其作用大不同，其究也，人物之位置不同，而其价值亦不同，是何也？曰：以厌世为前提者同，而厌世遂从而弃世，厌世欲起而救世者，此其所以相反而大不同也。

厌世而弃世者，其派约分为二：其一则一身自了，呼江上之清风，侣山间之明月，世与我而相违，我于世而焉求？已矣，其理乱不知，黜陟不闻矣。由是派而差而下之，或门罗诗书，庭有丝竹，左顾孺人，右弄稚子，非不知国家之阽危，时局之丧乱也。然而念群之心，常不敌其为己之心，救世之念，又不胜其顾家之念，而终持利己之义，操为我之算者也。其一则万事破坏，谓世界胡为不速毁，人类胡为不早亡，无贵无贱，无强无弱，无智无愚，而同归于大尽，是亦一快心之境矣。由是派而差而下之，或刍狗百物，粪土万事，不免为乱暴残杀之行，世嫉彼而彼亦嫉世，而或失于事之过激，伤于情之或偏者也，是厌世而弃世者，其所为盖大都如是也。若夫厌世而欲救世者不然，谓夫世界之不平，人类之不善，固也。虽然，吾忍见吾之同胞，长处此不平、不善之世也耶？人人不平此不平，不善此不善，而世宙遂终古留此不平、不善矣，是非吾之责任也耶？是非吾之仔肩也耶？由是而菲薄之心不敢生焉，发而为悲悯，毁訾之口，又不敢开焉，存而为恻怛。以人之恶为己之恶，以世之罪为己之罪，而此心常孜孜焉，勤勤焉，期得见人之无恶，世之无罪而后已。而其效也，或易旧社会而为新社会，或易旧国家而为新国家，或易旧风俗而为新风俗，或易旧人心而为新人心，是其始厌世，而其后出于救世者之所为也。故同一厌世之人，而其道乃大相反而不同也。

且夫人未有不清静其心、高洁其思，与世俗成一大反对之性格，而后能以其所得之道易天下者也。彼诸葛武侯之在隆中，淡泊以明志，宁静以致远，若萧然一无与于世者然。而后日之经纶，悉自其高卧抱膝，长歌《梁甫吟》之时而预备之。故曰："经济多在冷淡人"（日本人诗句）者，非虚语也。若夫逐逐于名山，攘攘于利海，与当世争一日苟且之富贵，其头脑既已不清，而志趣亦复不高，如是之人，其于入世之效，亦已可睹矣，是又有望于厌世之人，而不厌世之人，未必其可取者也。

使重责厌世者，而不责不厌世者，彼蝇营狗苟，昏梦于权势利禄之场，以其智识之清浊言之，固当置于厌世人自了派一辈以下，巢父、许由，必高于祝驼、宋朝，是其例也。然即以功过言，彼厌世自了者，仅可谓之无功于世，而此不厌世之徒，非特无功而又有过，何也？世之所以可厌者，皆由此不厌世之徒作之孽也。虽然，彼不厌世之俗辈固不足道，而厌世之人，固不可不审慎而择所自处也。

英儒边沁之论道德也，立一道德算术法，而计数快乐之多寡，以定善恶之权衡，约翰·弥勒起而补之，谓不可不叙品之高下，盖兽类之快乐，决不与人类同，而劣等人类之快乐，亦不与优等人同。虽然，此不过边沁之说之所未备，而道德之为何物必以及人为标准，固与边沁氏之言，未尝不同也。故约翰·弥勒之言道德，立智慧检制之法，谓各人于所为之事，于自己之利益，与他人之利益，不可不联接而并算之云云。盖人类之在社会，不断其连锁交互之事，未有专利人之事而已不还受其利者，亦未有专害人之事而已不还被其害者，特其算术至为复杂，人之智慧短浅者，不能驭此烦难之命题，遂至横生差别，成为个体观，而非普遍观耳。又日本真言宗之言，谓圣人亦有贪、瞋、痴三毒，其与吾人异者，在此三毒，不用之以为小我，而用之以为社会万众。故悲痴正邪，实为同一之物，大贪大痴，是净菩提心，是三摩地。余于昔时又尝举几多之善字，谓无非有益于人之名（如不欺人谓之信，信者，对于人而有道德之词，若对一己，无用是名余甚多，不悉举）。又举几多之恶字，谓无非有害于人之名（如杀夺人谓之盗，盗者，对于人而无道德之词，若对一己，无用是名，余甚多，不悉举）。由是言之，厌世何病？厌世而不能举一物焉？有所以自效于世，是则不免负世焉尔。

然则古今最高尚之人格者谁乎？曰：佛陀是已。今试问佛教为厌世教乎？为非厌世教乎？以为厌世教，以为非厌世教者，殆皆挈其一端而未举其全体者也。则且毋具陈大小乘之教理，而即佛陀之人格论之。夫以佛陀之见伤虫而悲（佛为太子时，与父王出游城外，休憩阎浮树下，以观农夫之耕偶有伤虫，见飞鸟随而啄之，太子起而叹曰："众生可悯，互相吞食。"端坐树下，深有思维，王虑太子思念无常，生出家之想，乃强携太子归城），见老者、病者、死者而叹（佛为太子时，出游城外，见老人头白腰曲，支杖羸步，叹曰："日月流迈，时变岁移，老至如电，身安足恃？我虽富贵，岂独免耶？云何世人，而不怖畏。"或日又见病人身瘦腹大，喘息呻吟，肉落骨出，颜色憔悴，不能自立，叹曰："如此身者是大苦聚，世人于中，横生欢乐，愚痴无识，不知觉悟。"或日又见有一死人，四人举其舆，香花散布尸上，几多家人恸哭送之。与优陀夷问答，优陀夷曰："此人在世，贪着五欲，爱惜钱财，辛苦经营，唯知积聚，不识无常。今者一旦舍之而死，又为父母亲戚眷属之所爱念。命终之后，犹如草木，恩情好恶，不复相关。如是死者，诚可哀也。"太子闻而深有感动，低声而谓优陀夷曰："世间乃复有此死苦，云何于中，而行放逸，心如木石，不知怖畏。"太子见此苦痛，由是益欲究人生可免老病死之方法，而出家之念益坚矣），而遂悟人生之无常，观世界为苦聚，决然舍弃其富贵，而夜半辞宫殿，骑犍陟之白马，苦行求道，寒暑六周。方是时也，隔离亲戚，弃其仆从（佛夜半出家，过蓝摩城，达阿伐弥河畔之深林，乐其幽邃静寂，乃使从者车匿牵其白马还宫，车匿以太子孤寂，请侍左右，佛告之曰："世间之法，独生独死，岂复有伴。"又使告父王曰："世皆离别，岂常积聚。"云云），独往山林，殆与俗不为伍，而与世不相接。是固由发于厌世之心，而成为厌世之行者也，而欲不如是乎？则固不足以明道也（凡人隔离乡井，别其亲戚朋友，至于只身四无人境之所，对山川之岑寂，感万物之悠然。当此时也，精神界必有一大变动之事，盖众缘隔绝，则心境自清，而执缚系恋之熏习至是一洗。古人求道，往往得之于此愿，与学者共参之）。至于毕波罗树下，经四十九日之参悟，明星灿然，成最正觉（佛坐于毕波罗树下，谓不成道，我不复起。至四十九日之朝，东方初晓，明星出时，智慧洞开，廓然大悟，得无上正真道，为最正觉）。嗣后而佛陀之一生悉以救济世人为一大事。故佛教之教义，若是其广博而蕃变者，盖亦由佛陀以普度世人为心，随众说法，而经四十五年之长日月故也，且亦尝考佛陀求道之初心乎？当其访道于跋迦婆仙也，于《众许摩诃帝经》有云：

菩萨问曰："汝等修行，于何所求？"一云我求帝释，一云求梵王，一云求魔界之身。尔时菩萨，即身思惟："今此仙人所修行之行，皆是邪道，非我所依。我今于此，不求帝释，不求梵天，不求魔界，本为宿愿利乐众生，求成佛果，道既非真，宜应舍彼。"

观于此而佛陀之初心可见矣，故后世犹得依佛陀救济之权能力，而立净土门之教（佛教分二部门：一圣道门，二净土门。圣道门者，自力门也，佛陀以自证之智慧及证悟之方法显示众生，使亦得证悟，如己修行之教门也，故云难行道，又云显理门。于圣道门中又分权教、实教二种。实教者，佛陀为最极优等众生开示自证之蕴底之教门，即天台华严真言禅宗是也。权教者,如法相宗、三论宗等所说为对比前降一等之众生,隐真理之一分,而仅说他之一分之教门也。净土门者,他力门也,佛陀以其大慈悲心及其救济众生之权能力,使众生舍自力,而得依凭佛力之教门也,故云易行道,又云益物门。净土门中又分方便、真实二种,方便教者,半他力教,既依凭佛陀救济之权能力,同时又依赖自身所修善行之功力。真实教者不然,全抛自力而仰佛力。日本见真大师据《大无量寿经》《观无量寿经》《阿弥陀经》立真宗教,即全他力教也),而得沐佛陀之恩宠。佛之悲智兼大,为何如也?夫不知厌世之人,其人格既多失于不高尚,而但知厌世之人,其人格又多失于不完全。而佛陀者,固世所疑为厌世主义之人也,故一举其人格,而欲世人之知所法也。

中国近日之多数说及其处置之法

原载《新民丛报》第49、51号

凡一国行事，将从一人之意见乎？抑从众人之意见乎？则必曰：从众人者为善矣。众人之中，持论不同，将从少数众人之意见乎？抑从多数众人之意见乎？则必曰：从多数众人者为善矣。是故以多数决事者，与专制立正反对之地位，而世所视为公平之一标准也，一团体者，集各个体而成立者也。析各个体而无一团体，则势微力弱，不足以竞存立于世焉，故必有团体者出也。然由此而集团法之难题生，其一用服从主义，张团体而缩个体，至其极也，各个体皆不得申其志望，达其愿欲，则个体与个体自解，而团体立溃。其一用自由主义，伸个体以制团体，至其极也，各个体皆欲尽申其志望，尽达其愿欲，则个体与个体相争，而团体且散，如前者所谓专制国之状态，而后者所谓无政府之状态也。夫团体必不可不立者也，于是而择集团之法，如前者，则数千年君主之专横，贵族之骄恣，下民之困苦颠连而无所告。物极则反，至十九、二十世纪之间，而专制之时局遂于是乎告终，已落之日，虽有有力者，不能再返而悬之天势也，而遂不能不取后者之说。然欲个体与个体，皆不受屈压而又不致冲突乎？则其道终不可能，无已，择其至当可从之理论，则决于多数之论出焉。夫所谓决于多数者，非谓其无一人之抑压焉，乙之议论，有时屈于甲之议论，丁之势力，有时挹于丙之势力，然而不得鸣其故而相抗者，少数与多数之不同故焉。夫以团体之少数，而抑压于团体之多数，与以团体之多数，而抑压于团体之少数，或且以团体之大多数，而抑压于团体之一个数，此其受抑压之事同也。而试权其抑压之数而比较之，则见其多寡之大不同，而事之相反者出焉。夫团体不可以不立者也，而抑压之事又不能尽去，则以团体之多数与大多数，被抑压于团体之少数与一个数，一变而为团体之少数，被抑压于团体之多数，此不能不谓世界之大有进化，而所谓多数之论，遂由是而成立焉。

虽然，此不过集团决事，可取用之方术而已。谓夫以少数从多数而不可，反是道也，则必以多数从少数，夫以多数从少数，毋宁以少数从多数。此其理论，固无丝毫之可移易者，然谓一团体之决事以此为至当之理法可也。而谓一团体中多数之所在，即为公理之所在，正论之所在也，则大不可。天下固有百人之中九十九人以为然，而其道未必然，一人以为非，而其道未必非者矣。然则事之是非，又属别一问题，而以多数决事者，当谓之以多数断可否，而非以多数定是非也。

既有是故，而此茫茫宙合，前有千古，后有万年之中，吾人于此或往往逢有极奇异之现象，无他，即所谓事之是者，有时或得团体中之少数，而所谓事之非者，有时或得团体中之多数是也。是固不待远证矣。试以中国之近事论之，主维新变法者，其道是，不主维新变法者，其道非。然而今日之中国，维新变法之说之所以不行者，其故何由哉？或曰：是专制之故也。凡使吾人之言不得申，志不得达者，皆专制之制度使然。废专制，用民权，而中国立维新，立变法。

是言也，其然乎哉？不然乎哉？则试假为是议曰：今者中国之事，还问之于中国之人，而以多数决可。吾恐前之用专制者，固不维新不变法，后之用民权者，亦不维新不变法，且用专制而不维新不变法也。主维新变法者，犹得张大其辞曰：吾道固是也，莫谓国无人，吾谋适不用耳。故其遭遇虽乖，而其位置固甚高也，其境地虽穷，而其志气固甚王也。若以全国之多数决可，而亦以不维新不变法宣告，吾徒志士仁人，主维新变法之徒，皆将钳其口，闭其气，自愤而死已耳。何也？以多数决可，而所谓维新变法者被摈斥焉，则固无复有可云云者矣，使新党而欲以维新变法，用民权以多数决可乎？吾泪潮汗雨，濡肌浃颜，诚惶诚恐，而终决其必败。

则试言之，今夫毒士子者，莫甚于八股考试。然试集士子而与之协议曰：今日之事，为废八股，罢考试。兹有众，赞成者其投白珠，反对者其投黑珠。吾恐终会而后，启匦以视，而白珠得其少数，黑珠得其多数矣。又若毒女子者，莫甚于缠足，然试集女子而与之协商曰：今日之事，禁弓足，放天足。兹有众，赞成者其投白珠，反对者其投黑珠。吾恐终会而后，启匣以视，又白珠得其少数，黑珠得其多数矣。更若毒民生者，莫甚于鸦片，然试集食鸦片之人而与之协商曰：今日之事，戒鸦片，禁食禁种禁买。兹有众，赞成者其投白珠，反对者其投黑珠。吾恐终会而后，启匣以视，又白珠得其少数，黑珠得其多数矣。夫据事理论之，天下惟身受其害者，其恶夫害也必至，而其欲去夫害也必切，果如是也。则欲废八股、罢考试者，宜莫如士子；欲禁弓足、放天足者，宜莫如女子；欲戒鸦片、禁食禁种禁买者，宜莫如食鸦片之人。然而证诸事实，其最不肯废八股、罢考试者，非他人，即士子也；最不肯禁弓足、放天足者，非他人，即女子也；最不肯戒鸦片、禁食禁种禁买者，非他人，即食鸦片者也。甚矣终生之颠倒也，薰染溺惑，认贼为子，执迷为真。彼犬之食粪也，人所视为至臭之物，而在犬其必不以为臭而以为香者，殆同此一理也。此欲说明其理，固亦非甚难之事，一则为失其凭借，一则为异其习惯故也。夫困于八股之士子，羸于缠足之女人，从一方面观之，消耗其精神而付于无用之地，夭阏其血气而斫其自然之天，谓天下之至愚而可怜者，事无过于此焉可也。然从一方面观之，彼八股者，非恃其有抡元夺魁之秘诀以博世之富贵非乎？彼缠足者，非恃其纤削如春笋，棱利如秋菱，以邀世之荣宠非乎？夫人莫不欲恃其所能，而矜其所长，何则？能与长人之所以入世而占优胜之具也，一旦去其所能，夺其所长，而使之处于无所能、无所长之地，如是则于彼大不利。是故彼之欲庇护是、欲保全是者，无他，彼所赖以生存者在此，势不得而不庇护、不得而不保全也，是所谓凭借也。若夫一事也，习而久之，则其为之也易，而其知之也熟，自非旷世天挺之才，鲜有不乐为因袭而乐为创辟者，盖舍难而就易，惧独而从众，又人情之常而不能强者也。八股之与缠足，亦犹是也，是所谓习惯也。若夫食鸦片者，虽习惯居多，似无所谓凭借，虽然，彼之食鸦片也，必有其故，或借以补足其精力，或借以消遣其岁月。然一物也，食之既久，则物性之作用与其生理之吸收即相合焉而有密切之关系。试以食植物与食动物之物易其品而食之，两皆不食而足以致饥毙。非特此也，乡人习藜藿，达官饱粱肉，一旦互易，而尽变其素习，亦足以蹙其寿命（卫生家言，昔有某者生长山林，多食果物，寿至百数十岁，国王闻而召之，赐之粱肉，不久遂死）。故夫苦力之人，日得数钱，而必求一吸此臭味以为快，其计岂不甚拙？然而彼实有所不能已者在也，何也？彼已不啻以食米饮水存活之生命，改而为嘘吸鸦片存活之生命故也。故夫一灯荧然，芬菲袭人，非独其习惯之所不能改，而亦彼之生命，实有不能不凭借乎此者在。凡此皆八股、缠足、鸦片之所以不能拔去之原因也。夫人之心，其计是非也，每不如其计利害，以是非论天下事，诚数言可决耳，而一以利害入乎其间，则纷纭错杂，而种种变幻之象，各从其方面而生，至于终，遂无所谓是非，而悉从各人所计算之利害上以为是非，而黑白且因而倒置焉。夫八股、缠足、鸦片，其是非岂不皎皎然易理也哉？然一涉夫利害，而其根本之缪辀，纠结至于若此，而其说且未易期其行也。吾以为岂独八股，天下事之类于八股者又何限？岂独缠足，天下事之类于缠足者何限？岂独鸦片，天下事之类于鸦片者又何限？方一堂演说，指地画天，以为国家由此即可治平耳。及至世态如云，诡奇万变，则又咨嗟太息，以为事之真不易为，而理之殆不可解。而试一为细审之，则见事之梗塞，无不有其所以梗塞之由，说之摈弃，又无不有其所以摈弃之故。夫所谓维新变法，固不仅此八股、缠足、鸦片而已也，然以为其例，则无一不可作八股、缠足、鸦片观也。

　　抑夫今之所欲维新变法者，沿江、沿海及寓居海外一部之人，与在内外国学堂学生一部之人已耳。而欲全国之事决于全国之多数，则必并腹地边省、穷乡僻壤之人合计之而后可。而以中国号称四百兆人，若夫沿江、沿海及寓居海外与夫内外国学堂之学生，除其顽固不化及宗旨两可者外，其足称为开通而热心欲维新变法者，计其人数，殆不过数千而已，从而增之，不过数万而已，又从而增之，不过数十万而已。即至乎其极而言，不过数百万而已，而此则已非其实。然即以数百万论，而以投之于四百兆之中，其孰为多数耶？孰为少数耶？且夫所谓多数者，以至大公而言，势必令人人有决议之权，而以我国下等社会中人蚩蚩文盲，地球方圆之不知，朝代古今之不识，是岂足与计事者耶？或曰：以多数决可者，固不能不定何等之界限，然无论所定之界限者何，而所谓红顶花翎、肥酒大肉、高声喝来、低气诺是之官，固不能不与乎其中者也。又则若宽袍大袖、敲火刀火石、衔长竹旱烟筒、皮一部高头讲章为宝典、捧数篇试草朱卷为鸿文之士，又不能不多少与乎其中者也。又则若徼倖射利大腹之贾与夫铢积寸累、视钱若命之富室，又不能不多少与乎其中者也。夫吾固不敢谓我国之若官、若士、若商，其中非无一二天资杰出之才，怀高明之识，抱远大之谋，然其大体，则固阘茸龌龊，卑无足论,而曰决以多数,则此一二景星庆云、凤毛麟角之士,已情孤援薄而不能不退处于无权。是故不言多数则已,言多数则今日中国之欲维新变法者,实不过泰山之一垤,沧海之一溜已耳,乌能与之比高絜大,而匹其势力者哉!

故夫一国之中,至于兵败地削,损威失权,强邻压境,危亡无日,未有不激其一国之内动力,而所谓维新变法之说,即因之而起。夫中国虽素无民权,未闻用多数决可之例,而清议舆论,亦自有转移国政之力,而其事累不绝于史书。然以观近世之事,则与外人交战也,辛丑丧师而国内晏然,庚申丧师而国内晏然,甲申丧师而国内晏然,至于甲午丧师、庚子丧师,灭亡之事,近悬眉睫,方焚之幕,濒覆之舟,苟具人类智识以上,无有不虑其危险者。然而政府若醒若睡而昏然于上,社会亦以嬉以游而安然于下,设今日而无外患之来,则国内之熙洽,实胜于康熙、乾隆之朝,而目为至太平之世可也。如是,故一二有识之士,痛哭叫号,朝廷既目为不逞之徒,而社会亦远为不祥之物,而所谓黑暗之政府者,但使诒事外人,无多诛求,则对于国内,虽山志士之尸,海新党之血,而因袭秕政,敷衍陋法,匕鬯万年,仍可不震,岂真其专制之压力若是其强且大,而人固无如何哉?非也,非也。夫全国之欲维新变法者,固居于少数,而全国之不欲维新变法者,固居其多数也,少数不敌多数,故是以上下相安,能久而无事也。

故可证以近数年内之事实矣。庚子之役,其原因与戊戌相联贯,可谓轩然一大动力,而发生自下者也。然试按此发动力之性质,其为维新之回复力乎?抑为守旧之增上力乎?盖实非前者而属后者。然则多数之保旧而排新、恶变法而喜不变法者,于事迹固莫能遁矣。至于庚子而后,守旧之力以达乎其极而缩。夫守旧之力缩,则维新之力伸,如钟摆然,左右推移,此动势之必然者也。然而庚子以后至今五年,岁月不为不久矣,事变不为不多矣。而维新变法之事,直杳若春烟,淡如秋云,愈进而愈不可得而见其实,此则亦必有其故矣。其故非他,全国之欲维新变法者,固居其少数,而全国之不欲维新变法者,固居其多数也。少数不敌多数,故是以若是其乏动力也。

虽然,吾人欲验多数法,易一题而试之,而可得一奇异之象焉。今假集合全国之人而询之曰:有欲中国之兴盛者乎?有欲中国之人,智而多能、富于学问、体质发育,无疾病孱弱者乎?欲是者其投白珠,不欲是者其投黑珠,自非病狂失心之外,无有不欲是者,即无有投一黑珠者。然而欲废八股、禁缠足、戒鸦片者，非有他也，即欲中国之兴盛，中国之人智而多能、富于学问、体质发育、以无疾病孱弱者也。而以前题试之，失其多数，以今题试之，得其多数。是非民之蚩蚩，虑短智浅，行事矛盾，所谓知二五而不知一十者耶？所谓予以朝四暮三则喜，予以朝三暮四则怒者耶？所谓可与乐成、难与谋始者耶？而吾谓凡维新变法之事，试割裂其始终前后，而演述于愚民之前，无一不发现其有奇异之象者。君子、知夫、一般之民，其见识固如是也，故必筹所以处置之道矣。

是故有持造舆论之说者，谓中国之所以不能维新、不能变法者，既由于多数之在彼而不在我，若是亦惟转移其多数之一关键而已。今夫闻维新变法而不以为然者，必其山栖谷隐、浅见寡闻、暗于时势而盲于外情者也，否则拘墟于俗学，锢蔽于旧习，而无开朗之智、洞达之思者也，使开通其识见焉，则其心思议论必为之一变，尤进焉而尤变，而常随其识见程度之差以为差。夫如是，则昔之诅维新、扑变法者，安知其不为维新之勇士、变法之死党也？否即志薄气弱，而心知其理，其亦居于唱和之列，而不居于抗拒之列，固可知也。而昔之多数在彼，后之多数在我。夫使多数在我，是则无论逢若何之压制，遇若何之阻塞，而其势终不可得而挫。然则维新之期不能望，得维新之多数而维新犹有望，变法之事不易成，得变法之多数而变法乃可成矣。

斯言也，其理固无以易之者也，然于是而有难之者起焉，曰：论天下事，不惟贵其理之当而已，尤必合于时势而度于情势焉。而所谓救时之名论、医国之圣手者，其所争惟在于缓急先后之间，审其宜而从事，而后能奏绩焉。今夫欲转移中国之多数，而倾于维新变法之一方，则必使智识之普及于全国，教育之普及于全国，学问之普及于全国而后可。即不然，亦必使智识、教育、学问能及全国人之多数而后可。然而从一方以观，而算举中国全国之人智识、教育、学问之能普及，与虽不能普及而能及其多数，其所需之岁月若干。又从一方以观，而算列国在中国所加增之势力，所扩张之权利，至于势力确定，权利坚固，虽欲脱其羁辖而不能，其所需之岁月若干。两者之间，若走并行线而夺标然，一有步武之差，而胜负遂定。然此犹据机会之凑合、事势之顺利而言之也。若夫下欲进而上则尼之，下欲申而上则轭之，以孤臣孽子，穷士劳人，洒热血，张空拳，以与政府雷霆万钧之力相斗，为其所荡除而扑灭者几何，即不为其所荡除扑灭，而其力因而减杀者又几何？且也一国人民之程度，与一国地理之位置，皆与进化有关系之理，而欲谋全国之开通者，以读书之难、识字之寡，因而受其困难者几何？山谷之险，道里之远，因而蒙其阻塞者又几何？夫今日至难之问题，曰救中国之亡，而其所以救亡者，非曰能救不能救，而曰及救不及救。然则计之不能拯急难，而事之不能解危迫者，虽持论正大，析义周匝，而欲救亡救亡，或不免失之迂远，而非适当之言耳。

是言也，其义可谓进矣。夫天地间万物，皆于时间有莫大之关系，而于事之危急者，其所争尤在于一刹那之间。例若救焚，不敢不趋，以其过若干时而灰烬，虽欲救之而无所用也。例若拯溺，不能不濡，以其过若干时而淹没，虽欲拯之而无可为也。今夫中国之当维新变法者，其最朔姑不必言，降而论之，道光辛丑之役之后，当其时矣，过此则晚矣。又降而论之，咸丰庚申之役之后，当其时矣，过此则晚矣。又降而论之，光绪甲申之役之后，当其时矣，过此则晚矣。至于甲午之役之后，则国威已削，国本已亏，虽欲维新变法，而其势已不易挽，而况乎其维新变法之尚不成也。又至于庚子之役之后，丧败而重以丧败，摧折又加以摧折，力屈气尽，虽欲维新变法，而其功殆不可几，而况乎其维新变法之犹不成也。然而一二志士，其心尚翘翘而不死者，犹视其亲戚之将命终，苟呼吸尚存，尚欲一试其治术，而冀收其效，而为医者，施此最后之治疗，其方术亦必有异于平时，而后可期其事于万一，何也？缓急之时，固不同也。夫以今日列强之加压迫于中国，吾辈一谈笑、一食息之间，而其长进，已不知若干，而风云兴灭，事变又多起于不可测，大抵一事变之发生，则受其冲激者，其归结之张本，往往多因此而定。如美西战争，而菲律宾之一局，从兹而揭晓，日俄战争，而高丽之一局，又从兹而揭晓。吾安知吾今日尚欲救国救国，而日俄之战争终，中国之一局，亦从兹而揭晓。即或于此一事变幸而获免，转瞬而遇他之一事变，而亦终见大局之揭晓也。夫至告揭晓之一日，则英雄无用武之地，贤哲徒斋志以去。而当此将近揭晓而尚未见揭晓，又知其不久而必揭晓，其能容吾之舒徐其衣冠、从容其步武、揖让而商救劫之策、欠伸而谈御变之略耶？恐筹画未展，而戎马已来，言论犹温而河山易主。然则即取激烈之义，而欲得其当而一试之，尚未必有其效，况其为缓远之计也。夫如日本之维新变法而得告成功者，亦幸而在距今数十年以前，欧洲势力之范围，尚未大定于东洋耳。设也日本亦迟至今日而言维新变法，其能收完全独立自强勃兴之效，固未敢必也。然则以今日尚未维新变法之中国，而曰吾将从事于智识之普及于全国，教育之普及于全国，学问之普及于全国。俟夫一国之人，倾于维新变法之多数，则虽欲不维新变法而不可得，而后可期有维新变法之一日焉，其言固未尝不当理也，而去夫俟河之清之论，有几何耶？

抑论者固有言矣，曰：凡一国社会之程度，与一国地理之位置，皆与进化有关系之理，而社会间为进化之传达线者，尤莫先于文字。夫中国之文字，固所谓烦重而难认记者也，今纵无确凿之统计，百人之中，其能识字读书者有若干人，而以大概推断，能识字之人与不识字之人，纵未知其孰多，而能识字以上能读书通其意理之人，必少于不能读书之人。故开通者莫如报，而中国之日报、旬报、月报，其数不过数十，销数之最多者，殆无过万。此以拟夫欧美各国与夫日本，其报界之广狭，何其相去若是远耶。虽曰其故或由于风气之未开，而全国之能读书之人，殆居社会之少数者，此亦其一征也。至以地理言之，腹地面积，多于江海流域之面积，而一入内地，则道路之崎恶、舟车之粗笨、旅馆邮递种种交通机关之不备，其足阻塞文化，而令开通之无所致其力者何限？则试立一比例于此，以吾人开通内地之速率，与外人扩张其商权、教权、铁路、航路、矿山等之权于内地之速率，两者并行于一线，以算其比例差，吾恐吾人开通之力未至，而外人扩张其商权、教权、铁路、航路、矿山等之权已先吾而至。不仅此也，恐吾人之所谓开通者，直附随其踪迹于外人扩张其商权、教权、铁路、航路、矿山等之权之后，是则即能开通其人民，而一丘一壑、一沙一土，已有主人翁之分定。然则欲得多数维新变法之人，其事之难可知，即幸而得见多数之一日，而或无救于亡国，其事又不可不知也。

由是而言，欲救亡国，当何道之从耶？曰：在一二英雄豪杰，得有政治之权而已。英雄豪杰，得有政治之权，焕然而日月新，訇然而雷霆鸣，以震荡一世之精神，改易万众之视听，贤者以有可图效而自奋于前，愚者亦有所鼓舞而乐从于后。夫事之兴衰成败，但观其气象间而固有异者焉。此其兆虽颛愚亦或有所知，而其理虽圣智亦且不能道。要之有好气象，必由于有真精神，而有真精神，必由于数辈之为主动力者运用而贯输之。而试观中国今日之政府，其前途能奏维新变法之功与否，正不待卓识高见之论断焉。但望之于气象之间，而若明若昧，乍阴乍阳，以为醒而实睡，以为睡而似醒，以为死而似生，以为生而疑死，此一种沉闷抑塞、奄奄昏昏、不能名状，无可譬喻之气象—还询之吾国之人，而谓维新变法之事，其能成耶？不能成耶？夫以此处太平之时，犹足以致丧亡，以此当危急之秋，而冀其能解救，其亦梦矣，则直不难直断之曰无望，不难直断之曰无望，则亦不难直断之曰亡国。

而于此别出一途者，即所谓开通社会，求其多数，而后从而望有维新变法之一日是也。夫振衣者必提挈其领，张网者必揭其纲，凡处大危挽大难，必先审其枢要之所在而握之，而后其事乃克举。夫非不知开通社会致力于人心风俗之为根本之计也，然而泛而举之曰社会，其体积大，其事端繁，非变化其一二区之方面，举行其一二端之事实，而遂谓于大局能挽回也，尤非数人、数十人、数百人、数千人，而遂谓于所在能分布也，故其岁月不能不宽假以数十年，或数百年，而以一人开通十人，或以一人开通百人，则开通者与被开通者，其间尤不能不有人数之比例。若夫操政治之柄，不然，权有集中之所，事有握要之点，一动而无不动。故地不问远近，人不问多寡，无不同遵此规辙。虽欲参差而有所不能，国之所以必赖有政府之机关者盖为此。夫今日之事，吾辈所当认定之目的，曰：救国家之亡。救国家之亡，吾辈所当决定之方案，曰：有急进主义，无渐进主义。何则？势之所迫，时之所限，而不能不如是也。论全局而不当论其一方之情、数端之事。何则？总不可以偏举，大不可以小运。合全国英锐精华，据要中之地，以运转其周旁，而不可枝枝而为之，节节而图之。何则？散漫平钝而终不能收其效也。夫如是也，故其归结，不能不出于政治之一途。

论事者无愈于实征，实征而数年之状态略可言矣。夫此数年以前，我中国之时局，非所谓政治无动机而人仅能从社会以挑拨其动机者乎？吾不敢知曰。今之号为新党者，类皆放言而无责任，方登坛席吐金玉，虽汤火在前，刀锯在后，誓不达其目的而不已。至于事过境迁，则优游送日，不复再省其前言之云何。然亦岂无抱盛气，秉坚志，以自投于此横流滔滔之中？而一挫折焉，再挫折焉，或其事前若甚顺而后忽逆，初若可成而终又败，卒至力惫气尽，陷于潦倒困难，颓唐萎靡，或且因是而灰其心思，改其志节焉，此非今日新党一大多数之写影哉。设也数年以来，适与政治变动之时机相会合焉，则尔云气、抟风圈、不为鼠而为虎者，岂少其人，又何至累累焉。群相委弃于泥涂之中，而概一无所设施，一无所表现，以一群中智识稍高之人，反而投之一群之中，而其影响乃若是其微哉。则试立一比例，其一为数年以来政治变动而中国进化之一程若何，其一为数年以来政治不变动，以新党开通社会而中国进化之程若何。其间大小迟速之差数，殆不可算，而其结题，政治变动，其效大而速，而或可以救亡，政治不变动，而但恃在下者开通社会之力，其效小而迟，而不能借以救亡，了了然若睹火矣，使常如今日之情形，而再历数年焉，即再历数十年焉，其无聊固犹是耳，而敢曰：自今以往，虽政治不动而社会之大势动，已能迫政治而使之不能不动，则依数年来经过之事例以断，而其言殆有所不能信。夫以积渐之势，日日摩荡而鼓励之，则风气之开通，乙年自必胜于甲年，而丙年又必胜于乙年，夫岂无铢黍之效之可算焉？然以此极些微、极缓漫之进步，而遂谓能救国家之危亡焉，则未免盲于时势之论也。

吾非不知古来伟大之人物，若大宗教家、大学问家、大思想家、大文章家、大发明家、大技术家，其为社会开莫大之文化、增莫大之福祉者，其功德或远过千百倍于政治家。虽然，渴热之人，或求水而不求粱肉，非不知粱肉之贵于水也，可以救渴者，在水故也。夫今兹之中国，谋国家之存立为先，而图社会之改良为后。盖从其本而言，凡所以致今日之腐败积弱者，其原因皆在人心风俗之间，而政治不过其一部分之事。然从其用而言，则政治革新而后及于人心风俗，其势顺，人心风俗改新而后及于政治，其机逆。故斯时所馨香祷祝之英雄，在能免吾辈为亡国之奴隶、异种之牛马耳。否则即有配天地并日月之圣人，其能转吾国之亡而为存，败而为兴者，恐未易副吾人之愿望焉。是非无征也，夫如耶稣，非古今来之所谓圣人者哉。然方耶稣之生也，犹太已亡于罗马人之手，而犹太人至今仍不免为亡国之民，是则犹太之有耶稣，于犹太之国家果何涉也？此在耶稣，岂不曰吾为世界，吾为人类，而非为区区犹太之一国家，其理正大而无以相难。虽然，吾人今日所求之人物，其界限不能是之宽，在能急速，使国家之复活而已。若是，其在内国，君则古之黄帝汤武，降而汉之高祖、唐之太宗、明之太祖，臣则古之稷、契、皋、益、伊、吕、周、召，降而管仲、子产、诸葛武侯等若而人，是冀其乘时而出于今时者也。其在世界，古之摩西、亚历山大、该撒、穆罕默特，今之拿破仑、华盛顿、彼得等若而人，是又期其应运而产于我国者也。夫非谓古今来所有之人才，无过于是数人，抑福吾国之人才，除是数人之外，亦不必再有所加焉。慰吾人当前之饥渴，他务未遑，而先使得免国家覆亡之祸，是则若是数人者，可贵焉尔。

吾闻今之论者有曰：国家虽欲维新变法，其如无人才何？是故养育人才而预备之，以为维新变法之用，是近日之急务也。是言也，殆若一见而有理者。虽然，使探其本原言之，凡人才之所以养成，其发动力，盖出自政府者也。政府欲练兵，而练兵无人，则必求练兵之人才，而急思养之矣。政府欲理财，而理财无人，则必求理财之人才，而急思养之矣。推而至于一切举办新政，无不皆然，但使当局者主义一定，则天下皆有以知其志意之所在，而争自濯磨雕琢焉，以副其所求，有为上所直接而养成之之人才焉，又有为上所不直接而养成之之人才焉。然虽有为上所不直接而养成之人才，而其所以养成之故，则亦由鼓舞于国家兴动之机，而不妨仍谓国家养成之。虽其间可忧虑者，仓猝之间，或未能悉如其所求，踌躇焉而可告满志。然或假以五年、假以十年，其成就之岁月，即可翘足而待，反之而若无用才之意，则虽数十百年，而人才之寥落者如故。夫人才之道，以愈用而愈出者也，是故国家需才之地多，则人才之所以应其需者，其数亦多。今论者忧世之无才，其亦能信世果有才，而上能进而用之耶？不然，吾国固乏才矣。何以稍具才识之人，群偃蹇于下，上不惟不拔而举之，且从而摈斥之，芟夷之，惟恐其不尽。然则无论吾国今日之果无人才也，即有人才，而亦委弃之沟壑已耳。其稍登录者，不过能枉道以自干进之数辈已耳。今论者不责上销闭人才之罪，而四顾而叹曰：噫！无人才，无人才！其亦不如人才所由来之本原矣，且夫惟无人才也，故有待于一二英雄豪杰，以风气鼓动全国，而振起一时之人心，以共成事业。盖自龙起云从，虎啸风生之后，而英雄豪杰之心固已苦矣。而其功之所以不可没，劳之所以不可及者，亦实在此。于艰难创造之始，若已盈廷济济，各当其任，则又何待英雄豪杰之有？彼夫各国人才之所以辈出者，亦大都在国事大定之后，经若干年之裁成教育，否则即可谓于率作兴事之中，渐次训练而甄陟之。至于创业伊始，类不过贤豪数辈，以为当世之先，未闻有待全局之人才大备，而后从而下手者也。况论者其能保今后中国之人才，必日盛一日，年盛一年，屈指岁月几何，而谓整理庶务，各能适职乎？吾以为政治之闭塞如故，萎颓如故，即假以数十百年，而人才亦无振起之日，即于其间，偶有成就之人才，而待之或违其道，用之或失其宜，卒亦至于摧散而零落耳。不观乎彼亡国之埃及、印度，谓当日或苦于无人才，虽欲维新变法，而其事亦不能成，则岁月优游，至于今日，宜其人才之昌备矣，而何以寂寥犹如此也？吾以为日本今日人才之朋兴，亦当日维新变法之福荫耳。设当日无维新变法之事，或虽维新变法，而其事不能成，则其人才亦未由逢发生之机，而遂不能至于畅茂，固可知也。使菲律宾创义而能成功，则今日之人才，亦必有改观日新之象，惟其不成，则今后或不免长此萧条冷落而已。不先注察于中国政治之动机，而沾沾焉托于人才之不足为忧，宽以待在上之人，而严以责在下之人，以此造言，亦徒设辞以助政府而淆乱世听者也。

或曰：今日之中国，政治其无动机矣，已矣。亡国不亡国，盖不可必之事矣，夫开通社会，则固不以亡国不亡国论者也，且虽亡国而开通吾之社会，其事仍不可以已。何也？国亡而民智进，则犹足以存立于世，使国亡而民智复不足恃，则其受祸也盖惨矣。若是则今日之舍政治而不问，而专从事于下，宜其为之为得当也，则请答之曰：贤人君子，竭心血，疲筋力，以期造福于同胞之社会，此吾所尊之重之而颂祷之者也。虽然，其事之缓急要次，固有辨矣。譬之生子，人情之所望者在男，然或不得男而得女，则曰：慰情聊胜于无，不以生女之故而生男之望遂因之而绝也。今之开通社会者，宜曰：吾日夜所仰望者，国家政治之有动机而已，若政治无动机，而徒尽吾辈所能尽之力而为之，其收效终微。夫吾固不以收效之微，遂辍事以嬉而不为也。虽然，吾心固常歉焉而以为不足也。且也，吾囿于吾之能力，吾限于吾之境遇，而度吾之所能奉于吾同胞者只有此焉而已。而顾瞻当世，乃日焚香而祝曰：愿天早生圣人，以救吾国，不然，恐篑土之不足以塞溃，而杯水之不足以止焚也。况乎此区区开通云者，不过吾一身对于一群所应尽之义务，吾即欲谢此义务而于理固所不许也。夫如是也，可谓宏于识而美于德之君子矣。今日穷而在下之士，不能起风云而造时势，而姑竭其一已所能为之事，以贡献于社会，其存心立言，不当如是耶？然而已足惭矣，何惭乎？惭乎吾之不足以解时势之难，慰万夫之望，而其功能仅限于是。夫是固不足以自喜矣，若悍然而立一帜曰：今日吾人正当之行为，惟在开通社会，以为和平之补救，而毋躁进以涉政治之界，或遂与志在政治者相反对焉，则虽其人或真心笃志，以不负其所从事，而亦不免限于乡里善人之量，或直怵于祸害，而惟撰安善之途以自立焉。则固有以知其非拨乱济变之才，而处于被发撄冠之乱世，其人亦不足多也已矣。

且也，今日之事，必以亡国与不亡国为一大界限，若不立此一界限，则所谓忧伤者直无谓之忧伤，所谓痛哭者直无谓之痛哭耳，使万足一途，万目一的，而曰：今日者，我四百兆同胞，总不惜牺牲其身心性命，室家财产，而必以建立一国家为期，能副是志也则生，不能副是志也，则咸出于死之一途，而以白骨为山，碧血为海。夫使我国人人而果有此气概也，未见亡国之果不可救也。若曰：国之能不亡，固吾之所甚愿，设也不得已而至亡国，则不可无所事以善于亡国之后者也。呜呼！吾以为此真亡国人之言也，岂不曰老成？岂不曰周至？岂不曰长虑而邵顾，深思而远谋？然而人人皆作此想，人人皆存是心，则其国未有不亡者也。此无聊解遣之语，吾但觉触于耳，不禁掩面疾走，期期而不欲闻者也，无以名之，名之曰：此真亡国之言焉耳，充其效用，不过能使将来下等之奴隶变为中等之奴隶，中等之奴隶变为上等之奴隶，而其贪生惜死，乏廉耻，寡气节，已为天地间铸造一种卑薄之人民，而低人类之价值者也。且果如此，吾请进一杯而贺曰：君无为子孙忧，吾种人数千年来所历练之特技，无他，无论何种为君，何种为王，而能处于其治下，以保其身命而延其嗣姓。若是，则今日何有急难？且何有危机？日月仍清明，天地仍泰宁，朝廷仍太平，吾辈仍优游耳，忧者疾而已矣，哭者狂而已矣。呜呼！今日维新变法末流之变态，而新党之所为乃至为他人不知谁何之国家造有用之仆隶，而为吾种苟且偷生之儿孙作未来之牛马也，则吾毋宁不爱国、不爱种，而言世界主义、言人类主义，吾毋宁收感事之涕泪，息忧时之精神，恝人伦而但求超人伦之学，谢世间而独行出世间之事，否则毋若怡林泉、耽风月，吾宁取厌世主义以自乐，否则浊世其终不可居，流俗其终不可语，吾宁自杀。

然则今日之事，言不问其高下，理不究其短长，而其惟一之主脑，曰：我之人民，不为他人所管属，我之山川，不为他人所弹压，无他，先立有国家而已。欲立国家，而审其下手之方，他事皆无及也。一二英雄豪杰，得主政治之权而已。有此一日也则存，无此一日也则亡，是必然之理，可两言而决者。

共同感情之必要论

原载《新民丛报》第57—60号

斯宾塞尔《社会平权论》曰：道义，感情之一官，自古至今，逞动作于社会事物之间，至于今而益发达。夫大宪章中，含有抵抗抑压、扶持正义之意，而或欲伸民权，或欲废奴隶，或主男女平权，或拒绝教会贡纳税，或为徇难人建立墓标，或为犹太人论辨。当允准为国会议员，或为波兰人之遭抑制而愤慨，凡若此者，孰非生于道义之感情乎？此道义感情，下根柢于人心之间，勃发而为正气之大树，以散宽仁公平之佳香，获正道自由之美果者也（以上斯氏之言）。吾人闻此言也，亦怦怦然而若有所触，而欲为天地间不知何人之受屈抑者而平其气，而欲为天地间不知何人之肆横暴者而折其角。然试一还叩之吾人，何为乎而皆有此心？则以人人心理间有一共同感情之一官能故也。

今夫吾人于最近之事，若菲律宾之欲谋独立而不成也，若南非杜兰斯哇尔拒英人之并吞而战败也，若犹太人被俄之虐杀于西溪纳夫也，若波兰人之欲推翻俄政府而兴复其故国也，若芬兰人之受俄之迫压而暗杀其大官也。其悲惨之事，吾为之泣下，其壮快之事，吾为之叫极。夫是数事者，其于我皆绝不相关，而吾人对之之情，亦若与彼身在局中者，同陶铸哀乐于一炉之中。又若吾手历史一卷，忽焉而为之歌，忽焉而为之泣，忽焉而为之忿，忽焉而为之叹，仰天长啸，击碎唾壶之态度，时时有之。试问此中人物，若果与我仇乎？若果与我好乎？若果有利于我乎？若果有害于我乎？问之吾人之心坎中，殆若青天白日，一不存是等渣滓于其间。然而此发生之情怀，一若遏之而不能遏，禁之而不能禁，为谁辛苦为谁酣？则以有此共同感情一之源而主宰是者也。此感情也，竖而计之，上极千古，下通万年，不能以时间为之界隔也。横而论之，通于六合，穷于八方，不以为空间为之限制也。志士得之以为志士，仁人得之以为仁人，英雄得之以为英雄。文章文此者也，诗歌声此音也，俎豆报此者也，碑碣记此者也，弥纶于事物之间而无所遗，感通于人己之交而无所阂。极而言之，有此则社会以之而成，国家以之而立，世界以之而通，无此则乾坤或几乎熄可也。

此感情也，目不可得而见，耳不可得而闻，来不知其所自，去不知其所往，而常予人以最可试验之时，则当国家社会衰乱颠倒之世是也。盖感情者，以国家社会之平治而消，以国家社会之偏激而长，常相关而成一反比例者也。

夫如是，则最易发生共同之感情者，宜莫如我国之今日矣。吾国土其将易主，吾种族其将为奴，外来之风波，已酿成一暗澹惨凄之境，而尤可痛心者，则蟊贼在朝，豺狼当路，日取吾种之秀者而杀戮之，涂醢之，拘囚之，捕缚之，窜逐之，禁锢之。呜呼！吾方有悲古人而流涕者矣，而古人又岂有悲境耶？吾方有恫他国而伤心者矣，而他国又岂有此惨遇耶？以千古所无有、万国所不见，而现一那洛迦之世界于吾种吾国之间，天地因而失色，日月为之不明，无人心也则已，苟有人心，则未有不为之愤气积云、悲泪成海者也。

然则我中国共同之感情，于此可验矣。其所谓官，以取富贵、保利禄为宗旨，朝廷之所谓叛徒，彼亦曰叛徒，朝廷之所谓乱党，彼亦曰乱党，能捕获之以为己能，能斩杀之以为己功，溅同胞之血，以染其显耀人前赤色之一顶。我之所视为短气吞声之地，正彼所视为得意快心之笔，其苦乐适与我国人、相反。向若辈而求感情，毋宁逢蛇蝎而祝其不螫，遇虎狼而求其不食，或尚有验矣，是共同感情之已灭绝者也。或曰：子何言之甚，夫人而至于无一线共同之感情，则动物之不如，世界尚何以为世界乎？曰：诚然，夫人类之道德，果有高于禽兽与否？是言也，吾素疑之。而以观吾国之官，其道德决不及禽兽。例若主人豢犬，使犬捕猎，则犬为之，使犬捕犬，则犬不为，以是见犬之不肯受豢养者之嗾而自伤其同类也。然我国之官，亦闻有命之捕杀其同类而不为者乎？使尚有因此而发其感情之一人焉，吾犹可据以证人类道德之非必不及物类。然今固未闻其有是人也，是于心理上实验之比较，而犬之道德高于我国之官之一断案已可定。夫彼固惟热中于煌煌之翎顶、灿灿之金银，苟有可以易此者，于事且何所不为？而尚能冀其有一线之感情耶？其亦左矣。夫为官者勿论，若夫饮食衣服、言语动作，俨然具为人之全体，而无教育，无知识，蠢蠢然，营营然，惟延其一日之生命，以为百年之至计。其睹英雄豪杰之作为也，犹夫蜩与鸴鸠视大鹏之背云翼风，搏摇于苍阊之表、溟渤之间，而不知其果何事也。若是，则性情不相知而事为不相关，无从发生其感情者，无足怪也。至于内而国政，外而世局，非无见闻，亦知忧叹。然而一时为公，不胜其移时为私之念，一念为人，又不胜其转念为己之情，于是置其身于可新可旧之间，善其处于宜上宜下之地，不得谓之无智，而智则仅以供其利己之用，不得谓之无识，而识又徒以佐其善世之谋。若是者，虽有共同之感情，而若存若亡，乍明乍昧，而终则枯萎消灭而不获收其用，此有感情而养之失其宜，发之无其道者也。若夫慷慨激昂之情见于面，卓荦奋发之情溢于气，而或失之于忮忌，或失之于枭鸷，扶殖其与己相联结者，而排斥其与己不相联结者，笃厚于与己相昵近者，而残忍于与己不相昵近者，当其激于一时之竞争，虽并世之贤豪，或不惜出辣手下毒心而欲锄而去之，是又仅有一党之量，而无一国之量、一群之量。从而其发为感情也，亦偏而不全，私而不公，此有感情而不能推广以至于圆满之域者也。至若心怦怦而时动，意微微而徐伸，亦知义之当为，而真力或不能副，亦知善之可乐，而勇气或不能坚，是善人也，而不得谓之仁人，是良士也，而不得谓之任士，其于感情，失之于怯而不盛，弱而不强。孟子之言养气也，曰：直养无害则塞乎天地之间，是当先认识感情而直养之者也。夫举一国之人而计数共同之感情，其差等略如是，于官宦彼已操屠刀、入恶业，无足言者，于氓庶则又愚不足以言此，立于两歧而观望以取时利，所谓小有才之人而不足以入道，舍此则不能不有望于霸才者之抑其偏心，弱质者之奋其刚气，庶乎共同感情之花，其灿烂焕发于我国之野乎！

且夫发达其感情，而必期其用于共同之地者，盖人之生于世也。无论于世界、于国家、于社会，必有其共同不可分析之一通体在，此通体之义果若何乎？不能不稍区别而认识之。今夫学者，或本于中国之学说，曰：天下之本在国，国之本在家，家之本在身，是言天下者国之积，国者家之积，家者身之积者也。或本于西国之学说，曰：凡群者，皆一之所积也，所以为群之德自其一之德而已定。群者谓之拓都，一者谓之么匿，拓都之性情形制，么匿为之，么匿之所本无，不能从拓都而成有。么匿之所同具，不能以拓都而忽亡。要其所言，无非集各个体则为团体，析团体则为各个体，而余所谓共同之通体者，义不若是，其区别盖有一共同之体而不可分析者是也。例若航海然，乘舟之人，合之可谓之一团体，分之可谓之各个体，而此舟者，所谓共同而不可分析之一通体也，实则所谓一世界、一国家、一社会，决非仅此集合体而成，而于此集合体之外，尚有所谓通体者在，假令无此一通体焉，则合个个而成之集合体，且将无所附丽以为集合之基而不久而将散（如近时新党中立会甚多，然皆不久即散，此无他，不过有集合体而无实际上一共同之通体故也。通体之事甚多，如造新国，即其事之一也。若无此共同之通体，而徒有集合体，则早晚必解散，而归于无用而已）。然则吾人对此共同之通体，实当视为第一之生命，而吾人一己之生命，不过居于第三，而所以拥护、保卫此一大生命者，不可不视为人人重要之一义务。而同托居此共同一大生命之中，而有人焉，起而拥护、保卫此一大生命者，虽其人只自尽其义务之所当为，而对之者，不能不尊之、重之、爱之、敬之，有时以欲拥护、保卫此一大生命，而与拥护、保卫其一己之小生命，适居于不能两全之地，则当之者，不可不舍其一己之小生命，以全其共同之大生命，而吾人对此为拥护、保卫吾人共同一大生命之故，而至有挫折其一小部之身体，丧失其一小部分之性命者，自当发动吾人最高度之感情以临之，决非若个体对于个体临其死亡者之感情而已。夫同在一集合体之中，设有个体之自死而自亡者，吾人亦不能不发其相当之感情，然非个体之自死自亡，而为吾人共同一大生命之事，从而至陷于死亡，则吾人自不能不以哀吾共同一大生命之哀而哀之，礼吾共同一大生命之礼而礼之。夫欲考求吾人所以生存之故，决非仅恃吾人有一部之小生命，而必赖有一共同之大生命，而欲合人人而共造此一大生命，且既造之之后，又欲合人人而共保此一大生命，自非人人有共同之感情不可。然则共同感情者，谓为吾人一大生命之所谓寿元焉可也。

　　论者或谓关于吾人心理上之作用，知觉实先于感觉，彼世之知觉钝者，其感觉亦弱，故欲发人之感觉者，必先长其知觉，则知觉实为感觉之源泉。今日之当首务者，亦在开人之知觉而已，无遽言感觉也，其言若是。夫感觉果源于知觉乎？抑知觉实源于感觉乎？此心理学上未易决之一题。约瑟奚般氏论感情之强弱关于智力之强弱，凡刚健明慧之人，其感情之发动常强于萎靡愚暗之人，列引美尔顿、拿破仑诸人为证。而惹迷斯左来氏，谓凡百之知识，其源实发于感官，如想象、推理，凡智力之作用，必先由感官供给其材料，若光辉感于目而后有光辉之知觉，音声感于耳而后有音声之知觉，此外之事件亦然。顾细审之，感觉之源于知觉者固多，如见物不明了者，何从而生其哀乐之情乎？然由感觉而唤醒其知觉者，其理亦实不可诬。例若佛年少时出门，见鸟啄伤虫而叹万物吞灭，悟世界之恶浊而发其慈悲之心，见病老与死者，叹人生之无常而动其出世之想，是非由感觉而触发其知觉者乎？又以吾人日常之理言之，朝莽方梦，忽闻钟声，遽悟天晓，是又非由感觉所生之知觉乎？推此理也，恐吾国今日新学之发生，直受感触于外来势力之强大，器物之新奇，而又动魄骇神于甲午之丧师，又复痛心疾首于戊戌之政变，积是感觉，而后乃有今日若干人趋于维新之现象。设无是感觉，吾恐西人之学术，虽自开一新天地，未必遽震动吾人耳之目，而吸引吾人之嗜好，如今日也。是则谓今日维新之句萌，以感情为原动力可也。夫感情之与知觉，其所司之职，确分为二，而常有密接而相授受之机。据日耳曼物理学者之试验，感情传达之速力，虽依人不同，大抵在一秒时二十八也尔度三十二也尔度之间，然此乃仅于官骸上推算感觉所达到迟速之时间。若感觉乍起，刹那之间，而即授于知觉，其相互传授之际，而欲详细分割其时间，恐难确定一精微之标准，顾感情与知觉之相承受，及感情与知觉之果当孰为之先而孰为之后，吾辈亦不必遽下定论，而但觉感情之与知识以互相补助而益臻发达，而常有一连环相为因果之妙用，此吾人已确认其理。然则欲开吾人之知识者，又安可不亟鼓吾人之感情也？

论者又谓今日之所重者行为，而行为之与感情，于心理大异其部分。富于感情者，或往往弱于行为，而强于行为者，或未必富于感情。以心理兼生理而言，则多血质之人易发感情，而胆液质之人敢于行为。能兼有此二质之长者，或仅能遇之于旷世一出之人杰。若二质既难兼具，则与其取多血质之人，毋宁取胆液质之人于今日为有用也。是说也，是徒见感情之与行为，各殊异其官能，而不知感情之与行为，尚有联合之作用也。犹蒸汽机关然，汽力之与机械，夫孰不知为两物也，而因蒸汽之冲激，往往以发动机械之运行。夫人亦然，当夫感情激越之时，其所发之能力，往往能超过于其平日所固有之量，虽以妇人孺子之弱，亦或能辟易万人，其志气所向，至于能动风雨而泣鬼神，感情之力之伟大，固可于此认之也。或曰：感情之为用也，不过片时之激动，至于时过境迁，态度归于平静，而其效用亦止，是决不可谓真知感情之说也。夫感情之兴作性，虽以时限之经过，不能继续其永久同一之态，而既一度发生其感情，则心性之受影响者，决非顿归于消灭。例若吾人经一大恐慌之事，虽阅时既久，恐慌之实境已去，而一经回忆，其印象犹若悬于心目之间，而此所受之感情若赓续叠积，往往能因感情之所印以模铸吾人之行为。例若吾人一日读史，见古来之忠臣义士可歌可泣之事，而深沁吾人之心脾。至于他日，又至于他日，而几度发起此同一之感情，其久也积受既深，而吾人心神之中，自有此忠臣义士之印象。至于遇时触事，而吾人所显之行品其规辙亦俱之相同。非特此也，吾人所受种种之感情或奇零错杂，而心性间又能陶冶鼓铸，成为一片段而发现于行事之间。例若吾人读《新民丛报》之意大利三杰传，而大有所感。又若航长江，出吴淞，而见外国兵轮棋布星罗于我门闼之间，而大有所感。又若至日本，见楠正成飞马、西乡隆盛牵犬之铜像，而大有所感。如此拉杂诸事，不可画一。而其结果，无非唤起吾人奋发救时爱国之精神，盖交互错综所受之感情，而于性行上，已成为一线之作用，凡此皆感情之效能也。故夫感情虽经时渐消，亦若吾人之于饮食然，当其消化不过数时，而气体实赖以长成，而永留补益于吾人身体之间而收其用。夫以吾人所潜有之志气，而感情能发动之，已发动之志气，而感情又能成育之，则夫行为之受益于感情者顾不距耶？

论者又谓，凡人感情之发生也，必由于有同一之条件。例若同一位置、同一境遇、同一气质，而或又以族类相同、乡里相同、国邑相同之故，否则若贫富之不能相谋，少者与老者之嗜好不相知，凡缺同一之条件者，感情之传达，即因之而阻，是故感情之境域甚狭，而未可与语平等大公之量者也。是说也，又仅见感情发现之一方而未可谓能知感情之全体者也。夫以有同一之条件而感情每易于发现，此固然。例若吾人今日者，丁衰世、处危邦，则对古今救世之豪杰、忧时之志士，易往来于吾人之胸中而动其歌泣，若吾人之对于文天祥、史可法、郑成功，及埃及之亚剌飞，意大利之玛志尼、加富尔、嘉里巴第等，若不胜其甚相切近者，而哀乐之由生，亦发于无端，此固以有同一之条件，而感情易于发现之证也。虽然，此不过举感情之发现者言耳，而感情之存在于吾人性情中者，决不得谓有限量之可画。今日触于甲之事，而甲之感情生，明日触于乙之事，而乙之感情又生，而不得谓感情之有甲者或无乙，感情之有乙者或无甲，随事之所遇，而吾人无不有感情以应之。

是则感情之为普遍量,而以感情之有隐现,因而疑感情之有存亡不可也。且曰:有同一之条件,而后发生其感情者,其故无非以与己有相关耳,而理想广大之人,往往其事或不与己相关,而己与人势绝悬殊,而亦能代为其人设想,而发生其感情者。例若贫富本不相谋,而古之圣人,自处于玉食万方、富有四海之地者,亦或廑念小民之饥寒,且最易阻碍其感情者,莫如相战争之敌人,然对敌人之无力抵抗者,不得行杀戮,见敌人之受伤而不能为我敌者,则救护之。近日于战争之场,固有所谓文明之战争者,其道亦无非广推此感情于敌人耳。不然,又孰能绳以公法责以人道耶?又若对敌国之将士,亦有行其相当之感情者,若于敌人忠勇将之死亡,敬其人而以礼葬之,古今时有。若今年日俄之战,俄著名之将马加罗夫,以不得尽其才而遭惨死,日本皆痛惜之是也。而感情程度之高者,不仅与己无条件同一之事之相关,宁或彼我处于相反之地位,而亦有对之而生共同之感情者。若太公伐纣,伯夷、叔齐谏伐纣,其事件相反,而太公曰:此义士也,云云,是其一例也。又在吾人之中,有一种最可宝贵之感情,全出于公正而一若无所为而为者。例若英国有伯伦氏者,闻古文明国希腊欲反土耳其,而树独立之旗也,大喜,欲奋身而往从之,未及达其志而殁。著名文学盖台氏闻之,深感激其义气,于其所著《福思度》戏曲中大表扬其人物,而欲永传其义侠之行以为人群中一大纪念。其事两皆无关于己,只激发于道德感情而已。故吾谓以有同一条件之中而求感情,仅得见感情发现之一部,而感情之应用,固有不止于是者。夫欲大公平等之实现于世界乎?则安得不有赖于共同感情之发展,而广其推行也?

　　论者又谓,人之有感情也,往往能诱起诸多之罪恶。例若男女之恋爱,服物之玩好,又或以顺乎其感情者,谓之为善,逆乎其感情者,谓之为恶,而除为感情驱遣之外,无公是非,无真好恶,凡此罪恶,罔或非感情为之源,然则又曷可复助感情之长也。夫是说也,其所指者,多属利己之感情,或谓之自爱之感情,或谓之私情,其目的以满足一己之要求,而以己得享其利益幸福为主。而吾所谓共同之感情者,或谓之爱他之感情,或谓之同情,其语原于希腊"共"与"感"之义。于道义共同感情之位置,盖高出于主我感情之上,夫用主我之感情固每至酿为罪恶,然有可称为道德者,如报恩之类是也。要之主我之感情与夫共同之感情,于心理学上区分为二,故于属主我感情之部分上,兹不必论及。而但就共同感情之一部分言之,是则可认为罪恶者，其事至鲜有之。若墨子主兼爱，而孟子以为无父，盖指墨子之言为罪恶也。又若今日有信一宗教，而持人类同胞主义或社会主义者，皆盛唱非战论（若俄国某一部基督教人以战争为大罪，拒绝从军，至遭官府之杀戮窘迫而不悔，以为如此乃不背上帝之教训也。又若俄国著名之托尔斯泰伯草非战论长文，抉摘：日俄二国主战争者，皆为一己之利欲，而非人道之公义。又若日本主社会主义一部之人，皆著论论战争为不合于人道）。若其国适与他之一国有战争之事，则有认其言为淆惑人心，有害于国家存立之道而以为罪恶者。然此二者，果为罪恶与否，学理上之辨论滋多，当陈述之于他题，而兹非所及论。特所谓道德论理者，皆当属于进化上之事（中国儒教以道德纲常为千古不变者，其言大误）。故古之所谓善者，其意义常狭隘，随时势而渐扩充其范围。若所谓持人类同胞主义及社会主义而盛唱非战论者，我国人民尚无此种之影响。今日言之为早计，若断孟墨之讼，则孟子为持家族主义之言，墨子为持世界主义之言。于家族主义之时代，则孟子之言当矣，于世界主义之时代，则墨子之言当矣。今日者，家族主义之时代已属过去，而世界主义之时代尚属未来，而我国人则固有偏于用家族主义（中国论家族上之道德，言极详备，而对于国家及社会之道德言极疏略。故今日最缺乏于公共之道德，对于国家及社会之公共道德者，今日我国所至急需要之新道德也），而无有偏于用世界主义，盖儒教之教化深入人心，而与墨教隔绝极远者。而审今日时势之所宜而谋进步，虽未能骤言世界主义，已不可不改变昔日囿于家族主义狭小之界限中，而当廓而为国家主义。若是，则共同感情正为今日发生国家主义之源泉，而亟当鼓吹而使之发达者也。夫主我感情之罪恶，既不能混于共同感情之中，即有预虑当共同感情发达之后，或不无以世界主义与国家主义相冲突，然此究不过一部分之事，而以国家主义有可以助成世界主义者甚多。意大利志士玛志尼之言曰："吾人于世界全体之人类，不能骤尽其力而有所贡献。虽然，由国家而可间接以于人类。"云云。是则所谓共同感情者，其效普而其可虑者亦仅矣。

论者又谓，凡感情者，常发动于苦乐之二境。若所遭遇之事但有苦而无乐，则感情亦必以涉于苦痛之久而消灭。今当此惨暗之朝，而欲唤起我国人有共同之感情，毋亦惟是携手接踵，相将而俱上断头台乎？夫此固所谓苦痛之境也，处于纯一苦痛之境，必为人之所不能堪，然则以语言文字鼓舞共同之感情而不足，以刀锯鼎镬，摧散共同之感情而有余。安见奖励共同感情者之能收其效也？曰：凡所谓苦乐者，盖有二区域焉：一为身体上之苦乐，一为精神上之苦乐。而凡生人之稍有智识者，决不仅有身体上之苦乐，而尚有精神上之苦乐，若所称为一世之贤豪者，其所感于精神上之苦乐，必重于其身体上之苦乐。夫既以精神为感受苦乐之主体，则凡有顺其精神者，而其情即感为乐，有逆其精神者，而其情即感为苦。彼夫为道而死者，往往赴汤蹈火而如饴，蹈白刃而晏然，人所视为至苦之境，而彼即视为至乐。何也？行其精神之所安，身体上之苦，以精神上之乐消除之，而其苦且归于无何有之乡也。今使为蹈道而死之士告曰："尔果欲免杀身之苦痛也，其毋为尔之所为。"吾恐其言之必不足以阻信道至坚者之心。何则？彼发动于其精神上之所不容已，禁其不为，是即大逆其精神，而彼之所感为至苦痛之境也（近来企谋革命者屡杀屡起，而来者益道此，何故哉？迫于精神上之苦痛，实一日不能忍受，故也。此凡有血气者所皆然，尚何暇顾及生死哉）。夫杀身之事虽惨，然其所谓苦乐者，究不过属于身体上之一时性，又安能以欲免一时身体上苦痛之故而受日日精神上之不快，于精神上不啻若自杀之苦痛乎？夫迫于精神上之苦痛至极真纯之境，决非身体上之苦痛所能消阻之而使易其方向，而常以身体供其为精神上牺牲之用，此固有可实验之于心理者。例若愤怒之余，则人人有不顾其生命之概，又若人或有欺心之事，至不堪天良之谯责而自杀者时有之。凡此皆精神不受制于身体之确据也，诚哉，民不畏死，奈何以死惧之？然则视死之一字而虑其有摧灭共同感情之大魔力也，亦按之于心理上而有以证其说之不然矣。

或曰：然则共同感情，其关系于人群中之效用，及其道德，果有若何之影响乎？曰：凡人之行事，每以得他人之赞和而益鼓励其精神。例若壮士，以得武勇之名，而愈奋其力，演说家以喝采者众，而辩论之气愈振是也。若夫忧伤劳苦之事，又以得人之了解抚慰，而悲痛之情或从而减少，或遂从而消灭者有之。例若兵士冒锋镝，凌寒暑，褒赏而奖励之，有忘其劳而忘其死者矣。且夫一群中，患难危险之来，未必于一时之间，尽一群之全体，而悉遭遇之，必有数人焉。首当其冲者，而一群之人，对此首先受祸之人相与悯惜其遭际而纪念其功劳，而后人人以有所观感而自奋，各愿挺身为一群之牺牲而不辞。如是则一群中共患同苦之公德以之养成，而一群中袭来之祸患亦以抵御有人而从而潜消。若夫遭时之变，一二贤者以奋不顾身而蹈于祸害之中，而一群之中，视之若无与于己事也者，否则或从而非笑之，诋议之，否则恐与其人为伍而祸将及己也，而从而远避之，否则或遂从而下石，杀其人而以图一己之利便也。若此，则一群之中，各不相顾，各不相救，人尽为私而怀藏崄巇，自相屠戮剿灭，而置公共之祸患于不顾，则一群之人心涣散，而道德从而扫地，其群亦不久而凌夷渐灭以同归于尽。若我国今日之现象是也，若我国今日之现象是也。呜呼！仅共同感情一念之薄弱，而其祸变之所趋可至如是，则夫共同感情，其显效用于一群之中，而于一群中道德上之价值，固何如其巨也。

今欲进而考之，此共同感情者，其本原果何自而始乎？夫古今学术一最大之分界，曰神造之与人演。大抵古之学说，多主神造，而今之学说，多主人演，其论感情也亦然。古之学者，论共同感情之原，以为受之于神之所赋与（儒教所谓"天命之谓性"者，亦即神造之意）。而今之学说不然，其一主社会传染之说，法国学者特斯宾氏言人心理之相感通也，犹连置两个之发音体然，鸣其一而其一亦鸣。夫欠伸相传染者，此人之所知，而人见人之悲泣也，每不觉而已亦现其惨意，见人之笑乐也，每不觉而已亦动其欢容者，此即彼此之相传染，而传染说者之所主也（据特斯宾氏所证引，云：凡为新奇之骗术及以新毒杀人之事，一见于新闻杂志之中，不日即有同犯罪者出其中，最著者为自杀之传染，一千七百九十三年，马塞耳一人自杀，数日间传染至千三百人自杀之多，其所证据甚多，兹不具引）。按传染说中，以心理之相传，取譬于连置两个发音器之相传，此即真以人之发音试之，而亦有相传之理。今若乡试场中誊录所，每传有号啸之事，其故，所中以数十百人同居一室，中夜一人发声，他人于睡梦之中亦发同一之声，遂至数十百人同时发为一大声，哄然奔逃，不知何事，而查之一无他故。又今时于矿山中工人众多之栖宿处，亦有此事。人多以为怪，而生种种之臆测（如矿山工妖以为其宿处有人怪，或以矿山中压死之鬼，而誊录房则以为本科有大贵人，皆臆说也），实则人人之发音器于夜睡神经不能自主之时，感触外来之声浪，发无意识之应声已耳，此即音器互相感传之理也。若夫欠呻传染之说，今时考众人杂居之处，有疲劳传染性。原夫人之所以感疲劳者，以体内积有无用之废料，而此废料时时排泄于外，经气浪而入他人之呼吸中，则他人亦感疲劳。虽然，于此有一大疑问，则夜啸与疲劳之传染也，一以声浪冲激之故，一以空气中传送废料之故，皆有一实质为彼此递达之媒介，而此心理感传之事，心外尚有实质乎？抑心外别无实质乎？夫以今日科学方盛，万事皆有趋重于维物之势。如佛教之无明，有人发明以为脊髓内一种之液质，由此液质，生种种之妄想，而为感病之根，以禅定之力，使此液体枯槁脱落，则转迷开悟，菩提涅盘之觉境现前，云有实验之可证。然反对此说者甚多，其果可得为定论否乎？要之传染之说，心外有一实质与心外无一实质者，今日难下断案，不能不姑置之。而于传染说中，窃以为尚当分别其部分，一以为相对之传染性，一以为引换之传染性。相对之传染性，即上所云，见人之悲而已亦悲，见人之喜而已亦喜等事是也。引换之传染性，例若我在穷困之境，他人见之，发动其感情，而援手以救我也，则他日我见他人亦在穷困之境，往往能复呈其昔日我在穷困之景况，而我亦生救济他人之心。若我当穷困之时，一世之人无稍动其念而无一救济之人，则以为人类相救之事，本非宇宙间之所有，而此共同之感情以不得触发而渐归消灭。至于消灭既久，则虽见他人在穷困之中，亦若不相顾问为例之当。然其故，以甲之感情传于乙，而乙复传之于丙，若甲之感情不传于乙，则无以发乙之感情，而丙亦无从得感情之传来。夫社会之中，以有此引换传染性而遂成为道德，以无此引换传染性而遂至无道德者甚多。是则引换传染性之关系于人群者决非浅鲜，而当取以补其说于共同感情之历史中者也。

其一则为进化之说。斯宾塞尔以为共同之感情者，人类行于进化之中途，而优胜劣败之产物也。在动物之中，有以数多聚合不利于得食而从而离散者，然已有若干动物，以多数聚合利于得食，且或有危难之将起也，得早发现之，而协同防守，以得共底于安全，由是而动物之中，遂演出优胜劣败之理，而聚合者繁荣，离散者衰灭，人类盖其一也。夫既有此聚合之习惯，而趋向于聚合之情益深，遂至遗传而为天性，于是有所以发动此天性之事而生愉快，无则感其痛苦者，此交亲之情之所由始也云云。是以共同感情，由进化而后发达者也。顾或论者，谓人类只有利己心而无利他心，其有利他心而发为共同感情者，由其利己心之所转化而已。是说也，其所谓已者，果何指乎？夫非指我之个体而言乎？然万物之始，维持其个体生命及维持其种类生命之两性已兼有之。盖生物之相继续也，有有性及无性二种之法。有性者，以有雌雄之两性而后生殖也，而无性之生殖，能自其一个体分而为二个或数个而延其种类，植物中此例不少。最下等之动物，如伊福索利亚一种之小虫，或放离其体中之一部，即或全体纵横分割，而能各自生殖，成为数个之伊福索利亚，若蜗牛、蝾螈等亦然。然则将指何者为己之个体乎？又若动物之节足类，常有为生殖其种类而自耗弃其生命者。果如是也，则利他心谓万物之所固有可也。斯宾塞尔曰：母体之乳哺者，非为利己而然，纵持利己之说者驳之，谓母体之乳哺，虽耗减其己之或部分，然其实不得谓之耗减，而全为己种增殖之用，故仍当谓之利己而不得谓之利他云云。今欲判解此问题，可假设一事例，今试设有母子不能两全之时，存母则不能存其子，存子则不能存其母，当斯时也，孰为己，孰为他，则必母以其己体为己，而以其子体为他矣。而此一类事例中，发现其母不惜自杀其身而求存其子者甚多，是岂得下万物但知爱己之断语耶？彼动物中有若干种类，当群出之时，若有一个先见人之猎捕者，常发一种相招呼之记号，使其同群者咸得免于危难。若仅有利己之心，则当危难之时，求己身之先得脱免，窜逃之不暇，而忘发其一种招呼之记号，当时有之，而果如是，则其聚合亦不能久。然则万物之中，得毋以利他心稍发达者易于聚合。易于聚合，故能繁昌。而利他心之过薄弱者难于聚合，难于聚合，故至衰灭。而所谓仅有利己心而无利他心者，其种类早已淘汰而去，而今日繁昌之种类，多食其有利他心之福，而不得以利他心为物类之所本无者理也。且夫所谓利者，又何解也？谓人类之所以生活者，仅有求利之心而已耶？是决不然。略计之，如有所谓求智之心，事物之不明了者，以得明了而后快于心者是也。又有所谓求美之心，以完全惬适（道德性亦多本于此）而后快于心者是也。故余之于言利也，持程度说者也。若饮食然，当其饥渴，则饮食之欲张，及其量足，则其欲已消，而其视饮食也淡然。故苟为程度之所不足，即有起而争利者，不得谓之罪恶，而宁谓为自卫，道德上之所应有，盖非此则于生理上将无以自存故也。然苟一旦及其程度，则当淡然于利，而于利之外，固有所谓生人高尚之生活者在，虽所谓程度之界限至难画一，多缘于时与地及其人禀性清浊、智识高下之不同，而要必有一程度之所在，犹之定物价然，贵贱消长，变化万千，然亦有一公正价值之可言，未闻有以价值之不可定而欲废价值之说者，则亦安能以程度之不可定而谓程度之说之不可用也。故夫如古时所唱之非利说，以利为人心之一大害，欲以消极法而除去之。若孟子所谓"亦有仁义而已，何必曰利"，董仲舒所谓"正其谊不谋其利"，此未敢认其说为用之为有效也。然若反之，以非利说为必不可行，而用积极法，以最大多数之利为利，此亦以为未足概人类心理上之部。夫利究不过生人一部分之事而已，且夫利之与共同感情，其间尤有不相蒙之事理在。例若见人之入于水火也，不论何人，皆有引而救之之心，当其时，只触于我之一种感觉而已，岂有预计其有利于我而后从而救之？抑预计其无利于我而遂不救之（孟子以孺子入井事，证明人有恻隐之心）？夫当感觉之来，不过一刹那间，已不容有计较利己不利己之时间，况乎救人于水火之中，已亦或不免而有伤于水火之忧，果为利己计，此事必不当为，而救人于水火之事，当绝迹于天壤，而何以证之人心中？不然，此尚能谓利他心之必由利己心来耶？又若今日之动物虐待防止会，亦由爱物之念而出，不能谓其于己有何利益之事也。夫既征之人心，有单独受他之条，则夫谓利他心之必本于利己者，其立论之根本亦已动摇，而犹沾沾焉必以利己为立论之点者，毋亦污视人心而同于以黄金论菊花者，其见解之卑俗适相等耶（余尝论，欲谋诗学之进步，则诗人之见解，先不可不进步。例若今古诗人之咏菊花者，多取黄金之字相比，若所谓"莫言菊是贫家物，铺作黄金满地秋"者，其类不一。夫菊花本为一种天然之美物，凡物之至美者，非有价值之可得而言，今必欲举似黄金以明其贵，则虽使蒂一瓣皆成真金，亦不过一金花而已，不已失菊花之美而低其价格耶？如此作诗，必无佳诗）？顾于此不能不补以一言者，余之非利己说也，非谓利他之事与夫利己之事一无相关，又非谓利他者之必不利于己也。利他之与利己，相为因果循环，其间复杂错综之故，实非巧算之可得而推，而小智之人，一闻利己之说，以为世固无利他者，所为利他，不过仍为利己而已。于是比较人己利害之见起，而共同之感情或因之而衰退，遂不免处于进化论中所谓劣败之地位，不肯为利他之事，而其终亦不利于己焉。是所为欲一纠正利己一元之说而欲世人之无误于所向也。

于前二说之外，而更有一说，则以共同感情为固有性是也。所谓固有性者，虽存于人心之始，然与古之所谓神造天命者义异，但认此性为非后天之所能加益，而为先天之所本存耳。其持论盖适与利己功利说相反。彼持利己功利说者，以人为欲求之一动物，故其所愿望者，惟在满足其欲求。虽然，欲满足其欲求，而于彼此相互之间，或致冲突，或相矛盾，于是但知利己者，或反至大有所不利于己，而终不能达其利己之目的，乃一变而制约其利己之心，以为利他之行为（犹行路然，两人不让，则彼此均不得行，是两失也，让则彼此皆得通行，是两利也）。而所谓道德之意识，遂从此而发生。顾是说也，其可受驳击者曰：若是，则所谓道德者，非欲用之以达其所欲求者之一器具乎？所谓道德者，非即利己之变相乎？所谓道德者，非即以欲求为根本乎？所谓道德者，非人心所本无而从中途所产出之一物乎？所谓人者，于欲求之外而果无他心之存立乎？若人心之初本无道德性也，而从其进化之中途忽从而产出，则道德性之遂能发达，此吾辈之所不能信也。且以完美高尚之物，能于其性之所无而忽成为有，此又吾辈之所不能信也。而反对此说主持固有论者，则以为人各有自觉之本体，以裁制万事，故当欲求之发生，我自觉之本性，即从而加判断考量于其间，以认识其是非而撰择其行止，此即所谓道德之一本源。故所谓道德者，自律的而非他律的，主动的而非受动的，本有的而非外来的。离乎欲求而高出乎欲求之上，自立独存。而康德学派之所谓雷梭台里克而能向往于阿菩沙里由者也（雷梭者，神智之义，雷梭台里克者，能认识形而上者之神智之名，阿菩沙里由者，至大至善至美无量不可思议之物），是派之受非难者曰：万物中固有一性存在否乎？吾人果能明了认识此一性否乎？假令有之，则是非善恶，有若黑白，何以若是其大不同也。且道德者，与欲求分离而专为禁欲的，则吾人可皆趋于寂灭否乎？此二派中，今学者以前者为道德后天论，以后者为道德先天论；前者属惟物的，后者属惟心的；前者属性恶的，后者属性善的。前者系统中，古时若阿里地士与伊壁鸠鲁，近世若霍布士与日本加藤弘之（加藤弘之之说，见其所著之《道德法律进化之理》及《天则百话》《强者之权利》等诸书）等之持利己说者属之。又边沁弥尔氏之功利说，又斯宾塞尔之进化伦理说，虽多少补足损益以完全其义，而亦当属此范围之内者也。后者系统中，古时若孟子、柏拉图，近世若王阳明、笛卡儿、康德、孚希台诸人，又伦理学中之直觉说者属之，又古林氏之自我实现说，虽调和两家之论，而其主要亦当属此者也。于此二派，而欲下先天论派之判断乎？不能不入宗教哲学之界限中。若近世之后天论派，其源盖本于生物学，故从生理之一方面而论人则通，而从心理之一方面而论人则窒。夫果如后天论之说，吾人人类究竟之一目的，仍不外乎欲求，而道德不过为欲达其欲求之目的之一手段。如是则道德之于人心中，遂无自王之疆土，自立之主权，而徒为欲求之一奴隶而已。夫谓人类之必无道德性也，已验之于事理之间，而不能认其说。斯宾塞尔知其然也，故于此补之曰：人类之进化也，从其外部之境遇及生存竞争必然之制约，既不能不为利他之行，而由此习惯遗传，遂成为人类之天性。于是人类之有道德性确认，而持人类不能无道德性之说以相难者可以免。然以此而第二之攻击又来，即所谓若先天中无道德性之存在，此道德性果从何而生乎之说是也。虽然，斯宾塞尔则又可以自圆其义，□斯氏之学，分为可知与不可知之两境。若先天之道德性，盖可归于不可知之一境。今学者以为凡理境之根本困难者，斯氏则投之不可知之域中。然此不可知之境，果不能为之解释，则哲学实已失散云云。虽然，此不可知之境，在吾人亦只能从种种之方面施其考察，而于究竟之地，认有此一境之存在，而固非能确知而明示之，则穷理者至此，已不能不解甲束兵而退，而但留以为吾人永久可攻究之一论点而已。于是而取其明了之一部分而讨究之，则以进化论道德者，固不能不有取焉。何则？假令道德果为先天所有，而自受形分气之后，已不能不受生理上之牵制，而必待之进化而后始有发动其道德性之一机会，故如进化论之说，未始非道德后天的历史之注脚也。又有学者谓吾人人类之有爱他性者，决不得谓之从变性的爱己性而出，而自独立于爱己性以外，从非社会动物之心神中，而早已胚胎者也。虽然，当未进于为社会动物之时，无用爱他心之必要，故此时之所谓爱他性者，不过为人心中之伏能，而其萌芽尚未发生，其迹象亦不可得而征求。至为社会高等动物，若吾人之人类，应其必要，而后利他之道德性，乃从此而显现也云云。是其言亦含进化之理，而可取以解道德之发达史者也。然则吾人对此纷难之问题，而欲折衷其间，则论道德之先天者，不能不认固有之说，而论道德之后天者，又不能不采进化之言。夫欲考固有说为何如，必与所谓后天论者对勘而始明，故于前已陈进化论之说矣，而复于此连类而并举之也。

抑夫两家之论道德也，其发原点虽多有不同，而必以人类为当遵从道德者，此到着点又未尝不同。彼主先天论者，固以道德为善，而善即宇宙全体之目的，人之有此善性，而尝向于善之标的而行，盖以此善性，于未入吾人肉体之前，而常住于宇宙之实在即理想界中，而吾人时时回向，记忆其前所固有之物（本柏拉图之意），故吾人之为道德者，常若奉有命令，初非有所要求，而自有所不能已，盖以此为得吾心之满足（满足与快乐不同义，见下），而自达于天理上之生活（柏拉图推阐此理，以为如此。故生之生活无异于死之生活，而生死之理可通）。是固视道德为高尚纯洁者之言也，即后天论派中，亦以为吾人既进化而为吾人，故今日而欲图幸福快乐之圆满，不可不以社会的利他的为标准，若专务利己，将复返于野蛮禽兽，而人与己之快乐幸福，两皆不可得。斯宾塞尔云：人者，社交之动物也，故若无关系于他而仅为一个人者，则必不能进步。盖一个人之进步者，必伴全社会之进步，而非两者相伴，决不得其进步云云。是又以道德为造成人类快乐幸福者之言也。然则吾人欲发达吾人内界之灵智，与欲增殖吾人外界之福祉，均不能不有取乎道德而实行之，而乃能趋于吾人所欲达之一目的（此二界之目的，一即善，一即快乐。善与快乐不同义，见下）。夫以坚而古今，横而全球，明哲之士罄其思虑，尽其论辨，而归于道德之一结论，无有乎或背，无有乎弗同。则吾侪小子思短学浅，更何敢自作聪明，张其肥己之焰（近来张极端之尊己说者，惟尼几爱一人而已），薄于爱他之情，而自陷为世道人心之罪人耶？

东西学者，各从其所见之一方面立言，其说每多相异。我中国古哲之言群也见其分，而欧西古哲之言群也见其合。请两举其代表者，荀子云（见《富国篇》）：人之生不能无群，群而无分则争，争则乱，乱则穷矣。故无分者，人之大害也；有分者，天下之本利也。而人君者，所以管分之枢要也。古者先王分割而等异之也，故使或美或恶，或厚或薄，或佚或乐，或劬或劳，故为之雕琢、刻镂、黼黻、文章，使足以辨贵贱，为之钟鼓、管磬、琴瑟、竽笙，使足以辨吉凶，为之宫室、台榭，使足以辨轻重。又曰：离居不相待则穷，群而无分则争。穷者，患也，争者，祸也，救患除祸则莫若明分使群矣。而希腊柏拉图之言，即所谓理想之共和国，其主义在废私有之制度。盖柏拉图之意，以为有私有之制度，则一切罪恶，皆从之而起，故财产不可私有，以财产私有者，此所以有窃盗之罪恶也；妻子不可私有，以妻子为私有者，此所以有奸通之罪恶也（荀子明分，故云男女之合，夫妇之分，与柏拉图之言适相反）。凡生子者，非两亲之子，而国家之子也，以国家养之，以国家设立之学校教之，如是则以国为家，人人去其爱家室之心而爱国，共和国之大略如此。夫合个人而为群，于一群之中，不完其个人之界限，则有以群而灭个人者，政治上之罪恶，借群之一字而行之者何限？然个人之界限过明，则又各自便其私图，而无公共之道德性，无公共之法律性。如是则合群之能不备，而合群之力亦不大，一旦群与群遇，则此群必为他群之所弱。而我中国之弊，则属后者而非属前者。何则？中国之人心风俗，无一非儒教所养成，儒教固以有等衰名，而荀子之言，即可谓为儒教精神之代表者（钱唐夏氏论中国秦后之政治悉本自秦，而秦之政治本于荀子，荀子为儒教之一大宗。中国数千年来所用之儒教，即为荀氏一家之言，此可谓近时一大发现之真理也），此其结果，已可实验，曰：凡中国无论何事，独为者多成，共为者多败，此知分而不知合之所由然也。夫言亦取其各有当而已，柏拉图之言，其得失非兹所论及，然可谓为具绝特之大理想，盖分之理易见而合之理想难明，分之事易为而合之事难成。故人智日益进步，必日趋于合而不趋于分。吸柏氏之言之流派者，今之国有制度及社会主义，皆向此合之一方面而行者也。夫知合而不知分者，在使知有个人之权利，其药之也，曰自由主义；知分而不知合者，在使知有团体之观念，其药之也，曰牺牲主义。我中国而欲合今日之群乎？必弃自由主义，而采牺牲主义，夫欲用牺牲主义，则固有赖于共同之感情矣。

由是而进言之，则发达此共同感情之事是也。夫人之一生，自幼稚至于壮盛，其间感情之程度，每因之而大异。例若幼稚之时，其感情之范围狭隘，而壮盛之时广远，幼稚之时，其感情之经历蒙昧，而壮盛之时明瞭是也。而社会亦然，当草昧时代，其感情或不出乎身家宗族之外，至渐进于文明，而有国家之感情也（我中国今日尚仅有家族之感情，而无国家之感情，其文明之程度即可以是准之），有人类之感情也，有宇宙一本、万物一体之感情也。夫以人情言之，往往于其关系之最密切，圈界之最接近者，其冲激感情也强，而发生感情也易。然而人品高下之间，即于此而分其界限，即感情之愈小而愈窄者，人格愈鄙，感情之愈广而愈远者，人格愈大是也。试取古今仁圣贤哲与夫愚夫愚妇相比较，其感情之距离为何如？故吾人为学之要，即在廓吾人之目的，能至于远大之一域而已。且夫从人类进化之历史以观，虽发达至今日，其效验能为一家一国之团结，而于其外之能力盖微，此则由人类知有家族国家之结合者，仅不过数千年，而其前之沉没于蛮野残杀之境界中不知几时代，其有亲睦之智识既浅，而其所带来之恶习性累代淘汰而尚未能尽，然演而愈进，必有日底大同之势，但苟非其时，则言之亦徒无益，而吾人要不可不知其理，以悬为前途向往之一标准。盖我而为个体之我，固有对于个体之事；我而为国家社会之我，又有对于国家社会之事；我而为天地万物之我，又有对于天地万物之事。伦理之界，不扩之于此，而固有所不尽，此当务外境之发达者也（以今日中国之时势言之，仅能由家族主义扩张至国家主义。然但知有国家主义，则挟其国家之威力，以强凌弱，智欺愚。如今日欧西各国之待吾人，多有不可言道德者，而此状态行之日久，必至两有所不利，于是人心一转，不能不于国家主义之外，兼□世界人类主义，此亦进化自然之阶级也），而未已也。夫外境既增拓矣，尤不可不致力于其内容。例若行道之人遇有死丧，或不过动其黯然之容，发为太息之声，而若孝子仁人之对于其尊亲之死丧者，则有痛哭之情焉、躄踊之节焉，甚则有毁身灭性之事焉，而爱国者之为国死，守道者之为道死亦然。盖感情之发生，能见之于行为而践之于事实者，一视其内容之真切为何如，此又当务内容之发达者也。且夫社会交际之间，必有赖乎感情之作用者。今学者考，凡遇危险患难之事，若感情之冲动戟刺不达其极度，则不能舍生蹈死，而以感情之或稍失于弛缓，则险难终不可得而救。故人之有感情，即所以为救济险难之一要件也。又柏拉图云：吾人虽有精神智慧之明，然若无情以鼓之，则精神智慧亦倦怠而无由自奋。是则感情之大有益于吾人，而吾人又安可不养育之、濯磨之而使得显其效用于世间也。

自来道德之事，每伴时势而发生，时势之所需，则道德起而应之，故当惨淡酷暗之世，正道德性所最易嵯峨勃郁之时也。今学者考，人日压于大气之中，而以恒久均匀之故，遂毫不足催吾人之感觉，反之而若遇外境之有凹凸性者，则吾人每为所冲激，而情自发于不容已。若自极盛之时而至极衰，极煊之势而至极冷，以前后两境之不同，遂不胜其俯仰慷慨之悲，若登山临水易动怀思，亦以处于不平之境故也。又学者考，人当忧患之时，其感情每深于欢乐之时，一若感情之物，每随忧患而生。此其故，当忧患之时，人每苦于一人之力之有所不足，不能不有待他人之掖助而后能消此危难之局，而以彼此共同扶持，积久经历，遂以相助为必要，而彼此均不言而视为当行，至欢乐则一身已足保持，而彼此无相须要之事，则感情亦返于平静故也。由此二说推之，则今日者，其最足试验吾国人共同感情之时期矣。对此茫茫，百感交集，吾人他事，尚可解除，而独此忧时感事之怀，悱恻缠绵，而终有不能自已之势。昔龚定盦每闻斜日箫声，辄至发病，以为莫喻其故。龚子诚竺于情者，而吾人对此大陆之河山斜阳一片（夕阳为最易增人感慨之物，国家衰颓，古人往往比之夕照。今人夏碎佛《己亥天津感事诗》云："起看天地斜阳里。"余于《庚子即事感刘张二总督》云："莫饮建业水，休食武昌鱼。太息中原事，斜阳画不如。"），其病也更当何如？此焦吾神而顇吾性者，其将以为魔乎？抑将以为帝乎？其将杀之乎？抑将宥之乎？吾闻德国洛吉之言曰：宇宙间有二种世界，一法则之世界，一价值之世界。法则之世界，例若地球依法则而运转，人类依法则而生育是也。使宇宙仅有法则之世界，实为枯淡无味，于是万物间以发生感情，而后世界乃有价值。价值之世界，即感情之世界也。又闻柏拉图之言曰：感情者，人之神明，幽闭于形质中之动作也。然则感情者,其固为吾人性灵中可贵之物乎!由此推也,恐古人之所谓饥溺天下,济度众生者,问何苦而必为此,度亦发于情而自有所不能已者。故夫我国今日,无圣贤则已,有则必其厚于感情者也;无英雄则已,有则必其富于感情者也。何也?时势之所感使然也。夫人而有不为时势所感者乎?则已土木其身,金石其性,形生而其心已死矣。夫曰心死,哀孰大焉。

附识:

共同感情,即为爱他。爱他之与道德,义不尽同。篇中于爱他之处,往往取行文辞气之所便,以道德二字代用之。作者之意,以为道德之一大圈界中,固不止爱他之事,而爱他之一圈界中,殆可谓全属道德,其不得称为道德者盖寡。此义亦本于罅喷胥尔氏。罅喷胥尔氏以为行为之动机非关于自身之幸不幸,即关于他人之幸不幸,其仅关于自身之幸不幸者,不能尽谓之道德,必有关于他人之幸不幸,而后有道德之可言。盖可谓之道德者,即有利于人之事是也,若害人而利己,则谓之恶而已矣。罅氏之言,盖亦以利他者即为道德也。

篇中以吾心满足为与快乐不同,又以善为与快乐不同。按,此为伦理学上一大区别。吾心满足之义,本于希腊之柏拉图及阿里士多德,二氏皆以善为一种道理的满足与智性的满足。而伊壁鸠鲁派反之,伊壁鸠鲁之说,其源起于阿里地士。阿里地士以为人者,性乐的动物也,所谓人类之至高善者,快乐而已。伊壁鸠鲁演其说,以为道德与非道德,其标准,快乐与苦痛而已。能予人以快乐者,谓之善;能予人以苦痛者,谓之恶云云。后世功利幸福主义,其源盖与此通。然快乐派之言,究不免倾于物质,而不能使人生终极之目的,达于高尚之境,又足以滋听闻之误而生流弊。近时古林氏之伦理说出,遂压倒快乐派,而于伦理说上占大势力。古林氏之学近承康德,而远亦从柏拉图、阿里士多德流出,惟自组织而为一家之说,其论吾心满足及道德善与快乐之不同,曰:所谓吾心之满足(Self-satisfaction)者,虽其中或含有快乐之意,但不可谓其目的为求快乐。盖此吾心满足之一境者,由吾人达到此愿望之目的而生,而不得谓以此为目的而生愿望。例若有人怀杀身成仁之愿望,当其得见于实行,必感有吾心满足一种之快乐,然此可谓由杀身成仁愿望之已达,而后生此吾心满足一种之快乐,而不得谓欲求有此一种快乐,而后乃为杀身成仁之事，即快乐之原因本于杀身成仁，而不得谓杀身成仁之原因在求快乐也。又曰：吾人之所为善者，非必在快乐也。所谓道德的善者，在能使吾人道德的能性（Moral capabilities）满足而已，古林氏之言如此。按，吾心满足与快乐不同，而善之根本不在快乐，辨明此理，于伦理上之关系甚巨，而其义确自有别。今请引申其义而略言之。例若今有人，居高位，享厚禄，出夹旌麾，入餍粱肉，广厦陕室，粉黛罗列，珍宝充溢，不能不谓之快乐。虽然，所谓感有道德善一种吾心满足之境，不可得而言也。非特此也，又或有人功名盖一世，事业炳千古，文则经纬天地，武则叱咤风云，而又加之以父母俱存，兄弟无故，妻子和乐，此其快乐已高于前所有之快乐。然所谓感有道德善一种吾心满足之境，亦不可得而言也。又所谓快乐者，常以相对而生，例若运动久则以休息为乐，休息久又以运动为乐。昼起久则以夜眠为乐，夜眠久又以昼起为乐，而所谓道德善之吾心满足者，其境纯久而无变异之可言，且此道德善吾心满足之一境，有时或适有与快乐相反之时。例若为道流血，踏白刃，赴汤火，此不能不谓之不快乐之事。虽吾人于此，以能达到吾心满足之一境，仍于心理上现有一种快乐之意味，然已不能不与快乐分为二境。何则？以吾心满足，与夫快乐相冲突而不能两全，吾人不能不牺牲此快乐而求吾心之满足故，使以快乐为完全终极之目的，则且以有求快乐之故，而为吾心不满足之事者，是尚得谓之为善乎？且所谓吾心满足之快乐者，诚如古林氏所言，不得谓为目的，不过道德善成就时一种之副产物而已。例若吾人为养生而求饮食，而饮食之时，固感有一种之快乐，然不得谓吾人饮食之目的在求饮食之快乐而不在养生也（或曰：人之为饮食也，安知其不为饮食之快乐乎？曰：是决不然。使不饮不食而仍可以养生，则吾首愿牺牲此山珍海错朵颐染指之快乐，何劳仆仆日三飨，为恐天下之与某同心者必多，不久而饮食之事，可绝迹于天壤。今之所以不能废饮食者，以废饮食不能养吾之生，故知养生为吾人求饮食之一目的。而所谓饮食之快乐者，非吾人求饮食之目的，不过为养生求饮食之一种副产物耳）。由是言之，吾人之所为为道德者，不得谓其目的在求快乐，特于道德到达之时，常伴此吾心满足一种之快乐以俱来，而于吾心满足之中能含有快乐，于快乐之中，或不能求吾心之满足，即所谓善者，自高出乎快乐之上，而善或未必无快乐，快乐固未必皆善也。此主客因果之辨明，于是吾人道德之论理更进一境，以视功利幸福主义，于快乐上筑道德之基础者（快乐之说，以进步而益臻高尚，大抵由躯体之快乐变为精神之快乐，无限之快乐变为有限之快乐，个人之快乐变为公众之快乐，故其学说已渐不同，然其根据之地皆属快乐，则一也），且尘埃矣。

钱论

原载《新民丛报》第61号

昔宋岳武穆有言曰：不惜死，不爱钱，天下太平矣。今观《北盟会编》《系年要录》（百三十七卷）两书，皆载飞奉诏传令班师，军士应时皆南乡，旗靡辙乱不整，飞望之口呿而不能合，良久曰："岂非天乎？"夫岳军号称强兵，然士卒之惜死犹若此，以是可略见宋人之人心宜乎遂不能当金元之入寇。而中原土地，乃为北方蛮族人所腥膻，武穆盖深悉其病根而言之。而自宋后至今将千年，欲道人心之症结，仍不出乎武穆之两语。然则惜死、爱钱，其真为我国最深之遗传性也。

则有一问题于此，曰：此两事件之中，我国今日之人心，为命重于钱乎？抑钱重于命乎？余则直答之曰：钱重于命。吾闻今之论者有言曰：西洋人者，权利的人民也，为争权利，则不顾其生命。中国人者，货利的人民也，为争货利，则不顾其生命。又以近数年之风潮，而举其事实，则杀身之人尚有之，而破家之人，未之有闻，是固钱重于命比较之显然者矣（近日满洲战争之地，多有不避枪弹而盗取战争后死伤军人之服物者，又有受雇为侦探及受雇为密输入者，均不免有性命之危而顾有人为之，此亦钱重于命之证）。夫各国当变法之时，富者之投弃帑藏，而顾国家之急难，以为其党人运动费者何限。故能生发风云，才与财相济，而后事有所凭借而底于成。若我国则数年来之有志改革者，亦既绝斗于口舌之间，而人人赤手空拳，遭社会之漠视，此非必其人之稍涉浮浪，而投钱者之或有所顾虑也，即有诚足镂金石，信足誓山河，不出而与人谋则已，出而与人谋，其为国人所冷淡也如一。虽欲起而行，彳亍蹩躠，仍不能不坐而谈以终。以是知国事之一无可为，而枯窘闭塞至于此极，其原尚不在无人而在无钱，其无钱，则以发于国人有钱者不肯出钱之一恶根性也。

则犹有一问题于此，曰：今日而欲兴起我中国，将重在有不惜命之人乎？抑重在有不惜钱之人乎？余则直答之曰：首重在有不惜钱之人，夫非谓今日作事之不能不有赖于不惜命之人也，谓夫无不惜钱之人，则虽有不惜命之人，而仍归无用耳。昔欧洲之某王，问于某名臣曰："今日战争，当以何物为最要乎？"某名臣曰："钱也。"王复问曰："然则其次以何为最要乎？"某名臣复曰："钱也。"王又问曰："然则又其次以何为最要乎？"某名臣沉思良久，复答曰："钱也。"一时传以为名言。拿破仑用兵一生，至其晚年叹曰："战争之胜负者，金钱之多寡而已。"夫古今时变而事殊，昔之作事者不必多得钱也，得人而已可以起，彼以金铁，此以金铁，即不然而彼以金铁，此以木石，亦足以相当，但有不惜命者胜耳。故陈涉之徒揭竿斩木，遂亡强秦，亦处于彼之时势然也。若至今日，则竿木之徒，起则仆耳，虽千百陈涉，其何能为？虽然，时势之与人事，相竞相伴而日同进步者也，甲进一级，则乙亦进一级，其进步之程度等，则能力亦相等，而所谓两不等不相敌之难题可去。故以人力灭人力，决不能灭去一事，而其事为前古历史上之所有者，仍为后世历史上之所有，此间偶或灭去，而若此事之不再出现者，则以进化之度，不能两线均一而常必有先后之差，至于积久，仍必有一齐一之时，于是甲不能以有何等之可恃而独强，即乙亦不至于一无何等之可恃而独弱，而欲补此强弱不同等之度而使之同，其所凭借以为补之道者，以今日言之，无他，第一则钱是也。

则犹有一疑问于此，曰：以中国人之钱，其不足以供救起中国之用乎？曰：是断不然。夫日俄之将战也，人或多以日本国小，恐不免陷于财力之不足，即日本亦自虑此。然自开战之后，其国民之献纳军资者数百千万，日接于耳，若自百万以下、数十万、数万者指不胜屈。而明治三十八年之预算，至达九亿圆之巨额，而国民曾毫无恐惧之心。夫日本人之出钱，若是其踊跃者，彼非为救亡国也，不过扩充其国势，而益巩固其基础耳。然而全国之舆论，以为是所以永国家之命脉者，虽巨帑决非足惜。由此以推，以荧巢漏舟、岌岌其殆之中国，其形势之急难，既千万倍于日本，即唤起一国不惜罄脂膏、尽汗血而散财以救国难之义侠性，亦当千万倍于日本，使果如是，则中国之萧条，决不如今日，中国之艰涩，亦决不如今日。而有英雄出焉，不难因人心之所向而图事机，而气象亦从而发生，必不得谓中国事之无可为也。何以成事曰人？何以济人曰财？财耳财耳，事业由此而成，功名由此而立者也。且夫天下之所谓大利，又宁有过于建立国家者乎？虽投若何之帑藏以购之，决不得嫌其高价，而十亿焉、而百亿焉、而千亿焉、而万亿焉、亿亿焉，即引而愈上，至于无限之巨，苟有可以挽回我陆沉之山河而岳色河声仍属汉家之物，则我种人前途之福祚正未有尽，又岂有何物之足以动吝惜焉？此其义亦至浅近而易解。然而观我国人，殆不可谓能知此义者，其力之不足以出钱者无论，力足以出钱，而欲其顾国家之危难而有以应之，非特不可望其罄所有而请自隗始，但求其能出十之一而不可得焉，又求其能出百之一而不可得焉，又求其能出千之一万之一而亦不可得焉，相率以保守身家、不拔一毛为宗旨。昔人有言，上帝谓下民曰："吾万物皆可以予尔。虽然，必有代价。"夫欲救国而无代价，此其事之不可能，固昭然易明矣。然而我国人固非概不知欲有国也，设进而与之谋曰："吾侪盍造一新国？"彼闻之者，亦欲攘臂雀跃而来前，又进而与之谋曰其出钱，则徘徊退缩迁延观望而避耳，此宁非至可笑之事耶？且夫在数年以前，不必其人之别有何等之学问、何等之道德，但能言维新、言变法者，已寥寥若晨星，而足称为一世之俊杰。今则维新变法已成为普通之名词，而人人解道。然则时势进步之速，已明告吾人以今入实行之时代，而非属能言之时代矣，而果事欲实行，其入手所逢着者，即为钱之一字，有是则东风发而百草生，盎然见春气焉；无是，则英雄亦无用武之地，徒仰屋与叹而已。夫以我国人鄙啬悭靳之性质，假令改而处日本之位置，恐日俄之战，虽有东乡黑木之将，敢死争先之士，亦且以无国人之后援，士气为之不扬，因而累及战争之不能奏功，而国势可复返局促退婴之中。由是以言，以我国民之性质，虽使居兴盛之国，而犹足以致衰亡，况乎属衰亡之国，又焉能望其致兴盛也？孟子所谓"由今之道，无变今之俗，虽与之天下，不能一朝居"者，此之谓也。夫欲知我国人致国家濒于衰亡之性质，果何在乎？亦在此不出钱而已矣。

且夫天下事固未尝不可为也，虽今之论者，或曰某事以某之故，故不可为也。某事又以某之故，故不可为也。顾以余思之，某果事不可为乎？抑为之之尚未尽其道而非事之不可为乎？以愚钝若余，则所谓事不可为之理由，尚苦于不能发现，而所谓为之之尚未尽其道，本无真实之力，深远之谋，而徒以浅尝猝试而致败者，其证迹显然。然则不于为之之道，再求其进步，而但以稍一试验，辄畏阻而以为不可为，此适足表襮我国人之无忍耐力耳。夫一大事之显现于世界，其初固未有不经失败又失败又又失败，而后乃仅能以告成功，人但睹其成功之易，而不知以失败之磨砺，乃受其教训者实多。盖人之为一事也，方其始未能深知此事之性质为何如，故其料算必浅，其布置亦必疏，而于其料算之所不周、布置之所不到，冥昧之中，本留一罅隙，而败象即从此而发生。至于经验久，而事之曲折与人之智虑，相磋相磨，而一一发现其有可以解免救避之处，而后知事本不难，直缘吾前者能力之未至，故见以为难耳。夫当为野人之世，但谋一避风雨之法，亦觉其甚难，或栖于森林之中，或出以草木之叶覆其首，而终不免有淋漓浸润之姿，野人盖尝以是为至苦，而以为是固无可设法者。然至今日，宫室之制成，则视避风雨之事直最易而不足道。虽然，世变日进者也，世变进而困难之事亦俱之日进，但觉前之一困难方去，而后之一困难又来，于是时时有若事无可为之一境，横居于吾人之目前，而其实皆以人智之到达而消释，初未尝有一真无可为之事，顾于此有一大辨别在，则在知其难而不为与知其难而必为。知其难而不为，则前此困难中所受种种之教益，皆归于无用，而所谓失败者，乃真失败；知其难而必为，则锲之不已，金石为开，思之不已，鬼神来告。吾人之所贵乎有毅力有坚志者，其效用乃正显于此时。且夫天下事，固未有孰为真难，孰为真易者也，苟能如吾之所意料，则无一事不可视为易，而时变之来，千态万状，又无一事不有困难之相会，决非吾人区区之智所得而选择焉。吾人但能定一当为之事，而终身以智力赴之，以求达其目的而已。故能成甲事者，则乙之事亦必成，能成乙事者，则丙之事亦必成。若因甲事不成，改而为乙，乙事不成，又改而为丙，而不知甲乙丙之实状，其难易亦正相等，辗转改变，则辗转穷途而已。且使天下事果皆有易而无难，则人类之智能，直无由资以进步，而所谓英雄，亦毫无价值之可言。吾人正当欢迎此困难之来前而制而胜之，不胜则不已，以试验吾人人类智力之果有限量与否，而决不可生畏难就易之心，不以吾人之智力征服事变，而反以事变征服吾人之智力也，使吾言而果有当，则吾谓吾国今日不能以前此之事之有失败，而断为事无可为，直当断为为之之尚未尽其道，果能为之尽其道，则一喷一醒然，再接再厉，乃天下事胜负直未定耳。虽然，非有一财力问题为之先，则一切无可措手，且以财力未充之故而强勉为之，则为之之道亦恐终有所不能尽。故夫今日而欲救国，则钱直居首要吃重之位置矣。

　　历史者，所以永伟人之性质，而留模范于后人者也，故于历史上有芳馨之事，往往能唤起后人之仿效心，其影响遂接续于古今界而不纪。盖人之所以日进于智慧道德者，当其初必非为全社会之普通性，而必有一二人也为之先，继起而复继起，发挥光大，而遂成为风俗。故曰：人者，好模傲的动物也，又模傲而好竞胜的动物也。设无此竞胜之模傲性，则社会必永无进化之一日。顾持是说而合诸我国今日之人心，则多有不可解者。夫我国出钱之事，于古代遗最好之模范，而今日尚深留印象于吾人之脑性者，不有令尹子文毁家以纾楚国之难之事乎？当日楚之所谓国难者，决非如吾今日之甚，而楚之地与人，又不如吾今日之大且多，以区区之楚，遭逢危难，而已有若子文其人者出，则今日之为子文者当何限？而毁家者又当何限？谅必有千万人而不足多，而古以子文为奇，今则以为无可奇。古以毁家为难，而今则以为非所难矣。然而今果何如？非特欲求有多数之子文，能自毁其家而不可见也。但求有一子文，以继我历史上毁家纾国之一芳躅，亦聊足慰吾人饥渴之思，而乃怀思古人，徒掩卷而留余香，而枨触吾人以古今人常不相及之悲，其感慨为何如耶？且夫国家当太平之时，则凡为社会之个人者，决当自完其个人之界限，而初不必有牺牲一家之事，然而当危急之秋不然。今者毁家则可望救国，不毁家则不能救国，已处于不能两全之势，而不可不择而出其一途，使我国人而果择而出于毁家救国之一途乎？国存则家可复兴，虽毁其家，犹未毁也，彼子文者未闻以毁家之故，遂见其子孙之流而为饿莩也。夫且身与国俱荣，而赢得一毁家纾难之美名，以长耀光彩于人间，即不然，而财为外物，有聚必有散，不过迟早间耳，与其恶散，孰若善散？与其为无名之散，孰若为有名之散？今各国多有以散财之一问题，费种种之考案，而求其有一至善消去之法，使其能为我国人而遭逢今日之时势。吾知散财之第一法，决无有过于救国家之难者，当必欢欣拍手，以为今乃得遭逢千载一时一散财之大机会矣。抑我中国固重儒教，则且举儒教中之人物，盖子贡所称为多财者也，余观古书有载其事者曰：卫端木叔者，子贡之世也。借其先赀，家累万金，奉养之余，先散之宗族，宗族之余，次散之邑里，邑里之余，乃散之一国。行年六十，气干将衰，弃其家事，都散其库藏珍宝车服，一年之中尽焉，不为子孙留财。段干生闻之曰："端木叔，达人也，德过其祖矣。其所行也，其所为也，众意所惊而诚理所取。卫之君子，多以礼教自持，固未足以得此人之心也。"是亦我先民之美谈芳规也，而况处今日之时势，散财以救国家，于义更有所不能辞耶！虽然，吾知吾国人之必不出此，夫不出于此途，则必出于保守其家，坐视国亡而不之救矣。抑国亡矣，其家果能终保与否，此我辈所欲研究之一问题。然我国人智虑之长，又必不能及此，如燕之巢于幕上，幕已焚而未及巢，则固嘲哳哺鷇而以为至乐也，亦惟有至于覆巢破卵而已。此所以但欲保家而不知保国，至于国之既亡，而其家亦终不能保者，盖前途必至之结果也。

今我国人所期期而不解者，保家必先保国之一义也。此欲一一征明以事例，而剖解其理由，固非此篇所能赅。而但欲举一说以相诘曰：若果不保国而可以保家，而欧美日本各国，必曰言国家主义，而其人民至有以为国家之大事，牺牲其所有而不悔者，其人可谓至愚。而我中国人，乃可谓天下之智民矣。然试思之，其果欧美日本人愚乎？抑中国人民之智识，尚不能至知有国家之程度乎？恐稍明事理者所能断。今夫藏珍宝于其家而外无墙垣，此其危险，固我国人之所及知也。然而国家者，非他，即保卫身家之一外墙垣也，人知夫有家而无墙垣之为害，而不知有家而无国之为害，此所谓知有二五而不知一十者也。且我国人亦尝举地球人民贫富之现象，而一研究其本原乎，曰：凡国家衰弱者，其人民日贫，凡国家强盛者，其人民日富。此不必概征之全地球诸国也，但举太平洋两岸之国，以中国与日本言之，自甲午以后至今十年，自庚子以后至今四年，我中国全国经济界之消退者若何？日本全国经济界之增长者若何（日本岁入，自甲午清日战争以前仅八千万圆，内外不达一亿，至甲午以后，急增至达二亿圆，而明治三十六年之岁入至三亿圆，又三十七年之贸易总额至六亿九千余万圆）？夫日本经济界之增长，有详明统计之可检，而中国经济界之消退，不能窥其底细。而但于人民之间，见大家之落而为中户，中户之落而为贫民，贫民之化而为盗贼，而现出一惨淡愁黲之景，使能编一统计，必有令我国人魂胆俱碎者。盖经济界消退之速度，直为自有中国以来所未有，其势若迅潮之退，俄顷间而一落寻丈，使此境而再阅十年、数十年，试默思中国已为若何之景象耶？夫全国经济界之增长，则个人之经济界，亦随之而增长，全国经济界之消退，则个人之经济界，亦伴之而消退。虽其始或有若干之个人，暂不受时势之影响，而辗转循环，一国之大势，必相平准，犹之一人之生理然，气血盛而全体俱荣，气血亏而全体俱衰。故言富者，必以全国之消长为本，未有个人别体之经济界能自离于全国总体经济界之外，而能绝其关系者也。夫仅此数年之间，日本之经济界若是其增长，而中国之经济界若是其衰退者，此无他，日本以国家强盛之故，而人民受其福，中国以国家削弱之故，而人民蒙其祸，其事理实至浅近而易见。然则我国人至此，岂尚不知造国家之为急耶？且我国人守此不出钱为惟一之宗旨。然其究竟，果能一不出钱否乎？吾见今日者某某有捐，明日者某某有捐，明日者某某又有捐，而官府敲剥，胥吏勒索，果长无国家，则此苛政之苦况，必日甚一日，其境况殆有不可思议者，我国人于当出钱者则不出，于当抗而不出钱者，则不抗而不能不出。均之出钱，而不投之于急公好义之处，而委之于势迫刑驱之下，恐金银有知，亦当起而哭所遭之不幸，而出钱者之事理颠倒，虽欲不谥为蠢民而不可得也。

然则吾人对于富而能出钱者，不能不尊之重之而表扬之，对于富而不肯出钱者，不能不鄙之贱之而贬斥之。或曰：是可以为道德乎？曰：可。夫富而肯出钱者，是仁人也，善人也，慷慨者也，热诚者也，爱国者也，爱种者也。当今日之国势，对于其祖宗，对于其子孙，而能自完其责任者也，我民族正赖有是人，吾从而贤之，其功其德，固有可贤之之理在也。富而不肯出钱者，是鄙夫也，细人也，悭吝者也，贪欲者也，害国者也，害种者也。当今日之国势，对于其祖宗，对于其子孙，不能自尽其责任者也。我民族不欲有是人，吾从而诛之，其罪其恶，固有可诛之之理在也。昔释迦以人民悭吝、有钱不布施为招三劫之一，以仁慈若释迦，而犹痛恶之若是，是则进富而仁者，而贬富而不仁者，固不得为不道德矣。且夫吾人社会之功罪案，尤不能不视乎其时势之所急而定。例若有洪水之患，则能平水土者，其首功也，有桀纣之患，则能除暴君者，其首功也。而当今日，则以能救国为首功。而救国之事，首莫要于出钱，故能出钱为今日之第一功可也。不然，吾人欲以泪救国而不能，欲以血救国而不得，欲以智救国，而智且困于无所施，欲以力救国，而力且困于无所用。福泽氏者，日本维新时代之一杰士，今人人所知者，福泽氏固唱拜金主义者也（当日以福泽氏为拜金宗之开山上人，以庆应义塾为拜金宗之传道场），夫福泽氏竭力以振兴公众之事业，其唱拜金主义，决非为利己而然，盖曾见夫办事之不能不有钱，而出钱者之可贵，故置钱为第一位而计数之。由今以思，英雄之用心固昭然其若揭也。虽然，福泽氏以运动日本之社会，能得钱以办事而成其志，若使所遇者为中国人，亦且穷而无所施其技，是则凡英雄之成功，固非一人之力之所能成，而实全社会之力而使之成之也。噫！我中国不知自何时以来，而此爱钱之一习惯，深入于人心，久而成为国俗，人人但自顾其身家中之一小我，而不复顾有社会中之一大我，而手握金银，以坐送神州之陆沉，将令后之人考亡国之历史，而得发现其一理由，曰：凡人民之爱钱者，亡国之一大原因也，盖观于犹太人与中国人而信（犹太人以亡国之故而爱钱，中国以爱钱之故而亡国，其原理大不同。此篇不及征犹太亡国后之历史而详论之，但举其爱钱性质有一相同之点而已）。

论中国自食力派思想之发生

原载《新民丛报》第61、62号

《论语》载荷蓧丈人之言曰："四体不勤，五谷不分，孰为夫子？"吾人读此数语，知丈人实抱有一种特具之理想，决不当视与寻常言语一律。未几而当孟子时，果有许行其人者出，以并耕之说，特立标帜于周季学界之中。吾人于《论语》《孟子》，得此前后两家隐约间之消息，于是益欲探此学派之源流，而考《汉书·艺文志》述农家云。

《神农》二十篇（六国时，诸子疾时怠于农业，道耕农事，托之神农。师古曰："刘向《别录》云：'疑李悝及商君之说。'"）、《野老》十七篇（六国时，在齐、楚间，应邵曰："年老居田野，相民之耕种，故号野老。"）、《宰氏》十七篇、《董安国》十六篇、《尹都尉》十四篇、《赵氏》五篇、《氾胜之》十八篇、《王氏》六篇、《祭癸》一篇、《右农九家》百一十四篇。

农家者流，盖出于农稷之官，播百谷，劝耕桑，以足衣食，故八政一曰食，二曰货。孔子曰："所重民食。"此其所长也，及鄙者为之，以为无所事圣王（师古曰：言不须圣王，天下自治），欲使君臣并耕，悖上下之序。

此《神农》二十篇，其无许行之说否乎？抑《野老》十七篇，其无荷蓧丈人之说否乎？今固不可考。特吾人于此有一事之可信凭，曰农家者流，固与儒墨名法为同时所发生之学说是也。则试进求其当时可属于农家之人物，而但即孔孟之门弟子，亦似有传闻其说者，请略征之。《论语》载樊迟请学稼、樊迟请学圃，此决非贸贸然，以农工园艺之事询圣人，盖实含有自食其力之意，而抱有农家者流一种之思想者也。又《孟子》载彭更（赵注：彭更，孟子弟子）问曰："后车数十乘，从者数百人，以传食于诸侯，不以泰乎？"又曰："士无事而食，不可也。"又曰："梓匠轮舆，其志将以求食也，君子之为道也，其志亦将以求食与。"《吕氏春秋》（《不屈篇》）匡章（高注：匡章，孟子弟子）谓惠子于魏王之前曰："蝗螟，农夫得而杀之，奚故？为其害稼也。今公行者数百乘，步者数百人，少者数十乘，步者数十人，此无耕而食者，其害稼亦甚矣。"彭更、匡章，盖亦抱有自食力之理想者，其言与荷筱丈人、许行盖有隐隐相通之故。特樊迟、彭更、匡章，从孔孟游，虽有时欲发舒其素所信仰之意见，而为孔孟之理所折，遂不能坚持其前说，而许行以挺特之姿，其思想最为高迥卓绝，托言神农以神其说，而又有陈相等疏扶而后先之，一时乃与孟子对垒，而开论战之场，许行固亦九流中之人杰也哉。

　　许行之言，直以农为人群万事惟一之本原，人人自耕而食其力，即人人自治，而初无劳乎人君之事，即或有所为君，而君亦耕而自食其力，则君臣上下，一体并等，果如是也。其时为之民者，既但知出作入息，而为之君者，亦高拱而苦其身之太闲，而当习勤劳于田间，故曰"饔飧而治"，此诚上下至简质之风俗，而许行胸中，即浮如是景象之一理想国者也。虽然，令为君而亦须自耕，此若揭之为许行之创制乎？则人可持古代人君，无如此之事以相难，而其说或至于不能行，于是许行复有以完其理，曰："尔独不见神农乎？"神农，盖即并耕之君，而留后世凡为人君者之一典型，则折衷古义，而人自不能不服其说，盖事之创始则难收功，而托古则易为力。许行之揭橥神农，与儒家之揭橥尧舜，其所取之术盖同。夫许行既以农为其学说之一本源，则道德之标准，亦不能不以农而定。今观许行之评滕君曰："今也滕有仓廪府库，则是厉民而以自养也，恶得贤？"夫文公固许行之徒所赞不绝于口者，曰："闻君行仁政。"曰："闻君行圣人之政，是亦圣人也。"曰："则诚贤君也。"何以结末之一评语，曰"恶得贤"？盖许行之徒，以为文公在当时之人君中固可称为贤。然进而以许行之学说绳之，不能不在贬斥之列，盖许行所定之道德律，即以能自食其力者为善，而以不自食其力者为恶，此即许行之所谓道。无论道其所为道，或非吾之所谓道，要自不能不付以道之名，故其徒亦以合许行之学说与否区别之为闻道、未闻道也。许行之说，或不仅如《孟子》中所记载而止，然即以《孟子》中所记载而观之，已自成为特立之一学派。观许行当日，由楚之滕，已有其徒数十人与之俱行，度其他之信道者尚多，而又新得陈相等之景从，其门弟子之势力已非寡弱。又许子衣褐，其徒亦衣褐，此为许行学派衣冠之一标识。又捆屦织席负耒耜，亦其门徒中特示区别于人之处，使许行之道得行，其结果之良否别论。要之，我二千数百年之社会，其风尚必与今日大异。自许行一龙象之大弟子陈相为孟子所败，其学说之势力衰弱而系统几熄。后之人虽或具此理想，其持论远不及许行之高，无复敢以自食其力为政治道德根本之原理者。刘向以李悝、商鞅为农家，然观《汉书·食货志》载李悝之言，不过尽地力以为富国之本，非可与许行并论者，惟商鞅则实以民能自食其力与否而定赏罚，固可谓自许行之后持食力说之最坚悍者。今略采《商君书》之言。

《垦令篇》：无以外权爵任与官，则民不贵学，又不贱农。民不贵学，则愚；愚，则无外交；无外交，则国勉农而不偷；民不贱农，则国安不殆。（中略）禄厚而税多，食口众者，败农者也，则以其食口之数贱而重使之，则辟淫游惰之民无所于食。民无所于食，则必农矣。使商无得籴，农无得粜。农无得粜，则窳惰之农勉疾；商不得籴，则多岁不加乐。多岁不加乐，则饥寒无裕利。无裕利则商怯，商怯则欲农。（中略）

《农战篇》：凡人主之所以劝民者，官爵也；国之所以兴者，农战也。今民求官爵，皆不以农战，而以巧言虚道。善为国者，其教民也，皆作壹而得官爵，民见上利之从壹孔出也，则作壹。今境内之民，皆曰农战可避，而官爵可得也，是故豪杰皆可变业务，学诗书，事商贾，为技艺，皆以避农战，则粟焉得无少而兵焉得无弱也。（中略）农战之民千人，而有诗书辩慧者一人焉，千人者皆怠于农战矣。农战之民百人，而有技艺者一人焉，百人者皆怠于农战矣。国待农战而安，主待农战而尊。（中略）诗、书、礼、乐、善、修、仁、廉、辩、慧，国有十者，必削必贫。（中略）今夫螟螣蚼蠋春生秋死，一出而民数年不食，今一人耕而百人食之，此其为螟螣蚼蠋亦大矣。虽有诗书，乡一束，家一员，独无益于治也。故先王反之于农战。故曰：百人农、一人居者，王，十人农、一人居者强，半农半居者危。（中略）民见言谈游士事君之可以尊身也，商贾之可以富家也，技艺之足以糊口也，则必避农，是以圣人作壹抟之国，作壹一岁者，十岁强，作壹十岁者，百岁强，作壹百岁者，千岁强。今世主皆忧其国之危，而强听说者。说者得意，道路曲辩，辈辈成群，纷纷焉，小民乐之。故其民农者寡而游食者众，众，则农者殆，农者殆，则土地荒，学者成俗，则民舍农，从事于谈说高言伪议，舍农游食而以言相高也，此贫国弱兵之教也。（中略）

《说民篇》：辩慧，乱之赞也。礼乐，淫佚之征也。慈仁，过之母也。任举，奸之鼠也。八者有群，民胜其政，国弱。（中略）

《靳令篇》：六虱，曰礼乐，曰诗书，曰修善，曰孝弟，曰诚信，曰贞廉，曰仁义，曰非兵，曰羞战。国有是者，上无使农战，必贫至削。（中略）

其略如是。盖秦之所以有天下，由孝公开其基，而孝公实用商鞅之政策者。商鞅之察当日天下之大势也，以为三晋民多而土少，秦则民少而土不辟，又察秦之所以不能得志于诸侯之故，其言曰："夫秦之所患者，兴兵而伐，则国家贫，安居而农，则敌得休息。故三世战胜，而天下不服。"于是合此两观念，而定一改革之政策，曰：招徕三晋之民，使三晋民少而力弱，秦民多而土辟，而以故秦事敌（按：所谓故秦者，即秦之土民也），新民作本（按：所谓新民者，即由三晋招徕之客民也），故曰："兵虽百宿于外，竟内不失须臾之时。"商鞅以此政见实行，而遂见秦之富强，其贻泽至于始皇而有天下，秦之有天下，盖实可谓商鞅行政之大结果也。而吾人于商鞅行政之时，发现实与儒教为敌，而欲锄去之之一事实，盖商鞅治国，务使国之民除兵之外无一非农。其书中屡言所谓作抟、作壹、壹孔者，盖欲统一于农，以农为本，而战为其用耳。除农与战之外，于其国而见有事诗书礼乐、谈孝弟信廉之人，即鞅所视为游手好闲，无事而食，虚辩愉惰以害耕，而国家刑罚之必当首及者也。今人以燔书归罪于秦始皇，然燔书之事，实为商鞅而非始皇，是有征也。《韩非子·和氏篇》，商君教秦孝公燔诗书而明法令，禁游宦之民，而显耕战之士，孝公行之，主以尊安，国以富强。其云孝公行之，盖已实行，而孝公之实行此事，则商鞅教之也。秦自孝公而后历代皆沿用商鞅之政策，彼始皇、李斯，亦不过本商鞅之遗教而反覆行之而已。然始皇燔书，人皆视为中国史一大案件，而商鞅之燔书，多湮没而不知，此无他，当商鞅时，其所燔者，不过秦一国之书，而无大关系于中国之事，至始皇则统一六国，一燔书而中国之书无不燔。故遂见为非常之大事，要不过以其所处地位殊异之故，人遂若有见有不见耳。夫许行以口舌之战而为孟子所败，而商鞅乃以政治上之实力败儒家，此可谓儒家、农家一大战争之历史，遥遥互有胜负。自嬴秦之王气告终，而商鞅之法，其势力亦与之俱尽。然后人之持此理想者，亦时有所闻，如汉之晁错，盖亦其一人也。然观错之言，以为法律贱商人，商人已富贵，尊农夫，农夫已贫贱，此不过以重农之故，而欲排除商人已耳。视商鞅之重农而仇诗书礼乐，屏黜儒教，许行之重农而欲使君民并耕，则错之思想在自食力派中，其范围固已隘矣。

于后世为吾人思议所不及而具有此思想者，则韩昌黎是也。昌黎学孟子之辟异端，以辟佛，谓辟佛为昌黎一生之大事可，顾以号为古今一大儒而辟儒，意其必于学术上有至大之论辨，而孰知不然，昌黎之辟佛，殆于佛教书，并未读其一字，故其所言，一无关于佛教之学理，而其所恃为攻击之一大武器，曰：不生产而食于人，是也。夫吾人人类所要求，决不仅衣食而止，衣食者，不过吾人对于生理上之一部分，而吾人之心理上，非有高尚深玄之学理以涵养之。吾人殆有所一日不能安，吾人之欲得学理而养心也，实重于欲得衣食而养生万万，使吾人人类之所重者，不过以得衣食而止，则人类初无异于禽兽。然则吾人苟出其衣食而可以得学理，直不啻以至粗易至精，而于交易为至大便宜之事。由是言之，佛之可辟不可辟，其本原仍必探诸学说，苟其学说之果有可驳，虽彼日出其衣食以衣食吾人，吾辈亦决不以得衣食之故，屈而姑从其说。若其学说之果有足存立者在，而但责以尔胡为而赖衣食于吾人，则直可谓不知轻重本末，而其见解之幼稚，不足一哂。然是等计度，最为凡夫所易生，盖当释迦生存之时，印度之人，亦有持此说以相讥让者，若：

> 一日，佛在远槃拏山，王舍城附近盖格那尔加村，时有称迦尸婆罗堕阇之一婆罗门施行耕作之祭。释迦往而在高处观之，众庶围绕，尊礼释迦。婆罗门见之，心甚不喜，而遂言曰："若彼能如吾人农夫服耕作

之劳,虽赡部洲可王,而彼不为何事,空费时日,见何等之可食而欲乞之,此所以来耕作之祭场也。"又谓释迦曰:"沙门乎,余等者耕而且种,故能获有谷物之结果者也。沙门乎,汝亦盍为此耕且种之事?是汝亦可获谷物而食之也。"释迦答之曰:"婆罗门乎,余亦耕且种,以耕且种而获得不朽之果者也。"婆罗门闻此言,而怪佛陀之不有农具也,乃问之曰:"薄伽梵(或作婆伽婆,总众德至尚之名,尊佛之称也)瞿昙欤,余有锄与牛等以为农具者也,汝从事于农,然则农具何在乎?"释迦答之曰:"吾语汝,我田地者,法也。我所拔之莠者,我欲也。我所用之锄,智识也。我所播而种者,无垢也。我所为之业者,戒律也。我所获之结果者,涅槃也。"婆罗门闻佛之说有所感悟,愿闻佛说,请为弟子,遂以开悟而获成道。

是亦欲持不生产而食人之说以辟佛者,夫昌黎,固孔子之徒也,孔子不云乎:"君子谋道不谋食。耕也,馁在其中矣,学也,禄在其中矣?"道重于食,孔子亦已言之,如不论其道若何,而但以不生产为病,则佛教徒之不耕而食,与儒教徒之不耕而食,有何殊矣。若昌黎者,盖亦不耕而食之一人也,首其弃其笔砚而从事锄犁,而后方能以此责人而不为人之所责。且昌黎尤以学孟子自居,而孟子之对彭更,则曰:"非其道,则一箪食不可受于人。如其道,则舜受尧之天下,不以为泰,子以为泰乎?"又曰:"子何尊梓匠轮舆而轻为仁义?""其有功于子,可食而食之矣。"儒者自重其道,至谓受天下而不为过,而区区数十乘、数百人,受诸侯王之供养,直为不足道之事。夫以孟子之言为是,则儒教以食于人为其教中之道所许可。佛教亦然,如律宗之许用舍财是也(戒律重盗。盗者,人不与之物而已强取之,四钱以上,谓之盗。已下称偷兰遮,然有诚实舍财者,则许用之)。若以孟子之言为非,则昌黎固学孟子者,其谓之何?吾辈直不免笑曰:"何昌黎之号称学孟子?并孟子之全书而不一卒读也。"且昌黎以佛教徒之不生产也,而曰:"人其人,火其书,庐其居。"设他人亦目儒教徒为不生产,而欲以昌黎之待佛教之法待儒教。吾不知昌黎以为暴虐之行否也,此固非吾之虚设是一议,而为儒教徒虑,盖其事固有实行者,秦之燔书坑儒矣。燔书坑儒,世以无道目秦,于理固当,然昌黎之"人其人、火其书、庐其居"之言而一见之实行,其有异于燔书坑儒之事否耶?亦易地反观而易明矣。且夫辟佛而于其学理一无所及,则彼之学理存在，而其教亦存在，固不能禁人之信其说也。此不必征之他人，即可验之于昌黎之身，昌黎以谏佛骨谪潮州，而即与和尚大颠往来，以是知昌黎当辟佛时，直未知佛说为何如，如今日守旧者之不知西学，而谩骂平等民权为异端无异，及见大颠而略闻所说，其心已不能不动。夫以首号辟佛之人，不转瞬而已与佛徒相亲，又安能强人之信昌黎之说而与佛徒绝迹也耶？观于与大颠往还一事，昌黎已不啻自书供状，取消前说。罗大经谓昌黎攻佛，但攻皮毛，柳子厚谓昌黎罪佛，但以其髡缁不耕农蚕桑而活于人之迹而已，是见石而不知石之韫玉者也。夫以昌黎辟佛说之浅薄，吾辈即欲借用昌黎之语曰："蚍蜉撼大树，可笑不自量。"虽然，在佛教则自经昌黎攻击之后，未尝不受一大疮痍之影响，而其势力几不能振。夫昌黎挟卑无高论之说，不能侵入佛教之教理分毫，而佛教竟大蒙其摧折者，此何故哉？曰：凡说之能动一般之舆论者，不必其立说之高而悉有当于理也，往往以人智未齐之故，高等之言，或反为人所冷遇，而卑浅之说，有大遭世人之欢迎者。故说之行不行，不问其见到之理境果至何如，而但判于其与一时人心中智识之程度合与不合而已。抑犹有一说于此，曰：凡辟佛者，不能与佛教论理，盖一论理，则罄吾思想之所有，皆为其所网罗，几若入八阵图中，无一门可以自出，吾之思想早已告尽。而彼所达到之一境，吾人仍望之超然而不能及，故凡辟佛而与佛教论学理者，无一不败。昌黎以不与之论理，而取流俗易晓之言以攻之，虽不能倾动其教理之根柢，而于形体上已大获战胜之功，此固非昌黎之智虑所能及，谓必如此辟佛，始足以致效，而择而出于此一途也，亦适徼时之幸而然耳。盖不耕而食，不织而衣（此二语本《庄子·盗跖篇》。《盗跖篇》云：造作言语，多辞缪说，不耕而食，不织而衣，摇唇鼓舌，擅生是非，以迷天下之主，使学士不反其本，妄作孝弟，而侥幸于封侯富贵者也。盖此二语，他家本用以辟儒，而今乃用以辟佛者），至今尚为攻佛教之用语，昌黎盖即用之而有效者，而此说之所以能动人之故，则即本于人当自食其力之一原理而已（以上之说，不能为今日之僧徒解嘲，盖今日之僧徒多半不能知佛教之学理，是真坐食而无益于社会矣）。合数人之说而统观之，其言自食力之界限，各有广狭之不同。昌黎盖以君为可食于人之人，而臣则附属于君者也。又所称为儒教徒之士，则特占位置于四民之上，而亦不必自食其力者也。除此以外，则所谓民者，无一不当有出粟米麻丝等诸事以事其上，无事者则诛。汉之晁错，仅不过一种重农轻商之政论，无关涉于学理者，可不具论。商鞅则以君为立法之人，臣为行法之人，与昌黎以君为出令之人，臣为奉令之人，故君与臣皆不妨坐食，其意相同，而其间有一大不同者，即商鞅以兵为可坐食，而不许士之坐食，昌黎则以士为可坐食，而不许佛教徒之坐食。商鞅之视章甫逢掖之流，犹之昌黎之视缁衣托钵之士也，而持自食力之极端论者为许行，许行以人人皆当自食其力，为不可破坏之一原理，故无所谓君，无所谓臣，凡称为人，则皆当自食其力者也。然则荷蓧丈人，当属于何等乎？以余所推，盖近于许行者也。或曰：有据乎？曰：虽不敢谓有确凿之据，然亦无非可据之理在，其据若何？曰：《论语》仅载荷蓧丈人答子路一问之言，而其他更有何语一无所载。夫丈人留宿子路，于鸡黍宴宾之余，不应一夕之间别无谈话，此以理可想定。《论语》载"明日，子路行以告"，非徒告有丈人留宿之事，必并丈人之所言而告之，而后孔子有遣子路反见，往告以言之事。不然，仅此杀鸡为黍，出见二子，亦不过绘田间惇朴之风，表野老恳笃之情，何足动夫子之惓惓焉，而必欲相晓以大义也。知孔子之言，必有与丈人之言针锋相对者，而孔子之言，有曰"君臣之义，不可废也"云云，知丈人必有述其君臣之见于子路之前者。夫以真率若丈人，一见子路，初不闻其所问之言为何如，而问自问，答自答，一启口而即曰："四体不勤，五谷不分"，由是可知丈人意中，除勤四体、分五谷之外，人间直无何事。夫使人人能勤四体、分五谷，则力田之不暇，何缘更生他事，而劳君臣之治理为？凿井耕田，亦几忘帝力于何有。此固丈人之思想，度于留宿之时，必有吐露其怀抱者。然则《论语》不载其言何也？曰：丈人质朴，虽含有此种理想，必不能引典征文，而言之有故、持之有理，若许行之能自成为一家言者，以其言无足记载，故《论语》略之。要之观孔子之言，则丈人之言，略可推定。而孔子之对丈人，有不能不告以君臣之义者，以此知丈人之所见，必略与许行相近者也。然则以农家学派言之，学说成就，实始许行，立于农家之位置上而数其宗派，则许行实为大圣，陈相、陈辛，实为大贤，而荷蓧丈人，则其学派先河之人也。《汉书·艺文志》述农家者流，不载许行、二陈及荷蓧丈人，而以今日考求之所得，则此数人者，实为农家最重要之人物，而言农家学说者，必当首数及之也。

凡一学说之发生也，其原理必早含有于人心之间，有人焉从人心所含有之诸原理而抽出其一种，立此为主要之点，组织而成为一系统，而一家之学说以兴。若许行之理想，于中国古时，已早得发现其根原，《礼·月令》："孟春之月,乃择元辰,天子亲载耒耜,措之于参保介之御间,帅三公、九卿、诸侯、大夫、躬耕帝藉,天子三推,三公五推,卿诸侯九推。"《祭统》:"天子亲耕于南郊,以共齐盛。""诸侯耕于东郊,亦以共齐盛。""天子,诸侯,非莫耕也。"云云。此已见天子、三公、诸侯、大夫并耕而食之一理,早为古人所默认,特其势有所不暇及,故不得已而谢耕农之事。观于制禄,犹曰代耕,则上下之人,无一不当耕,固可知也,此其故。盖中国之地理,本便于农,而以农为惟一之生业,故自神农已入耕稼之时期中,至二三千年,尚不能脱耕稼之时期,进而至工商之时期,犹之中亚洲蒙古之地理便于游牧,故其人民盖至今日而尚在游牧之时期中。中国之文化,盖即谓由农业所发生之文化可也(中国之家族社会,人心风俗,无一不以农为根柢,余著《农宗国》详言之),试观中国制字,从田从介为界,盖以田为境也;从禾从刀为利,盖以禾为财也;从力从田为男,盖以力田,方得为男子也。其重视农业为何如?吾人试深入内地,睹此桑麻被野,禾黍连畦,亦未尝不叹神州为陆海之地,天府之国,而绿野春耕,黄云秋获,几欲忘怀世界,谓桃源之尚在人间,又曷怪有纯为此种思想所养成之人?而若有许行其人者出,欲以上下并耕,谓足以致中国于上治也。故许行之怀抱,直可谓为中国地理之观念上所必有,特他人或知之而不能言,言之而不能尽,而许行乃独窥取此间之具有至理,而发展其思想,姑无论其学说如何,要不能不服其有超绝之见解。九流发生,皆在周季,诚可谓中国人心一大焕烂之期,若许行之言,亦特放一异彩于其间,设无有孟子其人能详言社会所以构成之理而折正之,恐信从许行之言者,不止陈相诸人,而农家者流,且未必不占中国学术界之势力也。

抑人心之思想,每以时势进步,而不无多少变迁之势。然一探其思想之元素,则古今人固多同一之点,而心源直若有隐隐其相通者。若今日士大夫间亦有以为振兴中国,当因其事之所固有而以农为本,使野无不辟之土,村无不耕之人,已足立中国富强之基,正不必需机器之制造品以与外洋相争,甚者以中国人多之故,而主开矿亦用人工而不用机器,此可谓持人工论派者也。而进于此者,则以救中国之道,不外兴工商等实业而已,若政治、宗教、哲学等,直见以为虚谈,而不解其何所用,此可谓持实业论派者也。夫人工论派也,实业论派也,使其居于古昔社会单简之时代,则亦农家者之流亚也,覈其所言,其义亦不无可取,惟其所明者,仅知物质一方面之事,此其所短而可病耳。

辨论与受用

原载《新民丛报》第63—66号

宇宙浑茫，万象森罗，凡横于吾人之前者，孰非神秘而不可知者乎？余尝谓天地间事，不说则人人皆知，说说则人人不知。今夫苍然而戴吾之上者，吾谓之曰天，块然而履吾之下者，吾谓之曰地。万物之从无而之有者，吾谓之曰生，万物之从有而之无者，吾谓之曰死。若是天地、生死之理，吾固已知矣。然试进而思之，此天地果何由而成乎？有际涯乎？无际涯乎？有始终乎？无始终乎？有目的乎？无目的乎？于是人各出其所见，例若言天地，有以为一元者，有以为二元者，有以为多元者；有以为一神者，有以为无神者，有以为凡神者；有以为有际涯、有始终者，有以为无际涯、无始终者；有以为有目的者，有以为无目的者。又试进而思之，吾见为生，而生果何自而来乎？吾见为死，而死果何目而往乎？于是人又各出其所见，例若言生死，有以为有鬼者，有以为无鬼者；有以为有灵魂者，有以为无灵魂者；有以为有轮回者，有以为无轮回者。此固仅举其概略言之也，其细则更仆不能终。而论道之书若丘山，析理之言如恒沙，而吾人读书，于前途常有一必然相遇之境，曰：吾人读一书而增一疑，更读一书而更增一疑，一若载籍之中，本为疑团疑塚所产出之所，而即随吾人之观察以俱来。然则吾人人类，果能知宇宙间之真理否乎？曰：欲考吾人果能知宇宙间之真理与否，必先考吾人以眇然七尺之躯，其在宇宙间之位置为若何。今夫以一蟪蚁，而欲窥测宇宙而知其本原，彼其目光之所能至，与其脑识之所能用，能有几何？而宇宙之广远无极，以能有几何之量，而测广远无极之境？则大小之不相准，几无程度之可言，亦易知其窥测之必不能当。而以吾人人类之于蝼蚁，其倍数之比例可算，而宇宙之广远如故，于宇宙间而置一蝼蚁，与以宇宙间而置一人，其大小直何以异？犹之吾人于辽远之处，置一分之物，与置一寸之物，初无大小之可分，即反而从彼一分一寸之间，以视此辽远之所，其所得见之分际亦相等。然则吾人谓蝼蚁之微，不能窥测宇宙之大，而有以知其真，则以吾人人类之微，亦不能窥测宇宙之大而有以知其真，其义一也。夫吾人既不能知宇宙之真，则凡对于宇宙所发生之万物，亦无一能知其真，即从有限之形质上，日试其考察，觉吾人亦实有可知之物，如今物质科学上之日有进步是，然试一诘以至上之原理，仍隳于渺茫不可知之中。盖吾人人类，果能一见宇宙之真，则白自白，黑自黑，即辨论之境，亦可以不立，惟宇宙之真理，为吾人之所永远不能知，故吾人不能不陷于怀疑之窟中，而世界遂不免以辨论相终始。然则或谓吾人既不能知宇宙之真，则辨论其亦可废乎？曰：曷为其然？夫吾人惟不能知宇宙之真，而必欲求其知，此人类之所以可贵，虽真理或终无可知之一日，而吾人智识之进步已多。设以为真理必不能知，而并欲废思考观察之能而不用，则人类界且日入于暗黑之中，其结果世界日卑下而滋恶檗。盖智识之为物，不必以到达于究竟之一位，而始获收其效，即于其经由之过程中，而已得收无限之益。若吾人究竟之目的，必欲发现宇宙之真理，而真理不能知，于其间有几多可知之理，则因此探索而得发明其故者不少。且吾人以探索宇宙之真理，必用其最深玄之智慧，而以日磨练此智慧之故，或用之以考一事一物，则理想亦自能明了，不致苦昏盲而迷惑于外物，即于精神上得几多清明之效，而吾人人心，亦可因之而有向上之机。况乎吾人既不能见宇宙之真，则不能不于众多辨论中比较而取其言之尤长者，以为吾理想所皈依之境。例若生死之理，虽不可知，然言生死之故之尤当于理者，吾人实不妨信之，由是而得坦然于生死之途焉。盖一无所知之不知，与夫无所不知之有所不知，其不知同，而于心理上之境界大不同。所谓田夫野老之不知，与夫梭格拉底之不知，固自有不可同日之语者，夫孰得谓辨论之可以无事也。故夫人事之始，浑然而已，因阶段之经过，日由浑而之书，而辨论者，即由人事发展之过程中，不期其有而自不能不有之一产出物也。试举一例以释明之，今若合全数之中国人于此而语之曰："今将以谋吾国家人民前途兴盛之事。"是语也，必尽人而皆以为然，而无有辨论者也。虽然，此不过囫囹之一语耳，果欲谋吾国家人民前途之兴盛，其将择何者之法而下手乎？则不能不进一解曰："今欲谋吾国家人民前途之兴盛也，其将不变法而守旧乎？抑将变法而维新乎？"于是有以不变法而守旧为是者，有以变法而维新为是者，而辨论之端，于是乎开矣。又试从维新一派之中，而进一解曰："果欲变法维新，其将尊王乎？抑将革命乎？"于是有以尊王为是者，有以革命为是者，而辨论之端，又于是乎开矣。更试从革命一派之中，而进一解曰："果欲革命，其将急动乎？抑将缓动乎？"于是有以急动为是者，有以缓动为是者，而辨论之端，又于是乎开矣。由是益进，愈分愈析，而愈无穷，而辨论亦与之无穷。凡古今辨论之端，皆以是例推之可也，而其流别亦略可得而言。例则必有相敌者。人各从其所见之方面立言，而及其说之成，则此说必有与彼说相冲突之处，而立说者，各欲其己说之行，则其势不能不排人之说而伸己之说。若儒家之排墨，而墨家之排儒是也。例则必有相承者。人心之智识，每不能无所凭而发生，往往循前人所已辟之门径，而于旧说之中，每足以得新智，当夫新智之生，几若与旧说大异其面目，而不知其渊源，实有隐隐相通之故。若近世西洋哲学，其源有多从希腊哲学而来者是也。例则必有龃龉者。一人之立说也，各因其听之者之人之有异，而其说亦从之而异，往往有出自一家之说，于所闻者述之而有异焉，于所传闻者述之而又有异焉。若儒教一也，自孔子之死，而有子张之儒，有子思之儒，有颜氏之儒，有孟氏之儒，有漆雕氏之儒，有仲良氏之儒，有孙氏之儒，有乐正氏之儒，而儒分为八；墨教一也，自墨子之死，而有相里氏之墨，有相夫氏之墨，有邓陵氏之墨，而墨离为三；佛教一也，自释迦之灭度，而有上座部也，有大众部也。大众部之中，又分而为九，上座部之中，又分而为十一，而佛教之小乘分二十部是也。例则必有攀附者。人之心，每荣古而贱今，信其所已信之人，而不能遽信其所不信之人。故夫立言之人，而惧夫世之不信从吾言也，虽其言之或出乎己，而不敢曰己之说如是，必举夫世所尊敬之人，而曰是固古昔贤之所云尔，而后人乃帖然而从之。若宋学已非尽出自孔教，而必谓为孔教；大乘已非尽出自佛，而必谓为佛教。王阳明辑朱子晚年定论，以为己说实同于朱子是也。例则必有废弃以者。进化之例言之，万物之后出必胜于前，此不得断为前人之不及后人也。吾人人类之见地，若后盲者然，观前之一方则明，而观后之一方则暗，故往往有前人所立之言，前人不能发现其为非也，而今人能发现之；今人所立之言，今人亦不能发现其为非也，而后人能发现之。当夫未发现其为非也,其说固足以自存,及夫已发现其为非,则其说有不能不废者。若地动绕日之说出,而日绕地之说作废也。例则必有复活者。凡一说之行也,必与其时势,及其于人心风俗之间,有种种适宜之处,而后其说乃昌。故或一国之内,教非一家,学非一说,而其间不能无此盛彼衰之势,其所以有盛有衰者,或亦未必尽关于其立说之有高下,而其间所以定盛衰之局,则宜不宜之关系为至大,是亦物竞存宜之例也。然至夫时势与夫人心风俗之间一有改变,则又必取其言之相宜者,而舍其言之不相宜者,而盛衰之局,又因之一变,而前之盛者或衰,前之衰者或盛。若墨家已绝于汉世,而今时有识之士,多以为救中国必用墨家是也。例则必有解释者。大抵人之立言也,义约理赅,或能得人之摄持,而不能得人之思解,论广文多,或能得人之思解,而不能得人之摄持,故立言之难也,有不可不质者,而以质之故,不可不有人焉详释之,又有不可不博者,而以博之故,又不可不有人焉约解之。若《春秋》之有三传,是质而详释之之类,佛教之有起信论,是博而约解之之类是也。例则必有批评者。一书也,有作者见理独到之处,而读者未必能知之,有作者见理未到之处,而读者亦未必能知之。是则世之受读书之益也薄矣,故不可不有批评者。彼其于读书也,尝平其气,凝其神,取作者思虑所经由之道线,忘彼我而与之合,而后乃能知作者之用心。非特此也,批评者之见解学力,尤不可不高出乎作者之上,而后乃能瞭然于其短长是非之所在,故批评家之资格,常有不可缺乏之两要件焉,曰:其心至公,其识至高。盖所谓批评者,非恃吾口给以驳诘人之谓,将有以明理焉(中国解释批评二字,尚无高深之理论,往往从字面上着想,误以批评为一种攻击推翻之技,因是而逞小智诡辩,甚则专用其刻毒之思,以谤毁诬蔑为能,是非独无益于真理也,其为学界之祸害亦巨矣。故知有批评矣,则批评二字理论上之解释,尤不可不亟亟也)。故对于作者为谠直之知友,而对于读者为诚恳之导师,而批评之事,遂能占学界上一重要之位,若晚近之尚批评学者是也。例则必有比较者。今使有人于此,其所读者,不过一家之书,其所闻者,不过一师之说,则固无所谓信疑也,并无所谓是非。若知有甲之一说矣,未几而又知有乙之一说,知有乙之一说矣,未几而又知有丙之一说,纷纶罗列,亦几眩摇而无所适从。虽然,此眩摇不定之境,为吾人人心之所不能久,于是于彼乎于此乎,常挈两物而加考虑,而此考虑之中,即有以发现彼此短长之所在。非特此也,彼何为乎为彼,此何为乎为此,又往往因考察而得发现其所以之故，故万物之现象，以比较而自显其高下，万物之根本，又以比较而易识其因由。且夫研求事物，而但以单一之事物为量，则事物之伴侣既乏，而吾之兴趣亦薄，其思考之能，有不免因此而日入于萎缩者，若于一事物之中，而画一部区以相求，悉荟萃其同类间之材料，则畸零既化而为错综，即参差亦变而为齐整，而对勘互镜之余，即足以启发吾人之智慧于无穷，而遂觉研求事物者，不能不定有比较之一门，若晚近之尚比较学者是也。例则必有调和者。学说之真价值，得千万人之赞同，未必遂足以为据也，必经攻击之后，其中义理之脆薄者，既淘汰而一无足存。而于此淘汰之中，有一不可动之真理在，为攻击之力所不能施。由是而后人之对于其所唱之学说，删削其若干分，不能不留存其若干分，而取夫此一家之精者，复取夫彼一家之精者，融合贯穿，复见一新学统之发生。虽此新学统中，由创者之自出其意见，以取裁前人，固自有不同于前人之处，而要其学说之全体中，已兼含有前人之长，而前人之所谓金刚论者，迁流辗转，终得存而不灭。若晚近之多调和学派是也。相敌、相承、龃差、攀附、废弃、复活、解释、批评、比较、调和，此十义者，辨论之流别略如是。若进而问吾人于未闻辨论之先，人人皆平等相，无差别相。然何为而对于辨论之发生，某从甲说，某从乙说，某非甲说，某非乙说，几若千差万别，而各存有一我见者然，是则决不得认人之真有我见也，其视若有我见者，不过从其人生平所经过之境遇，所积受之学力，所处在之位置。又远而溯之，则从无始以来，关乎其人性灵上之夙根，与其肉体上之遗传，此其间惟夙根遗传，其所积渐者久，而未能辄易。若关乎现世之事，所谓境遇学力位置者，若于其间一有变动，则非独其已所发之辨论，因之而改变也，其闻人之辨论，而是非因之改变。例若有人，初在乡僻，或沉宦途，心甚顽固，主持旧说，后若外出，或复游学，得闻新说，崇奉维新，是则守旧维新，同出一人，而有两境，虽有两境不变一人，故知所谓我见云者，不过从其人境遇学力位置上之写象，非独立性而经由性，非永久性而一时性，夫如是。夫辨论者，乃能随人类之智识而日益进步也。

　　夫既有辨论矣，然则辨论之道，将如何而可乎？是则必先遇有二义焉，曰：我以何故能立此言？人以何故能明吾言？而于全地球最早发生此思想者，为印度，即所谓五明之一因明是也。盖万事莫不有原因，立言之道亦然，必揭明此原因，而后真伪可得而别，即疑信可得而分。而欲揭明此原因，不能不立有法则，此古因明之五分作法及九句因之所由始也。古因明之开祖足目称为劫初之人，则印度之发现此理，盖在太古之时代可知。故学者有谓印度之因明流入希腊，阿里士多德因之以作论理学，此其事虽无史实上之确证，然论理学之格式多与因明近似，则两者之间，不无有接触之痕（阿里士多德以地水火风为地上万物之元素，亦与印度之四大同），要之此不具论。而印度论理学之发生，实早于希腊之论理学，此固无可疑之事实。印度之因明，经陈那（约距释迦一千年顷之人）及其弟子天主，为几多之改正，故以出诸足目者为古因明，而陈那为中因明，天主以后为新因明。希腊阿里士多德之论理学，大盛于欧洲，自英倍根氏出，以为阿氏之论理学仅足以为立言之用，而不能因此以求真理而启新智，于是于阿氏演绎论理学之外，特创一归纳论理学，因倍氏之归纳论理学，而得发现真理，以增长学者之新智不少，故有归纳论理法，即可谓论理中一新纪元，而全学界无不普受其光明，是则有论理学，而辨论之事，因之而大进化者也。而犹有一事，更与夫辨论之本原上，有大关系者在，此无他，盖古代之立言，多所谓独断者，但以我之所见者为真，盖人无不疑物而从不疑我，而古今学术之一大进步，即在内观而自勘其在我（道德上亦以能内返而能自见其过为最高，其理当别论之）。例若人之通性，我见赤物，以为物体本赤，我见青物，以为物体本青，所见小大亦然。虽然，物果赤也耶？物果青也耶？物果大也耶？物果小也耶？吾人所见以为青赤大小者，不能不进而考之，吾人果以何为依凭，而立此青赤大小之名乎？犹之以权称物，而定为重轻，以尺度物而定为长短，但以有权与尺，果足以定物重轻长短之准乎？吾人欲真知轻重长短者，先不能不一考其所恃以为定轻重长短之权与尺，故夫人以为吾见为赤、吾见为青。然若有一病眼之人于凡所见各物有皆作赤色者、有皆作青色者，或作余色亦然。又若以五色玻璃为窗，射入日光，于是吾人所见赤色玻璃之下，物皆赤色，蓝色玻璃之下，物皆蓝色，其余各色亦然。又若日色一也，而吾人朝见之日多赤，昼见之日多黄，见色如此，所见大小，亦无定形，若人以眼视物，见为如此，以显微镜视之，物体顿大。故知五官，实多欺我，不足为真，若信我见以为实在，我见赤日，朝从地上，暮从地下，谓日绕地，如执此见，便成谬误，盖考其实，系地绕日，非日绕地。又若以木，置于水中，光波荡漾，其形弯曲，若执此见，又成谬误。抽木出水，仍见直木，而无弯形。乃知吾人所见各物，作如是相。现如是色，皆缘吾人目官构造，与夫日光空气，其程度适相合故。设此数者之中，稍一不同，而形象皆变。故吾人所对诸境，不得不名之为妄，名之为幻，而今哲学家所断为吾人所见，皆物之现象，而物之本体，终为吾人之所不得而见。故夫吾人辨论，其进化之次序，略分为三级：当古初之时，但信其言而已，而不问其言之果有据否也，故荒唐神怪之说，皆足以动一时之听；洎人智稍开，于其所闻之言，不能皆有信而无疑也。于是以其所有之智识，以定言之真伪，而以若者为可信，若者为不可信，然未有进而追穷此所以定此可信、不可信之本原上之事者；洎人智又进，以为吾人欲知万事万物之理，先不能不有所以能知此万事万物之理之一物者，此能知万事万物之理之物，不先定为一种之学问，研究而证明之，则凡所知之万事万物之理，吾人即不能无疑于其间（佛教法相宗有自证、分证、自证分之义）。此三级中见地之浅深，窃欲用佛教摄论中所谓蛇绳麻之喻：在第一级，以绳为蛇，而见蛇不见绳；至第二级，知绳非蛇，然见绳不见麻；至第三级，知绳非蛇，知绳为麻。而后始能见其本原，而于今日之哲学中，居重要之部位，而修哲学之必当首先从事者，则认识论（Lehrevom Erkenuen）是也。挽近西洋学术，能义究其极，理钩其玄，而分擘条流，贯通脉络，首尾秩然，成一有机体之学统，而遂压倒今日东洋学术上之上者，盖即以论理学与认识论之发达，而用是以为治学问之基础。而以古代东洋学术之盛，其思想之超卓，义理之深宏，至今学子承其绪余，自运智虑，亦时有所发现，而单词只义，不能组织而成一系统，遂不免输西洋之学问一等者，则固以论理学与认识论，尚未盛于东洋之学界中故也。

于辨论之中，有与道德相关而最为吾人所易犯，且为智慧之人之尤易犯，而吾人之所当大戒者，是不能不取佛教之说而言之。以佛所见，吾等众生，非著诸欲，即著诸见。凡俗之人，易着诸欲，贤哲之人，易着诸见。盖贤哲之人，对于色声香味触等诸境，凡夫爱欲，或能不起。而于事理所起我见，不能排除。此着诸欲，与着诸见，其原由何而起。佛以为执着诸欲，由于受故，如吾于味，受种种乐，遂生迷惑，爱慕味欲，而深执着，余如男女诸欲皆然（如狗食粪，吾人视之，毫无味乐，而狗不然，味受粪乐而起迷惑，便生爱慕而深执着，以粪为甘。吾人诸欲由迷惑，故必生爱，着以佛视之，如狗食粪而谓粪乐，曾无所异），执着诸见，由于想故，由吾所想，深自执着，颠倒邪曲（佛经亦谓之倒想），而不舍离。此诸见中，分为五见，于五见中，其一为见取见，见取见者，我所见取，惟我为是，而生此见。由此见故，亦能生起诸慢，慢有七：一慢，慢者，以己之劣而反谓胜；二过慢，过慢者，自他相等而谓己胜，他胜于己，视为相等；三慢过慢，慢过慢者，他人胜己，而己反谓胜他；四我慢，我慢者，执着我身及我所有之物，心生高慢；五增上慢，增上慢者，于未证得之道，自谓证得；六卑慢，卑慢者，他有多分之胜，己有多分之劣，而心不甘，自视谓己仅少分劣，而生高慢；七邪慢，邪慢者，恶行成就，自护其恶，而生高慢。慢与诸见，相应而起，亦起余恶。故夫聪明之人，虽得种种善因，成贤智身，而此诸见，曾不断离。与夫凡夫，贪着嗜欲，不肯离舍，皆为烦恼之本，辗转迁流，造成恶孽，而受苦报。佛为钝根人说法，兼为利根人说法，故欲证道，必断二惑，谓断修惑与夫见惑（分别起之惑，见道所断，俱生起之惑修道所断。分别起者，由见闻计度，即从后天所起之惑，俱生起者，与生俱来，如食色之欲，即从先天。所有之惑见取见，属分别起之惑），佛盖以见惑为妨悟，谓有此惑，不能悟入正道也。夫使吾人不知此见取见之恶，而不能舍弃乎？则当夫辨论之时，其初以有我见，以我为是，以人为非，其继遂至以是为非，以非为是，其终且至以他人之见，有不合于己见之故，并欲取他人一切诸事而破坏之。是则恶孽由此大作，原其始，只由执着见取见之一念而起，得闻佛说，吾人所受之利益，岂有既乎？是故吾人之于辨论也，可立为数例：一曰人之所见，胜于己见，则当舍己而从人。此非我之屈于人而以为可耻也，我能闻人之言而知其善，此我之明；我能知人之言之善，而改吾之见以从之，此吾之公；吾但知言之合于理与否，而不必问其言之出于己与否，此吾之正。然则能从善言，吾之美德，不已多乎？反而不从善言，吾之失德，不已多乎？是当立之例一也。二曰一己之见，而后见有胜于前见者，吾不妨自取消其前说而用后说（亦间有前说胜于后说之时，然学问之境，终以后胜于前为多，故兹取以立论）。凡人不能无过，吾人非有过之为患，有过而不能改之之为患，有过而不能改，吾身遂若常与过相系伴而不能离。一旦改过，而吾已立于无过之地，故曰："过而改也，如日月之更也，人皆仰之。"又曰："过而能改，善莫大焉。"凡宗教若佛、儒、基督，无不许人之改过者，吾人于道德律，当立悔过无恶、怙过有罪之条（吾人之对于己，固当时时省过，时时改悔，而对于人，无论其人犯何罪恶，若见悟悔而有改心，便从此时，视其为人身已清白，以前诸恶皆当赦除，以前诸恶不复云云，此吾人对人之道德也。若人已悔过，而吾执着视为有过，与前相等，是必教人怙恶而后已，世界罪恶必至，但有增长而无消灭，其罪恶虽非无所造，而吾实不啻间接以成就人所造之罪恶，则不许人悔过，即可视其人已犯罪恶之一条也），是当立之例二也。三曰：人己异见，不妨互取而并存之，以待世之抉择。有时吾从吾所见之一方面立说，以为理当如此，而人又从人所见之一方面立说，以为理当如彼。我不枉我之所见以从彼，人亦或不能枉己之所见以从我，而各有持之有故言之成理之处，则不必以人之言，不合于我之言，务抹煞而铲除之。盖其说之固有可存，吾虽毁之而无所用，若其说固无足存，则人亦终必弃之。夫言固非吾一人之力之所能存，亦非吾一人之力之所能毁，吾固不妨两揭之以公于世。是当立之例三也。四曰：因言相争不及其事与行，凡事皆有界限，言自言，与事与行不相混也。我所与人争者，言焉而已，则曲直胜败，仍当决之于言，若以言论相争之故，而挟吾意气之私，而谤讪其人之行为，或毁坏其人之事业，凡若此者，其所为已出于言之界限之外。夫人而不明界限，则其事为妄为，而其人即为妄人，吾人即可视己为无辨论之资格。以公德日益发达若今日，此事殆可谓辨论中戒律之首，犯此者其罪恶为至大。是当立之例四也。凡辨论之略例如此。夫辨论既为学界之一大事，而为吾人人类间之所重用（凡禽兽等，以言语机关尚未发达，故或仅能鸣叫，或仅有至简单之言语，而不能辨论。因之，其理解亦无进步，辨论之事，万物中惟人类有之。人类智识之有进步，未始非由辨论之所赐也），而关于辨论之道德论者，尚多阙焉，是则吾人尤不可不注意及此者也。

与辨论相反，而有吾人人类至切要之一事，上及神圣，下至庸愚，而皆不可须臾离。有之而得无上不可说之安慰，无之而来无量无终极之烦恼，是何也？则受用之说是也。试略举之，若颜子之斋心不违仁，是颜子之受用也；孟子之养气不动心，是孟子之受用也；北宫黝养勇之不挠不逃，是北宫黝之受用也；孟施舍养勇之无惧，是孟施舍之受用也。后世之儒，有言主静者，主静，盖即其受用也；有言主敬者，主敬，盖即其受用也；有言致良知者，致良知，盖即其受用也；有言慎独者，慎独，盖即其受用也。其略如是，余虽悉数，不具陈。要之何宗教不问，何学派不问，凡有道之士，无不各有其所谓受用之一境在，此不必究其义之浅深，理之高下为何如也。例若颜子之斋心不违仁，与孟子之养气不动心，孰优？北宫黝之不挠不逃，与孟施舍之无惧，孰优？主静之与主敬，孰优？致良知之与慎独，孰优？一加议论，即已入于辨论之界限中，而所谓受用者，固无须乎此也。是则窃以为佛折金杖之喻，以之解受用之义为至当矣。昔者犍陀罗国迦腻色迦王，尊信佛说，日请一僧，说法宫中，僧说莫同，王用深疑，以问僧上首胁尊者，尊者答曰："世尊已言，我灭度后，岁月逾邈，教分多派。虽然，如折金杖，段段皆金，虽失杖形，不失金性。王闻修行，皆可证果，一也。"王闻而善之，盖辨论者，学不可不求其博，见不可不求其高，思不可不求其深，虑不可不求其周。而受用之境反是，不可不有单简之言，赅括之义，惟以其言之单简也。故吾人之精神易与之凝而无所余，惟以其义之赅括也。故吾之行事，皆从此出而无有穷，虽有时学问或不免偏一，见识亦犹滞迹象，而不能不许其有受用之益。例若《列子》（《说符篇》）云：昔有昆弟三人，游齐鲁之间，同师而学，进仁义之道而归。其父曰："仁义之道若何？"伯曰："仁义使我爱身而后名。"仲曰："仁义使我杀身以成名。"叔曰："仁义使我身名并全。"夫三说之相反也若是。虽然，使各取其一说而用之，不能不谓得仁义之一端也。又若禅宗五祖欲传衣钵，令其弟子各造一偈，时神秀为上座，而造偈云："身是菩提树，心如明镜台。时时勤拂拭，莫遣惹尘埃。"五祖览之，赞曰："后代依之修行，亦得胜益。"时六祖慧能在碓房，闻神秀之偈曰："美则美矣，了则未了。"乃造一偈云："菩提本无树，明镜亦非台。本来无一物，何处惹尘埃。"五祖知其悟道，乃以衣钵授之。夫以见解言，则慧能之偈，固高于神秀，然以修行言，则神秀之偈，亦有可取，故五祖赞为"亦得胜益"也。非特此也，即愚夫愚妇，或畏雷殛，不敢为非，此其智识固为士君子所不道。虽然，其受用则不能不许之也，又不仅此，凡吾人所当遵奉之理，虽其语或耳熟能详，而提撕每不厌其过烦，盖人民道德性之成熟，决非一席之谈话、一篇之著述，遂能收永久之效力而不变也。以心理言之，当人之耳有所闻，目有所见，自足摄引其精神而使之凝聚。然从见闻既歇之后，因时间之经过，而前此集注之精神，亦间杂以他事，而渐归于消释，必也于其前言之将近消释之际，而后言复有以继之，当此而有前言之残存，复得后言之启发。且也，因后言而前言之印象，复炳现于胸中，因前言而后言之历程，若再徇夫故步，前言后言，若为一长线之连锁，不断而枨触吾人，而后此义理，乃能与吾人之人心合并为一，不能自解而自有其不能已之故。故凡人民于一般奉行之道德，每若人人不能明言其所以然，而各能遵此规则而行，盖其所积渐涵养，决非一朝夕之功也。惟如是，故其义虽前后同一，而言之者，至再至三至于千万，而决不嫌其过多，即听之者，至再至三至于千万，而亦不患其无益。例若言之当信，此一义也。固人人所皆知，几若无始以来，于彼此交际已立有此契约者然。然于世而不知言之当信者，其人何限？且视不信几若为事理所当然，而不必抱歉而引责者，其人又何限（余与人交，逢此甚多，初时尚以为彼必引咎谢罪，而有一辨释之词，然久之寂然。盖彼固以不信为事理之常，而无足奇也。噫！世界今日固已如此乎）？如是则交际之道苦，虽日集国人而训以无信之不可，亦觉暮鼓晨钟，于尘俗之中，稍足发吾人之清省，岂有嫌其言之为过烦耶？即言新学者亦然。今夫爱国也，民权也，平等也，于数年前为新说，于今日亦已屡见习闻，而当与仁信节廉，同退居于陈腐之列。虽然，为问吾人之欲维新者，固能践行此爱国、民权、平等之实否乎？如不能践行其实，则虽日日仍以爱国、民权、平等相砥砺，尚惧其不能副，岂得从而唱反对曰："乃公喜新奇之说者，此过去之词，无烦喋喋再三云也。"不知吾人维新，于一方面为理论，于一方即为实行。若举一切新理新法，以为不过以供吾人之谈助，而徒以快其耳目一时之好奇心，而不复注入之于心理之上，以为践履之本，则虽日换一爱国、民权、平等诸新名词，而炫其五花八门之奇，还问之于吾人，而果有何等之益也（中国有一种退化之新党，于敌手向□□□□□称开通，然至近日，或反不读书不阅报，问之则曰：总不过这几句话，我已尽知之。此等人固无实行之日，即于学问，亦必无增长，推其原，则前日之所谓读新书、阅新报者，不过视为一种新奇之玩物耳）。夫吾人于当践之道德，犹若饮食衣服然，人之于饮食衣服也，岂得曰此习惯之事，吾人日日行之，而可舍而弃之耶？以饮食衣服为习惯，以为不足为而欲舍而弃之者，则生理上之冻馁至，而身命可由此而死亡。以当行之道德为习惯，以为不足为而欲舍而弃之者，则社会上之恐慌来，而世界可由此而毁灭。此受用之所以必要，而与辨论各异其用者也。

  然则谓辨论之事，固无关于受用乎？是不然。盖辨论之与受用，其部分异，而其系统固未尝不相涉也。不然，但有受用而无辨论，果能知受用之理之无谬误否乎？使其所信为受用之事，于理不免谬误，而一旦因发现其谬误之故，则受用之根基，即不能不因而动摇。虽然，受用者，人生之所不可无者也。以人智之增进，而发现昔日所信从者之有谬误，则不能不求进于辨论之上，而再定一可信之理，使有所以代昔日之受用者，而后道德之与智识相伴而更进一境。例若前所云之愚夫妇，以畏雷殛之故而不敢为恶，而许其为受用上之一理。虽然，此其理已不免谬误，盖人之被殛于雷也，不过以偶触电气之故，固非有一司雷霆之神，监察人间之罪恶，而持此轰轰然之利器，以为诛罚阴慝之具。故夫以恶人而触电也固死，以善人而触电也亦无不死，犹之入于水而死，入于火而死，水火岂能知人之善恶者？雷殛亦然（此于物理上确凿无误，但于心理上有无别理所不敢知，何则？中国相传雷殛恶人，此语为人人所深信，则以心理上论之，能保恶人果无招电之理否乎？但有一事已可洗冤，则被雷殛者，决非全系恶人，以平人而触一时之电气以致死者必多，不可尽人，而附会其必有恶事也）。然假若有人于此，向则畏夫雷之殛恶人也而不敢为恶，今一知雷之非为殛恶人者，而遂荡然以为嗣后可任吾之为恶，而无所忌，则见解之纰缪，殆无有大于是者。夫吾之为恶也，固知与雷霆无相关之理，然吾既有为恶之因，即有可以得祸之果，不必雷而甚于雷之诛罚者何限，此则于雷殛之外，而劝善惩恶之方，已不可不更有一高尚之理解，而使世人于种种理解之中，各随其智识之高下，择一理焉以为信仰之资，而仍于道德上留有受用之位置。是则因误谬之故，欲变更受用之理，而不能不有待于辨论者也。又使有受用而无辨论，果能知受用之理之无变迁否乎？盖人事既日益进化，则道德亦不可不随之而进化，往往今日之道德，其范围有远过乎昔日之道德者。若死守夫昔日之道德而毫不知变，则道德与时势，其趋向背驰，即不免以推行而致窒碍，而昔日可称为卓绝之行，今日或一无可取，或反因此而为世道之妨碍者何限。例若所谓忠者，固于道理上为不可阙之理也，然昔日之所谓忠者，或忠于一人一家，而今日之所谓忠者，则忠于一国一群。设有人于此，但知效力于一人一家之为忠，而有时以一国一群之事，适与一人一家之利害相冲突，而若人但知为一人一家谋，则一人一家蒙其福，而一国一群或不免受其害，此其人或笃诚纯一，其性行固大可尊崇而惜乎？其所见之不远，以胶柱鲜通之故，而狭小其规模，遂令读史者低徊往事，而褒贬毁誉，对于其人而两不能宽（近世若曾文正者，亦此类中之一人也），是则因变迁之故，欲改进受用之理，而不能不有待于辨论者也，而不止此。夫受用之发生，果何自而始乎？盖必有启之自辨论者（此义佛教于《起信论》，谓之始觉，于真言宗《十住心》中，谓之愚童持斋心，言愚童无智，得闻教化，发生善心而为一日之持斋也）。例若有人，父子相别，生而不识，则夫遇于途中，父子相视，固无异乎途之人也。若一旦知其为父子之亲，则仁孝之情，有不觉油然而生者。凡人之不为善，亦由未闻善之道耳，若得闻为善之道，则未有不为善者。于恶亦然，若有人不知弑亲之为恶，则虽弑其亲，亦有视为寻常事者，知弑亲之为恶，而敢弑其亲者寡矣。又若我国人之对于国家，其抱冷淡之性质也久矣，然自近数年来，因新学之输入，一二有志之士，其对于国家之热度顿增，此无他，前日于国家之义，知之也模糊，而今日知之也明了故也。又若新党之有德行者固多，而亦有一知半解之人，以为吾且知新学矣。德行何物而可以缚我？遂不免入于小人之途，此无他，亦其关于道德上之智识太浅故也。故人之于学也，行道其次，而闻道为先，盖未有不闻道而能行道者，故闻道直居学问中一首要之位。是则欲发生夫受用之心，而不能不有待于辨论者也，又不止此。夫受用之究极，果何为而定乎？又必有决之于辨论者。例若有人，其头脑本属明晰，深知夫我国今日，在野党所为者之为是。虽然，义与利不能同时而并居于一线，欲效在野党之所为乎？则断头也，流血也，而不便于作官，于是断头乎，流血乎，作官乎，于两途之中，踯躅彷徨，卒不能定一义以自处，乃不能不暧昧其宗旨，狡猾其手段，阴阳于新党、官场之中，而欲从新党之一面，见其为新党。又欲从官场之一面见其为官场，弥缝调停，亦甚可怜，而终不获有神明自由之一日。又若其始自居清流，亦高王侯不事之风，固不可谓非一时人物之佼佼者也，而徒以江湖飘泊，既不堪饥寒穷困之迫于中，复不胜利禄功名之诱于外，持之又久。持之又久，而泥涂之究不能居，遂不免回首低心，而以久不屈于人之膝，亦复望尘拜跪，叩权门而乞腥膻之余，而试问以昔何所见而去，今何所见而来，当亦自笑而苦于解释之无从。夫时会既发生艰难，远之或数百年，近之或数十年，决非期月数载，即能皂白分明，而君子终至获福，小人终至受戮。故吾人先自审吾躬，其甘为小人乎？抑必为君子乎？苟以志气清明，不愿为小人，而必自侪于君子之林，则吾生百年以前之岁月，不可不预计，皆为贤否混淆、祸福颠倒之时代。吾所恃者，惟不愧吾之神明，而于吾心，固自得无限之愉快而已（凡本篇所谓受用者，即指此义）。不知此，则虽或有一时见道之明，而以辨道之功，偶有未至，不能知之深而见之切，则吾之主宰，终不免有摇撼之来，而前后之人格，遂至有不能统一者，故发愿学道之人，不可不先知有长时心之一义（于佛教大愿观中，其一为长时心），是则欲究极夫受用之理，而不能不有待于辨论者也。辨论之有益于受用者，其略如此。昔者希腊哲学大家梭格拉底，辨明生死之理，故笑而受狱吏之毒杯，于生死之间，处之夷然。又若近世哲学斯宾挪莎、孚伊台等诸人，皆各有怀抱之主义，能自贯澈而不变。近时学者之间，遂有哲学可以代宗教之议，以为学者能穷究智识，而于天人之故，能洞达其本原，即于道德上已自有安心立命之境，故今日学者之于宗教，已多以研究哲学之法研究之，而哲学之见理至深者，亦即可谓一种有知识之宗教。是议也，吾以为今日上哲之人，不肯羁服于一宗教之下，已不能不开以哲学代宗教之一途，而于哲学研求之究竟，即得道德信从之本原，于是哲学之于人间，乃大有价值，而得成为世界一至高贵之学。由是言之，亦可知辨论之通于受用，而为欲求道德上之受用者所不能废矣。

此一段可取王阳明之知行合一说参观，但阳明言知行合一，蒙则以为知行自两事，不当合而为一，但其间自有贯通之理，此则与阳明之说有不同耳。

若夫受用之境，约言之盖有二焉，曰：共受用，不共受用。共受用者，一乡一国一世界所同具有之一道德心是也，盖凡人必有一普遍之理性，于意思之表，语言之外，咸能不喻而知其同然。故一乡之人，能与其一乡之人交，一国之人，能与其一国之人游，一世界之人，能与此一世界之人通。设无此普遍性，则我不能测彼，彼亦不能测我，而彼此几无从以事相交接，如是则通往断，而吾人之社会国家，已早无成立之理。此普遍之一理性，大抵世愈文明，而要求愈切。盖交涉往来之事益繁，决不能事事而拟一法规，言言而订一契约，所恃者人人各有自守之道德律，而彼我皆能遵循其规辙。故文明之国，有一不信不义之事，其人即不能容于世，彼亦自知其如此而将不能容于世也，故不能不循循焉而遵公众之约束（今外人至中国者，多敢为不道德之行，如诈夺取钱等事时时有之。然其人一至本国，已循循善良，不敢为非，此无他，彼有通国人之钳束力，而我国人对于公共之道德，其钳束力薄弱故也）。若蛮野之世，公论尽亡，以险诈而可以攫利，即以正直而足以被欺，其结果不得不人人共为非理无道之行。夫人人为非理无道之行，固能各得其利而满足其所欲乎？曰：必不然。人人夺利，即人人失利，此最易明之理。乙夺甲则丙夺乙，丁复夺丙，以次相夺，即无一能有安稳可得之物，而徒添一彼此屠戮争斗之苦。故不欲世界之尚有人类也则已，欲一日世界之尚有人类，则人类间首先当为，必无有过于理共受用之一境者。试进一步而论之，人类受用之最切近而不可离者，莫如饮食衣服，而一比于道德上共受用之境，则不能不置饮食衣服，为第二位之受用，而以道德上之共受用为第一。何则？有道德上之共受用，不患无饮食衣服之可得，无道德上之共受用，则虽有衣服饮食，而吾人亦不得而享受之也，此共受用之义也（欲造道德上共受用之境，如宗教、教育、舆论、法律等，皆其所要，而尤以宗教、教育为先,舆论次之,法律又次之。盖法律者,仅能治形迹上之事,而不能治心理上之事,即仅能治粗,不能治细故也。又若无宗教、教育,则舆论亦无由造成,故舆论虽极重要,而不能不次于宗教、教育之后。然是数者,又各自有其适用之处,而互不能废,如无宗教、教育之人,不能不以法律治之是也。但其义广博,非此题限所及,故不具论)。不共受用者,个人所自发生之道德心是也。夫人之于世也,试省其状态,实不过惘惘然,憧憧然。营谋者疲于营谋,劳动者疲于劳动,以送其百年之身。试问人生之一问题,果如此而已乎?如此则人生之无价值亦甚矣。故人亦惟昏然以生,梦然以死,知其为人而不知其所以为人则亦已耳。若一自省其何以必欲为人之故,恐性灵上已先逗一线之光,而必先导吾人以向上之路,既有志于向上,则道德之境界,自不觉其相接近而来。盖吾人之所作所为,初无可得自照之一镜,而能自照吾人者,惟为各人所自具之一性灵之明,然果一照以性灵之明,则见吾人所仆仆终生,实无一高洁明净之事。质而言之,吾人者,终其身为嗜欲之奴仆而已,卑贱盖孰甚焉?夫吾人既自觉其卑贱,则必思有所以离此卑贱者,于是吾人之心理上,不能不更迁一境而始安,而其所迁之境,必由卑贱而日趋于高尚,何则?不如是则吾心固有所不能安也。且夫吾人之所谓受用者,可分为内受用与外受用之两境,而外受用之境,实与内受用之境悬殊,何言乎其为外受用也。凡夫富贵功名之粗受用,及夫衣食居处之凡受用者,固不足论。若夫天地自然之美,例若风月之佳良,山川之俊美,亦足动吾人之慕赏,而不得不置于高尚受用之列,然皆能区之为外受用。外受用与内受用之一大别,盖外受用者,皆属外境,故必有待于外缘之集合而成。若外缘之境之一与我相离散,则愉快亦从而旋消。独至内受用之境不然,内受用者,其受用即吾心之所自发,而即以吾心享受之,初无丝毫之有待于外缘,故虽外境当反覆颠沛之时,亦必不能侵吾内心之疆土,即投之刀锯鼎镬,而咸有无入而不得自得之致,是诚所谓只堪自怡悦,不堪持赠人者,非不欲持以与人,以此乐即在吾心之中,而与吾心不能分之而为二,欲人人皆有此乐,亦必人人各自造之于其自心之中,而后乃能于其自心之中而各自得之也,此不共受用之义也。是二境界者,自有人类以来,智识之稍优者,莫不注意于此,而尝皇皇焉为之而不已。故夫吾人今日,能远过乎昔日蛮野之时代者,盖已不知竭古人几多之力,耗古人几多之血,而后能得之。然而此二境界者,其不完不备,仍令吾人发太息痛恨之声,而所谓人类间一真正美善之境,究未知其愿能偿于何日。而以此一境界之一日不能偿，则造此境界之仔肩，亦为吾人之所一日不能已。而古人往矣，其责则卸而属于吾辈，吾辈往矣，其责又卸而属于来者。往古来今，常以此为人生之一大事，而其所经过之程，则有常有变，常则为之之事也易，变则为之之事也难，而难之尤难者，则莫如经时势之一大变，而前境已往，后境未来，适际夫青黄不接之时代。当是时也，旧道德或已为人之所弃，而新道德或尚为世所未知，于是人心之间，奇幻百出，社会之陷于无道德，犹若国家之陷于无政府然，而改良隳落，于前途两无可知，则危险莫甚于此时，而恐慌又无过于此时矣。犹船与岸，当其在船与得在岸，两皆安稳，独此既不在船，又不在岸，则祸患即常在跬步之间。夫时势既变，则道德固不能不变，以求其能合于吾人之用。彼以道德为僵物论者，其言固非，而假有人于此曰：今后可以无道德，则亦不待辨而知其言之非。然则吾人即于此而可得一断案曰：道德者，可改变而不可废弃者也。是故吾人今日既离夫旧道德之一境，不可不亟亟焉求一新道德，以为吾人前途休憩之所焉，犹之吾人以飯瓺之老屋，为不足以蔽风雨而欲移徙之是也。然则必更求夫爽垲之安宅而居之，而荒野露天，决非吾人可长此淹留之所。故吾国今日之所最要者有二，曰：新智识与新道德。彼文明国人，尚日夜发其求道德之高声，几若非此而不能一日安其生。而此事也，于数年以来，尚未随自由民权之风潮，而输入于我国，是亦可谓不足应时势之要求，而为谋维新者于此尚留一缺点焉可也。

  故夫有辨论而又有受用者上也，若二者不可得兼，其将取有辨论而无受用之人乎？抑将取有受用而无辨论之人乎？曰：毋宁取有受用而无辨论者，夫世固有学问渊博，议论纵横，其才流实能超绝一时，而至一勘定其人格，则卑鄙龌龊，不能不置于小人之列。彼其于学也，非以之求道，而以为可赚名誉富贵之具，彼其于辨也，非以之穷理，而以为可护奸贪欺诈之器。且夫世之小人，于智而或有所不足，则虽有为恶之心，而于事或有所拙而不能为，而彼则无所谓不能，何则？智固其所素优也。又于道而或有所未闻，则虽有作恶之才，而于心或有所惧而不敢动，而彼又无所谓不敢，何则？道又其所能言也。余尝谓人世间有三祸，曰自然之祸，曰物类之祸，曰人类之祸。自然之祸若风雨水旱等是，古之所谓洪水者，当属于此者也；物类之祸，若虎狼蛇豸等是，古之所谓猛兽者，当属于此者也；人类之祸，则如上所云云者是。夫自然之祸可备也，物类之祸可除也，故至今日而是二类者，其祸已稍澹矣，独此人类之祸，其惨酷直无稍熄之日，是非吾人所当视为挽救之第一事耶？且以世之有小人也，人受其害，而彼宁岂有得耶？盖世之所谓真乐者，决不能不求之吾心神明之内，以彼之终日憧扰，无非鬼魅蛇蝎之行，即使偶得物质上之利益，而沉性灵于孽天恶海之中，已决无清夜恬静之一时，而况乎我屠戮人，则人亦屠戮我，我陷阱人，则人亦陷阱我，其患祸直有时而不可测。彼固愿为小人，其失算亦已甚矣。且夫具于吾人人类最贵之智识，其果专为供辨论而便吾人之为恶乎？抑将于辨论之中而求受用也？昔者于希腊诡辩学派之盛行也，其人以为世无是非，但以辩论之私拙为是非耳。其学派称为琐肥。琐肥者，智识之义，盖以为利口即智识也，及大哲学家梭格拉底起而正之，而为智识下一界释之语，曰：真正之智识者，道德也。柏拉图、阿里士多德承其学说，咸以智识为造就人类至于高等之用。后之讲学者，益以梭氏之语为名言，至今心理学家，分智情意为心理学全体之部分，其立智为一部分者，盖亦梭氏之言之影响也。然则世有滥用其辨论者，正梭格拉底之所呵。若夫有受用而无辨论之人，虽于学或有所未足，于理或有所未明，然只可谓之为愚，而不可谓之为恶。夫愚之与恶，其及于社会上之功罪，及其对于心理中之苦乐，固有别矣。此所为于不得乎上但得其次之时，而于次之中复权其轻重，不得不抑辨论而申受用也。

或曰：然则所谓有受用之人，即所谓有信仰之人，是亦用信仰之惯词可矣，而言受用何意也？曰：所谓有受用之人，其必有信仰也无疑。虽然，所谓信仰者，据其因位而言之，所谓受用者，据其果位而言之。准以印度之因明学，于比量三支之中，有有余比量，有余比量者，从其结果而得推知其原因，例若见烟而知有火，见河口之新浊水而知上源之有雨者是。然则从受用之果，而知其必有信仰之因，此其理固可推而见之者。而以人之情，见果而推其因也易，见因而测其果也难，故特有取乎受用而言之也。且也人类究极之一目的，不能不归之于善，而所谓善恶，果当以何为标准乎？此学界上一至重大之问题，而世之伦理学家，或以快乐幸福功益及吾心之满足，以为善之定义。而佛教之言善恶也，于《俱舍论》（十五卷十二）曰：谓安隐业，说名为善，不安隐业，名为不善。又颂曰：欲善业名福，不善名非福。论曰：欲界善业，说名为福，招可爱果，益有情故，诸不善业，说名非福，招非爱果，损有情故（按：言欲界者，佛于上二界别有善之标准也）。又《婆沙论》（五十一卷之初）曰：性安隐，故名善，性不安隐，故名不善。又一说曰：引苦果为恶，引乐果为善。又《唯识论》（五卷之十七）曰：能为此世他世顺益，故名善，能为此世他世违损，故名不善。其所谓苦果、乐果、可爱果、非爱果，犹所谓以快乐为善之定义者；其所谓福、非福，犹所谓以幸福为善之定义者；其所谓益有情、损有情、于世顺益、于世违损，犹所谓以功益为善之定义者；其所谓性安隐、性不安隐，犹所谓以吾心满足为善之定义者。是则佛教之言善恶，实包含伦理学诸家之说，而兼物质与心理而言之。而欲取佛教与伦理学家所说诸义而定一词，窃以为惟言受用者为能当之矣。或曰：然则受用之词，其得无创也耶？曰：否。于佛教，其究竟之果位曰涅槃。而涅槃有两受用，曰自受用、他受用。自心清净，其果为自受用；利济众生，其果为他受用。自他受用，其义至矣，岂不大哉？故有取乎是也。或曰：受用之义，果能举其究极而言之，而若辨论，则不得谓学问之究极者，何则？学问而果至究极之地位，必无辨论而后可。然则又曷为而言辨论也？曰：蒙则以为学问无究极之一地位者，然则学问之定义若何？曰：学问者，凡吾人于所可知之理，无不研究之而求其可知，必不可稍有遗漏者存，即极之吾人所不能知，即所谓宇宙之真体，吾人亦不可不尽种种之智力，以试其窥测（西哲来信果曰：神若予真理者，可辞而不受，而乞予我以研究真理之精神，学者不可不存此心），至于必不能知，乃留此最后之一境。故曰：学问者，凡可知之理无不当知，至于必不能知而后已，以是为学问无一究极之地位者（按：言人智有两说，有以人智为有限者，有以人智为无限者。哲学家多主有限之说，佛家主无限之说。主人智有限说，故以为宇宙之真体，终不能知；主人智无限说，故佛家有六神通，但佛之神通非人人所能达到，故不能不以无究极立论），无究极之地位，则辨论其乌能已？抑辨论非所谓尚口给者，谓所以达吾人之思想，而为研究学问者所不能不用之具，是辨论之义也。若夫以普通之词言之，辨论者所谓知，受用者所谓行；辨论者所谓慧，受用者所谓定。抑孟子所谓博学而详说之，将以反守约也。博学详说，辨论之谓；守约，受用之谓。虽然，言各有当，虽其所立言之大旨从同，而其间固自有不同者在。故取用之词，亦不可得而尽同者，此之故也。至若辨论之与受用，此二义者，如车之有双轮，如鸟之有两翼，互相得而其用始大。世之徒知有辨论者，不可不反而课其受用之所在；世之徒知有受用者，又不可不进而穷其辨论之所至。是则于二者合论之中，而又窃寓此意焉尔。

国家与道德论

原载《新民丛报》第64、65号

印度数论派哲学《金七十论》之首偈曰：三苦所逼故，欲知灭此因。因欲灭人间之苦故，而数论派一大哲学造出。其所谓三苦者，曰：依内苦，依外苦，依天苦。依内苦者，如身苦病患，心苦怨失等；依外苦者，如世人（以人与人相交为一苦事，古人已抱此见）禽兽等；依天苦者，如寒热风雨等。余以为中国今日有两大苦，曰：依外苦，依内苦。依外苦者，异种人之占我土地，夺我权利是也；依内苦者，我种人自相残害是也。

此两大苦所逼故，然则吾人当以何道灭之乎？曰：欲灭外苦，莫急于造国家，欲灭内苦，莫要于兴道德。

此二者其事各异，其理相关。故欲兴道德，不可不造国家。何言之？曰：我种人不能再建国，则我四万万同胞之子孙，前途有必至之两境，曰贫贱、曰奴隶是也。何以言其必贫贱也？曰：昔日之国家，与今日之国家不同，盖昔日之人民，其有待于国家之事甚寡，不过欲得国家以免个人彼此之杀戮，断个人彼此之狱讼而已。夫如是，故虽以异种人得吾之国，而个人之杀戮，彼不能不禁，个人之狱讼，彼不能不断，彼非真有心于为吾人禁杀戮断狱讼也，以此则人民安静，而彼可得租税而享有国之福耳。若今日则不然，人民之于国家，非徒望其能禁杀戮断狱讼而已也，将依之以兴一国公同之事业焉，厚一国公同之生产焉，立一国公同之教育焉，通一国公同之经济焉。析而言之，人民之间，至无一事不有赖于国家之故，而有国家则生，无国家则死（中国尚家族之制，有家族则生，无家族则死，而于国家之有无，不甚相关。然今后之形势一变，亦必至于有国家则生，无国家则死），非过言也。且夫人民之于国家，又非仅依之以治内焉，必有所以扩充吾种人势力之范围，以膨胀于域外，而后吾种人乃能存立于世界，故必有待于国家，而开殖民之地焉，拓通商之场焉。夫文明各国，其内治之有待于国家者，固为我国人所未易梦见，若人民之一出国外，而必有待于其国家，此其理最浅近而易晓。今夫我国人不见有外人之来于我国者乎？夫彼亦个人耳，以彼之个人，与我之个人较，其力未必能胜我，即其智亦未必尽能胜我也。然而彼若欺吾民，则吾民直无可如何，吾民若欺彼，则毫毛之损，偿以丘山而不足。其与吾民相交易也，我逋彼，则彼能责之官府，以官府逼吾民，而无虑吾民之或敢负欠也；彼逋我，则走而逸者常耳。其尤甚者，同一商务，我国人所不能得之权利，而彼能得之，若是，吾民又安能与之竞争而不至于穷且困也。然试思之，彼亦个人耳，则固言之矣，其力未必能胜我，即其智亦未必尽能胜我也。然而彼能若是其强者何也？此无他，彼诚个人，而彼之背后，乃国家耳。试去彼之国家，而以个人行于吾中国，其何事之能为？然则事以反观而易明，彼以有国家之故，故以个人而能横行于我国，我以无国家之故，故一步不能出，即出而至人国，亦必受种种之苛禁，遭种种之虐待，至于无所得利而后已，又非特不能出行也。虽在国中之权利，亦必日侵日削，而有反客为主之势，如此数十年，至于百年，我民又安有存立之道耶？且夫今之为我民谋者，不过曰铁道不可归于外人，航路不可归于外人，矿产不可归于外人。夫铁道、航路、矿产等，此诚吾民日后一生死之大问题也。虽然，欲自有此权利而不失，决非谓铁道我自筑，航路我自通，矿产我自开，而遂可以免外人之侵入也。其根本之主义，在我之有国权否耳，即我有国权，决无虑铁道、航路、矿产，为外人所得之理，固有以他国之资，筑自国之路，而望他国之来开矿于其国者矣（但此事必须自有国权，而后可行。若近日以筑路、开矿等事，句引外人于中自取私利，而借口欲以商权御外人，其说自不足值识者一笑，而其人直可目为卖路、卖矿之汉奸，国人所当食其肉者，不在此所言之例）。若不顾及国权之有无，而但希冀于万一，曰：此为我自筑之铁道，此为我自通之航路，此为我自开之矿产，今而后可以自保此权利，此其骇直与今年朝鲜人谓外债足以亡国，乃自集民款以济国用（朝鲜人有唱借款亡国论者，乃集半岛之富豪三十余名，酿金五百万圆，救国币之穷乏，以阻止向外国借款之事，识者笑之）者等耳。

附识：

　　铁道亡国论，数年以来，大声疾呼，至今我国人已渐警醒，此固为可喜之一现象，然此但为小乘人说法之初时教，非究竟之了义也。以今日瓜分，全属无形上之事，凡人思想力弱者，于无形上之事，每多不能见到，而铁路为显著于形质上之事，故得借此而走相告曰：尔不见乎，此电掣雷奔者，非所谓铁路乎？铁路之所至，而瓜分我之日至矣，于是人易警动，而见形质上利害之相迫也，乃群谋所以挽救之策。夫思挽救者诚是也，然谓争回路权，我自筑路，而遂谓从此能免外人权力之侵入，此大谬也。夫中国之大，路不一路，此路为我所筑，而他路或为外人所筑，则路权固已剪断而无所用。我虽竭资尽力，争回此一路，能保满洲政府明日不已以彼之一路许外人乎？非特此，就令一国之路，皆为我所自筑，能保满洲政府不日以国权让外人乎？夫铁路非能自存之物，必附属于国家，国家之不存，而铁路于何有？《庄子》不云乎："将为胠箧、探囊、发匮之盗，而为守备，则必摄缄滕，固扃鐍，此世俗之所谓知也。然而巨盗至，则负匮、揭箧、担囊而趋，唯恐缄滕扃鐍之不固也。然则乡之所谓知者，不乃为大盗积者也。"今虑外人之筑路于我国也，而我自筑之，是犹虑人之胠箧、探囊、发匮，而为摄缄滕、固扃鐍之计也，而不知外人且将亡我之国，而何有于铁路，是犹不知巨盗之能负匮、揭箧、担囊而趋者也。夫如是，则且以我自筑之路，而适足供外人之用，亦犹之唯恐缄滕、扃鐍之不固也。然则开权显实，而为大乘人说法则若何？曰：今日第一莫大之要事，在先造国家。有国家，则万事可为，而为之也有效；无国家，则万事不可为，而为之也无益。今设中国而一新政府出现，则以中国之款，必不能尽筑中国之铁道，尽通中国之航路，尽开中国之矿产也。虽假外人力而为之，犹之可也。不然，余惧夫不知为根本之计，而但知倾其心于枝叶之不能收其效也。若近日绅商之争粤汉铁路，若四川，若江西，若福建，皆拟筹资，自筑铁路，此其用心，余宁不敬之重之？虽然，使其所见不出乎此，而徒欲委托于"满洲政府"之下，呼为贤父母、贤长官，而望其能抵当外力，永远保护之。是则于此事也，直不免于根本上伏有至大之误谬。要之，欲铁路牢，则国家先不可不牢，若于不牢国家之下而筑铁路，犹之欲于虚土之上而筑室也，终必有基土崩而家室亦受其累者，是则窃愿当事者之更进一解也（此篇非专论此事者，故事例条理有言之不详之弊，尚希谅之）。

且夫我种人既无国家，则一切大事业，均不能不落于外人之手，何则？以我散而为个人之力，而与彼合而为国家之力争，其不胜固易明，即我亦合而为一个之团体（如公司之类），而以无国家之团体，与有国家之团体争，其不胜又亦易明。故以为无国家，则我国所有之大事业，均非我种人之所可得而为也。或曰：大事业既不为我种人所有，我以个人之自力而营利，不犹可以为致富之一道乎？曰：是又有时势之不同。夫自机器之利兴，世界之事业，不能不为托辣斯所垄断，始而小资本家败，继而中资本家亦败，终则成为一极富一极贫两偏端之对象。故我种人争生死于今日，只有进路，并无退路，稍退而一落千丈。其究极之景象，直有不忍言者，故曰：无国家则必至于贫贱也，何以言其为奴隶也？今凡人种，可分为二类，曰有自主权之人种，曰无自主权之人种。无自主权之人种，即奴隶也。无国家则必为奴隶也。夫既贫贱矣，为奴隶矣，其关于道德上之事若何？曰：贫贱则但求有以养其生，而事不暇择，非特不欲择也，即欲择之而已无可择之事。如是则其所为之事，略可得而言，曰：为盗，为贼，为赌，为娼，为骗拐之事，为敲诈之行。又以贫贱之故，则无教育，无教育则无智识，他人既鄙贱之而不屑齿，而己亦不复知人世间乃有节义廉耻之事，演之日久，别成为一种卑污苟贱之习俗，而不能不位置于劣等人种之列，此入于贫贱后之变态也。若夫奴隶，固已分为二等矣，于二等奴隶中，其为劳动工作之奴隶，当与前之贫贱者同论，其为逢迎奔走之奴隶，彼之心目中，惟知有权力之人而已，惟知有富贵之人而已，而彼见夫有权力富贵之人，我之当屈己而事之，而彼若是其威严而尊贵也，则亦欲人之事我，亦如我之事彼。故惟奴隶之人谄，亦惟奴隶之人骄，骄与谄实同出于一门。今之官场，今之在洋人，处执役之人，多则其代表也。是二等人，已别铸为一种之面目，已独生有一种之气息（作官者，今谓之官气），而皆不作人类平等之想，对异种人则拜跪，而以践踏其同胞人为快；对异种人则唯诺，而以残虐其本国人为能。盖外人之得羁轭我种人也，则皆赖有是等人为之伥也，此又入于奴隶后之变态也。呜呼！我种人而果无自造国家之日乎？则余敢预言曰：我种人之无道德性，而人心风俗，怪厉而不可问，必有为全地球之所无者，而无国家则无道德，此一理已得为吾人所发现，则国家之与道德，其关系固若何其巨也。

故夫吾人今日万事，莫大于造国家，莫急于造国家。

然则吾人，如何而后可谓之有国家乎？又将取何道而后能造此国家乎？兹别为论。

夫造国家既若是其要矣，然则吾人今日，固可措道德于不问乎？曰：何为其然？夫与国家之事，其关系最切，殆有无过于道德者。吾闻今之人，甲有言曰："中国不可革命，革命必多杀。"吾闻今之人乙又有言曰："中国当革命，当大杀，如是政府，如是社会，不杀之，乌能治？是故当革命，当大杀。"甲乙两说，其旨相反，各有当处，各有过处。吾人辨明其是非之所在，是亦今日于理论上之一要事也。夫人情不喜安宁而恶扰乱，喜秩序而恶纷更，当夫兵事之一起也，往往衣冠涂炭，闾巷萧条，近之或数十年，远之或数百年，而后仅能平定，而生齿既已减耗，文物亦复熄灭，故伤害国内之元气，殆无如战争事为尤甚者，是甲说之有当者也。抑人情必以平而后能相安于无事，此不平，则彼亦不平，而后者之不平，即前者不平之所招。以今日政府之贪昏，而上下成为黑暗社会之凉薄，而彼此不相救恤，不一推陷而廓清之，则不平者愈不平，而世界将无太平之日，是又乙说之有当者也。故曰：甲乙两说，其所持各有所见，然进而考之，其所言尚不免涉于一偏，而不得许为圆满之论。何则？夫和平固为吾人之所爱。虽然，吾人之所爱者，真正之和平，而非苟且之和平（此数语本今米国大统领鲁斯福氏之言）。夫今日之中国，其势已处于非有一度之毁坏，则不能获一日之平安。试翻各国当日之维新史，无不有一惨雾愁云之大劫，而后有日月再清、山川重秀之日，谓中国今日，不经一大波动，而能安然日进于文明之途，而告维新事业之成，则中国维新之易，直为全地球各国之所无，吾人可断其万万无有此事，必若婆子之仁，颤颤焉而曰毋动毋动，无论动机之所迫，欲毋动者，终不能不动，就令毋动，毋动之前途则覆亡，其苦痛之事，或千万倍过于我之自动，此可正甲说之过者也。抑今日之势，既处于不能不动。虽然，我所为动者，其将破坏之乎？抑将建设之乎？度以为必当建设之矣。夫为破坏而动，则吾人可任一时之意气，而以图报复为快，若为建设而动，则存一不杀人之心，尚恐锋刃所及，其势有所不能收。若存一欲杀之心，无论所杀者，或未必即为当杀之人，就令膺锋刃而毙者，悉为殃国家害社会之徒。试问吾人建国家之后，果能尽除恶人而使之绝迹乎？抑仍不能不留恶人也？夫使弑戮若干之恶人，而恶人可从此而尽绝，则以杀止杀，或可为一劳永逸之计，无如天地间之恶人，断非杀戮之所得而尽，吾人终不能不与此魑魅魍魉为缘，此诚可谓人世间一无可如何之事，亦惟徐徐焉施转化之术已耳。且夫古来之成事业者，必有不可缺之三大原素，曰智略，曰武勇，而犹有一事焉，曰仁义。吾辈姑无论其为假仁义而用之与否，就令仁义或出于假，而必欲用此假仁义之名，即此可知仁义为作事者之所必不能少。夫欲言仁义，则必不能多杀，是又可正乙说之过者也。然则如甲平安之说，吾人未尝不明其理，特以迫于时势之故，吾人不免处于不幸之地，而有所不能从。如乙暴力之说，吾人又未尝不谅其意，而以审于事理之故，吾人又不能不加自制之心，而有所不敢从，而欲求合乎时势之宜，又能不违乎事理之常，则必增减乎甲乙两说之间，各有以抑其偏而归于中，而后吾人今日所当行之正道于是乎出。设不由此一途，而或偏从乎甲（谓不动能维新），或偏从乎乙（谓多杀能革命）。吾以为中国前途，两皆无可救也。故吾人今日，不能不急造国家，而欲造国家，即与道德之一问题有至大关系之故，夫必待今日人人皆有道德心之普及，而后始起而造国家，此又必不能及之事。吾人今日之所责备而属望者，即在英雄为首之数人，不可不深明此理，而万事悉以大悲至仁之心行之。夫是说也，在浅见寡闻之辈，或不免诋持道德论者，以为迂阔而不通乎事势，然以今日各国兵力之强，而于公法、于人道，咸有所畏惧而不敢背，稍偶涉乎不虔，而恐来天下之讥，必斤斤焉力自辨白，冀无污其国家文明之名。由此可知，今日之战争，实军器与道德为同一之进步，而以道德当尊重者属新说，以道德为陈腐者属旧谈。吾人既事事维新，则战争尚道德者，即可目为维新至大之一事，而不容自落于各国之后者也。且吾人之所谓道德者，尤非徒欲用之于造国家之时也，于国家既造之后，而有需乎道德之事且更大。夫吾人今日之所为欲造国家者，将仅造有一形象上之国家而止乎？抑将造一精神上完美纯全之国家也。假令吾人今日，以无国家为患，而有一国家之后，将终不免强压弱，贵凌贱，众暴寡，而欺诈者仍欺诈，贪虐者仍贪虐，鄙吝者仍鄙吝，腐败者仍腐败，则吾人所为发咨嗟太息之声者，亦终一日不能息，而所谓造国家者，将不免以无意味终。非特此也，果如此，则内乱必相寻而不已，即外患亦乘间而即入，虽已造之国家，或不免如昙花之一现，而将再有覆亡之忧。是在今日言之，为未有国家之前，而预虑既有国家之后之事，固未免为早计。然吾人谓不必虑及乎此，则亦可谓思虑之不长，且吾尤可置一预言于此，曰：吾种人不能再造国家则已，若能造国家乎，则既有国家之后，识时之士必有共发其要求道德之叫声者，则吾人今日，以道德为至冷落之一问题，安知吾种人再兴，不转瞬而将以道德为一至热闹之问题也。此吾谓一言国家，而必与夫道德有不能相离之势者也。

然则国家之与道德，其相异之点若何？曰：国家之存亡，其情态属一时的，道德之有无，其情态属永久的。惟其为一时也，故不能不赴之以勇猛奋迅之神，惟其为永久也，故不能不积之以渐致优游之力。试仅从时势之所宜急者立论，则今日亦但言造国家焉斯已耳，今之忧时之士，若他务未遑，而惟知有国家一大事者，诚可谓知其先务者也。虽然，所谓道德之本原，仍常伏于人心之间，未闻以造国家风潮之故，而谓道德可从此推翻而不论，且以欲造国家之故，而彼此相扶相助，尤必有多赖之于道德者。盖所谓维新，其解释亦不过比之守旧而事事有进步耳，万事既无一不进步，而道德为至要，尤不可不首进一步。设谓守旧有道德，而维新无道德，则是维新之学说反不及守旧之备，岂有是理耶？或曰：然则今日当专务劝人以向于道德矣，何为乎立言之士先国家于道德？岂非轻重之失序耶？曰：此时势之所宜然也。何则？今之所为欲先造国家者，诚以无国家之故，则吾人将无所凭借以为造道德之基故也。夫孔子之策卫也，教之之前，先之以富，管子之治齐也，曰："仓廪实则知礼节，衣食足则知荣辱。"夫孔子岂不知教之之道，固重于富？管仲亦岂不知礼节之重于仓廪，荣辱之重于衣食哉？然而孔子必先富于教，管仲必先仓廪于礼节，先衣食于荣辱者，此其意亦犹夫今之立言者，必先国家于道德也。且夫道德，固当分之为两部分：其一为超绝之道德，惟一二人所能独到者；其一为普行之道德，为一般人所当遵守者（或分为博爱的道德，相互的即平等的道德。相互的道德谓之平等，而博爱之道德反不谓之平等者，盖博爱者，人即害我，而我仍必为利彼之行，是即于人己间，不立平等之准者，故不谓之平等之道德。至有时宜用博爱的道德，有时宜用相互的道德，当各因其时与事而分，非此题限，不及陈，又本篇所论义亦微异，故不取博爱、相互之词用之）。超绝之道德，如虽饿死不为不义，人以无理而殴我也，我不殴彼而又礼之，人以无理而詈我也，我不詈彼而又敬之。近日俄国托尔斯泰伯所主持之恶勿敌者，其代表也。普行之道德，如饥饿起盗心，彼为盗者洵有罪矣,而谁使之饥饿者,则社会国家亦均有罪也。又人殴我而我亦还殴人,人詈我而我亦还詈人,我之殴人、詈人固有罪,而人之殴我、詈我,乃先有罪也。如此,为善不可不报,而恶亦不能不敌,是其例也。超绝之道德,必上智而后能行,普行之道德,即中材亦可相从。然而人类中上智之人少,而中材之人多,故言道德者,不能专举超绝的,而必举普行的。夫言超绝之道德,或亦可无待于国家而后能行,而言普行之道德,即与国家有大相关。例若世界之人,以国家不同之故,故利害亦不同,他国人之所利,或即为我国人之所害,而我以无国家之故,则人民常有害而无利。有害而无利,则必至于饥饿,饥饿则必至于为非,是以无国家而必至于无道德者也。又若殴人、詈人之事,必有待于教育之感化,法律之平治,并有待于人心风俗之互相维持,如是则必皆有赖于国家。又若与外人交,而外人或有殴我民人、詈我民人之事,尤不能不待有国家之力以抗之。不然,而他国人可以殴吾人、詈吾人,是固他国人民之不道德,而吾人民以不能殴彼、詈彼之故或以暴行报之,则其事固不出于正义,或以畏强之故,而养成卑屈之心,惟知有强弱之观念,而无是非之观念,则人心之败坏,更有不堪问者,是又以无国家而必至于无道德者也。然此固仅承上所言之数条而举之耳,若夫以无国家之故,而遂至诱起夫不道德,其事不能覙数,虽断为无国家之民,即为无道德之民,当非过言,于是吾人不能不遐想希腊大哲学家柏拉图之言,柏氏盖以为个人之进德也,必有待于国家,故道德论与国家论,在柏氏以为二者实相须而不可离(本篇以"国家与道德"命名,即本此意),此其理。盖验于希腊亡国之后,当希腊之为罗马所覆亡也,其人之入于罗马而为之臣者,以国家之大权,既操于罗马人之手,希腊人遂尽丧其国家之观念,而惟知谋仕宦为一己私利幸福之计,渐成为罗马一种之风气,盖至晚罗马朝,官僚之腐败,不堪言状,而罗马亦以此告终。吾人观于希腊人亡国后之变态,又未尝不叹以为适足写吾种人一小影也。嗟乎!吾不知今后吾种人若无自立之国家,则求富贵而往事新主人者,其丑态更当何如。故曰:今后无国家,则我种人不道德之象,必为全地球之所无,而直有至于不可思议者。此可悬为预言以待,而有以知其理之不爽者也。

故曰:吾人今日,莫大于造国家,莫急于造国家。

又曰:吾人欲造国家,则不可无道德,既造国家之后,尤不可无道德。

中国之考古界

原载《新民丛报》第 65 号

吾闻客有自上海来者，曰：今欲于坊间购一《国语》《国策》汉魏丛书等，已不可得，盖为新书之风潮扫荡尽矣。使是言而果信也？何我国人之不知学也！吾闻今学者皆曰：二十世纪世界，学者所当研求者，东洋二古学：一印度学，一中国学。今欧洲学界，已大动此倾向。吾不知二十世纪于此二古学中，所得发明之事理果若何也。而据前此言之，于中国古书中，孚佑兰氏研求玄奘《西域记》，千八百九十六年，得发现释迦生地迦毗罗城古址。毕尔德氏研求赵汝适《诸蕃志》（赵汝适，赵宋时代，当西历十三世纪之人，于泉州提举市舶，以其时所得闻外洋阿非利加及印度洋岸诸国之事，著为书。马端临《文献通考》不注明出所，而引用其原文，《宋史》亦抄录，其大体而无传今，外人以为珍书，我国久无人道及此者矣），而于中世时代，中国与外国通商之事状，贸易之品目，及亚阿两大陆印度洋沿岸诸国之地理及人类学，得发现多种崭新有益之事实，是皆足增中国古书之声价者。又各国图书馆，皆大贮藏汉文典籍，而其所翻译，词曲则若《赵氏孤儿》，宗教哲学，则若《大乘起信论》等。其他著名之书，翻译更不及枚举。噫！若以上诸书，我国人不知自宝，或有闻而不能知其名者，而欧米人乃宝之，其为我国人之耻何如也。抑吾人在国，闻人有谈周秦学说及佛教者，寥寥若晨星，然在日本，则坊头书籍杂志，论周秦学说，及中国佛教者，累累皆是。夫所谓维新者无他，研求各种学问，得有进步之一结果而已。故谓求学则能维新，不求学则不能维新可也。谓当今之世，其国人能好学者强，不能好学者亡，无不可也。然今者我方号欲维新，于外来之学，尚无所得，而我所固有之学，已先弃之，是即我国人不悦学之一标准也。不悦学，则维新之事必无所成，而国亦卒不能强，见微则知著，能无对此涓涓而悲也。

抑又闻我国之能读古书者曰：西学何足奇？凡西学之所有，皆我数千年前古人所已经发明者，就而闻其说，若谓七十余元质，不出五行之说，其余亦类此，不足多引。噫，又何其固也！夫五行之说，不过如印度古代之所谓四大、五大，今学者谓中国之言五行，不如印度之言四大，盖四大尚可谓为万物之原素，而中国之五行说，其言水火金土者勿论，最讶其不伦者，有木之一行，夫木乃万物之一，而不得谓为万物之原素，明甚，若木可列为一行，则动物若禽兽、若人类，亦可列为一行，是诚无以难其说也。又若水者，虽可谓为万物之一原素，然古代希腊兑喇士，亦言水为万物之本，而印度之四大中，亦有水之一大。而今之西学，则知水为轻二养一所成，如是而水为原素之说，自不得成立。夫仅知水为万物所有之原素，与知水为轻二养一所成，此其间人智之增进，殆不可以道里计，而谓知轻二养一为水，与知水为五行之一者为同等，何其无区别也。虽然，当太古之时，于森罗万物之中，而独知归纳于五行为本，此实人类智识之一大进步，而文化发生于此著现象焉。盖当古时，荷全地球文明先辈之称，其最著者三国，曰印度，曰希腊，而我中国实居一焉。我中国古代文明之发达史，今外人多研究之，我国人之当博考详搜，钩玄发微，以显扬古人之光华，此非独学界所当为之事，亦我子孙对于宗祖之义务焉。夫谓我古时已知太极阴阳五行之理，故我今者对于万国，犹得荷古代文明之荣名，此固我国人之幸。然因而蔑视今世之新学，以为无一不包含于我古代学术之中，我至今可无崇他人之新学为，则将贻人以笑，而为我国人之辱莫大焉。何也？学问中固有同一立说，而言之精详与不精详，有秩序与无秩序，于学统上已大有区别（例若谓孟子、黄梨洲，已知有民权之理，可谓今日民权之理皆为孟子、黄梨洲所已发明，则不可于西国，此例亦甚多，如进化学说，霍台氏、拉孟克氏实先于达尔文，然自达尔文之书出，引证详备，事实确凿，故言进化论者，必祖达尔文氏，是其例也），而不得谓后之说无异乎前之说。况乎古之所无，而为今之所有，古之所未发现，而为今之所已发现者，不知凡几，而谓新学即古学，则人将嗤为菽与麦之不分。且也，人将曰：尔知五行之理于数千年之前，何至今犹不能出五行范围之外？然则祖宗固贤圣，而子孙又何其驽钝而一无进步也，故曰：将贻人以笑，而为我国人之辱莫大焉。夫学术宗教，不分国界，我固胜人，人将学我，如昔日日本之学中国是也。人苟胜我，我亦当学人，如今日中国之当学西洋是也。自近者国家主义之论兴，恐学者不察，而于学问之界，亦不免有一国家之界限存，而有尊己国而卑人国之风，则将失平等观察之智，而无以见学问之真，是固我今日学界之前途，所当知此义也。

是两派者，一则以为有新学不必有古学，其于新旧之学界也失之离，一则以为有古学即足为新学，其于新旧之学界也失之混，此可名为我今者学界过渡时代之病也（但犹有一种比附中西，其弊亦无异此，以题限，不及陈）。

养心用心论

原载《新民丛报》第69、70、72号

吾人之得一新理想也,每多在初日方兴、晓钟乍动一清晨之时期中,孟子称平旦之气。近世大哲学家笛卡儿,其哲学之思索,多在朝床中构成。世以愉惰不思振作之人为暮气,暮气者,朝气之反对。然则朝时之与吾人心理,必有特别相关之处,而其相关之理果何在乎?近时学者考朝时空气中,以一种化合之作用,出新阿巽,此新阿巽能爽健人之精神,是固然。然此犹仅据外境言之,而于心理上之内境,尚必别有其故在,是无他,吾人脑中之爱耐卢尼积一日之动作,以渐消耗,而以夜间休养而恢复之。至于朝则正爱耐卢尼充实满足,而思逞其活动之时。而所谓新理想者,即此爱耐卢尼逞其活动之时之一产物。

> 按:心理学有曰自动性,自动性者,不受外来何等之激刺,而原子自行运动,是即成形元固有之本性,而所谓活力者是也。篇中所谓活动,盖即心理学所谓自动性耳。

而此活动之一时期,未易猝遘,必于一日作为之后,经一夜之宁息,与天地日夜运行之一大法相准,而当静极欲动之际,乃能涌现此一灵敏之境,则其理无他,心之用则必养,养则能用,而以此为交互间最适当之时期焉而已。

又试进考此新理想之发生，其本原果何自而来乎？则必于心理上有两个以上之观念，联合而构成一新观念，而后所谓新理想者生。

　　按：言必有两个以上之观念者，盖吾人若仅有一个之观念，则新理想无从发生，故其数不能不限以两个以上。例若今时言新学者，若仅有君之一观念，则君以外，无何等思想之可得。若既有一君之观念，而又有一民权之观念，又有一民智之观念，于是三者联合，而即可得一新理想，如云民智未开，则当用君权，民智已开，则当用民权是也。然此不过举其概略言之，其实心象上观念之配合，其奇妙殆不可思议。故夫吾人心理上之观念无穷，观念与观念联结之因缘无穷，从而吾人人类所产出之理想亦无穷，犹之进化论者，谓两异种合并，则一新种发生。凡天地间事物之所以繁多，而理想之所以复赜者，其故盖皆由于此也。

虽然，观念与观念之联合也，必先有一观念之动，而后其余之观念，以连锁而相继而起，而此动之之法，则有二种：一新观念之入来而动者，一旧观念之复起而动者。新观念之入来而动者，以一新有之观念，唤起其旧有之观念，由是而产出新观念者。如见梧桐一叶落而知天下之秋，又若古人有谋于野则获，盖以野则多有外景之感触，而易于收得新观念故也（所谓"诗思在灞桥风雪、驴子背上"者，亦即此理）。旧观念之复起而动者，不待外来何等之感触，而从旧日所有之观念中，以此观念，唤起彼之观念，由是而产出新观念者。如吾人知有性善之说，又如有进化论之说，而以进化论之理言性善，则所谓性善者，不得谓之天赋之固有性，而当谓之进化之遗传性是也。此二种，前者外动的、受动的，而后者内动的、自动的。而吾人理想之构成，尤以后一种为多。而此二种观念之发起也，又必有二个之条件：一生理之协助，如疾病疲倦，则一切之观念，皆难发起是也；一意识之空虚，盖吾人意识之区域，若有一种之观念占领，则他观念无发生之机，若吾人有一忧虑之事，不能解释，其时意识之区域，皆为此忧虑所充满，而他观念均在所摈拒之列。此二种中，从心理之一方以言，则意识之空虚尤重，关于意识区域之占领，又有二种：一单一之占领，一杂多之占领。单一之占领者，如吾人若有爱慕之一物，念念皆不能舍是也；杂多之占领者，驰骛纷扰，散乱集沓之心是也。而吾人之欲空虚其意识也，则必先清净其心，无逐于外缘，无纷于内扰，使意识之区域，洞洞然不储一物，而后理境上之观念，鸢飞鱼跃，自呈其活泼之机，而观念与观念之融合，不自知而一新理想发生，要其故，固由于养心、用心之得其道矣。

贺浑氏之近世哲学（日本有贺长雄译），剖明心与物两者之不同，其言以为物质经使用而必坏损，凡种种器具，无不皆然，而心独反是，愈用则愈赴于锐敏，若废止而不用，则反归于衰灭，以是为心与物分界之所在。其言固含有一理，顾余于此说，则尚有不能赞同者。夫心与物，当以若何为确当之区别乎？兹以非题限不及陈，而以关于使用者言之，则余以为心与物，其理相同。今夫谓心愈用而愈赴于锐敏者，物亦然，若刀以用之之故，则日显其铓利是也，然其间自有一限极之境，若过乎此限，则其物以销耗而渐失其用。吾人之用心也亦然，若过乎其适当之程，则疲倦来，而于事理之分际不能深入。又若谓心以不用之，故而反归于衰灭者，物亦然。今夫一刀也，久不用，则锈生，而失其铓利，如心不用之人，积久必益昏愚者同。又如今时一般人所想象，以物为有碍体，心为无碍体，余亦未敢谓然。以余所见，心固明明有碍者也。试略举之，如吾人之心，注于一物，则一物存在于吾心中，而此物以外，同时种种之物，其存在皆在若有若无之间，必待吾心之抛此一物，复注于彼之一物，而后彼物乃能显其存在之状，然既注于彼物，则其余一切诸物，又不能不在抛弃之列。总之，吾人之心，思一物则同时不能复思他物，亦若物之有一定之容量然，有一物也，已满其容量，则他物不能不摈之容量以外是也。又若吾人于未知一理、未闻一说之前，则以何理、何说投之而无不能受，然若有一先入为主之说，已固执于心中，则凡继此所闻之理与说，有与其先说相违异者，于心理上必显其反抗性，奉前说而拒新说，而成□冲突之象，此即守旧根原之所自来。盖众生本无自性，其若有自性而不能相通，则以心之为物，习于此则必执此，习于彼则必执彼，亦若物体之置于此则着此，置于彼则着彼，此非明明心之有碍而何乎？佛教之言心也，余最服诃梨跋摩之论，以为远出大乘唯心、唯识论之上。诃梨跋摩盖分天地万有之境为三：曰第一义谛，曰世谛亦曰真谛，曰俗谛。曰第一义谛者，最上之实在，涅槃与真如是也；曰世谛又曰真谛者，心也；曰俗谛者，物也。佛教通例立真、妄二谛，或区之为有为、无为，以诃梨跋摩之三谛分属之，则第一义谛为真，而世谛又曰真谛与俗谛皆妄。第一义谛属无为，而世谛又曰真谛与俗谛，属有为。即以物与心相较，则物为假而心为真，然以心与物与真如相较，则心与物皆假，而惟真如为真，为混心于真如者立一界限，而以心为极微所成。极微与分子同义，分子析之至尽，有有质、无质两说，要之，既有分子之名，究不能断为真无，惟析之至尽而近于无，而实即为有质之始，若以心为极微所成之说而成立乎？

按：心为极微所成，必不可得而见，今但从其已成形后考之，心理学家论神经纤维，谓舌之动神经，以五千纤维成，眼之动神经，以一万五千纤维成，视神经以十万纤维成。又倍因氏谓掩大脑半球之灰白质，通计含有十二亿万细胞，纤维之数四倍，当有四十八亿万纤维。又有论纤维之小者，直径一因吉之千二百分一乃至三千分，而无髓纤维，比之更小。一因吉之六千分一乃至八千分一，脊髓及脑髓灰白质中之纤维，一因吉之七千分一乃至一万四千分一，其极者，仅不过一因吉之十万分一。又西尔载氏细分种种之纤维，其极细微者，须五百倍乃至八百倍之显微镜仅得见之，而其内部之构造，终不能识别，西尔载氏名之为"神经原始纤维"。又奥笃留氏考剧烈之苦痛，由纤维之最微部分继续中绝。又心象之发生，由于觉性，而司觉性者，属神经纤维。据此则心为极微所成，略可推见其端倪矣。

是物固有质，而心亦有质，惟真如则无质之可言（佛家亦谓之空，但虽空，而其物实有，故亦谓之中），故真如无碍之说得以成立，而心与物无碍之说，皆不得成立。盖从其迹象言之，则心为物之精者，而物为心之粗者（于物之中，又自有精粗之别，如爪等则比于肉为粗，故并无痛痒之知觉性也），而从其本原言之，实同一体，不得谓心有一元，而物又自有一元，故唯心论之与唯物论，其究不能不归于一（于佛教之密宗已心物归一）。而心物固有一共同之性，吾人知其有一共同之性，则可为心与物立一公例，曰：不用则敝，过用亦敝，而吾人即可本此定治心之法者也。

附识：

按：佛教所谓真如，以今时学术语言之，可谓之元素之元素。元素之元素，其说能成立与否，今尚未有定论，惟欲以一元论，说明万有之本体，则此说最为可取，故屡为古今学者所唱。古代希腊海雷阿学派（前历五、六世纪时代），以宇宙惟有一实在为真，一切万象差别，皆为妄境。其所谓实在，则无始无终，不生灭，不可割，惟一不二，不变不动，平等一如，与佛教所说同一。又海雷阿学派，以为思想即实在。关于此语，学者有二种解释之不同，一以为思想即实在者，物为妄，心为真，故吾人之心，即天地之本原，所谓众生有如来藏心者，而或学者更进一解，以为吾人之感官，不能知天地之真，惟吾人之思想，知有真之一境。换言之，即天地之真，为吾人所不得而见，惟吾人之心，得而思想之而已。然吾人之心，尚不得直接谓为即天地之本原（但心与物不论，皆从此一本原来，未曾否拒），于佛教各派中，亦含有此二义。所谓真如缘起属前者，所谓赖起缘起、业感缘起属后者，余则取后者之说者。又《庄子·大宗师》篇云："（前略），朝彻而后能见独，见独，而后能无古今，无古今，而后能入于不死不生。杀生者不死，生生者不生（杀生、生生之说，稍与佛教不同，佛教以万有为众缘所生，无杀生者，亦无生生者），其为物，无不将也，无不迎也，无不毁也，无不成也，其名为撄宁。"又《列子·天瑞篇》云："有生不生，有化不化，不生者能生生，不化者能化化。""不生者疑独，不化者往复，其际不可终，疑独，其道不可穷。"又曰："有生者，有生生者；有形者，有形形者；有声者，有声声者；有色者，有色色者；有味者，有味味者。生之所生者死矣，而生生者未尝终；形之所形者实矣，而形形者未尝有；声之所声者闻矣，而声声者未尝发；色之所色者彰矣，而色色者未尝显；味之所味者尝矣，而味味者未尝呈。皆无为之职也。""无知也，无能也，而无不知也，无不能也。"又引《黄帝书》曰："谷神不死，是谓玄牝，玄牝之门，是谓天地根。"其曰撄宁，曰谷神，曰玄牝，曰无为，曰杀生者，曰生生者，虽与佛教所谓真如略异，皆以此为对于万有界之一真体其意同。曰独，即所谓惟一不变，曰无古今，曰不可终、不可穷，即所谓无始无终无际限。曰不生，曰不死，曰不化，即所谓无生灭。以此可略征希腊、印度，中国古代学者，探索万有之本原，其思想所到达点，固有相同者在也（海雷阿学派之开祖巴门兑士大约与释迦、庄列之时代无其先后，惟巴门兑士在希腊学派中甚不显。盖希腊学说极盛，为梭格拉底、柏拉图、阿里士多得诸大家所掩故也）。

雅宾胥尔云：吾人之智慧，不能一时间包括万有，必待先后而后能认识之，是吾人智慧之一失也。又吾人智慧，必待时间之经过，而后能认识其物，故其认识也，不能不零碎的，是吾人智慧之二失也。又吾人之智识，因时间之经过，其势不能无遗忘，苟一时间记忆一物，同时不能不遗忘他物，是吾人智慧之三失也，故吾人之智慧，非精神之本原也云云。今心理学实验意识所能容，同时能至四个以上至十五个。又触觉之印象，同时能至五个、六个，然意识与他种心象若思想等事不同，意识之界限稍宽，如吾人与数人相对，能同时俱上于意识之间，而他种之心象若思想等，则甚有质碍。然虽实验意识能容数个，而心有限量之义仍在，故吾人之心理，当谓之有限的，非无限的。辨别此理，有与一大问题相交涉，即哲学所谓天地之本原，不能不谓之无限的，而吾人之心属有限的，则吾人之心，与天地之本原，其间尚隔一层，不得直接谓心即天地之本原。雅宾胥尔亦注意及此，以为非精神之本原。此事为哲学之一大争点，于佛教主赖耶缘起者，即心与天地之本原隔离之说，主真如缘起者，则以心为直接即天地之本原之说也。

唯然，吾人而欲用心，则养心其最要矣。养心之事，有从生理上以养之者，有从心理上以养之者。阿里士多得分人与动物、植物之界，以为植物之精神，唯司营养，动物之精神，司营养兼司知觉，独至人类之精神，则营养、知觉、思虑三者兼备。从营养之一方以言，即所谓从生理以养之者，亦谓之养生，近时若卫生之学是。卫生之事，为人类之至要，今文明各国，卫生之事日益发达，其事理别为一部分，兹不及具论，而但取其从心理以养心者言之，即直接心自设养心之法，而心自受其益者。今心理家谓情、意两部分之心理与生理相关涉者多，如情怒则面色皆变，情喜则宽舒其颜部之筋而笑，意动则百体亦随之而动而发为行为，惟智一部分之心理与生理相关涉者较少。吾人探索事理，大都联结个个之观念，纯以心理上自相运用，故以心理上之养心为尤切，于古代已以此为重要之一学科，今亦多沿用古法，而其最著者，为佛教之禅定（印度古代尚有种种之法，兹以繁不及陈）。今夫佛教之在今日，当改革者盖多，然其全体，吾人尚认其为有有益于人之事，如养心，亦其教中有益于人之一大部分也。当夫吾人憧憧往来，朋从尔思之际，欲于方寸中觅一宁静之天地而不可得，殆亦可谓人类中一大苦之事，而试一披佛教之书，陡令心清神凝，而俗虑尘念，顿为之一扫，于吾心上实获无量之受用，此不能不颂佛教之功者也。然佛教之输入中国也，大都自西汉以后（周穆王时之说未得确据，秦始皇时之说亦尚在存疑之列），而考我中国古代之文明，亦早发明其理，而可谓为我国所固有之学，如道家其最著者，太史公谈论六家要旨，各有取舍，而独归本于道家之精神专一，为能据各家之上。

  按：太史公谈论六家要旨，其见解甚高，洞澈诸家之利害，固中国有数之言也。其于论儒家曰："儒者博而寡要，劳而少功，然其序君臣父子之礼，列夫妇长幼之别，不可易也。"即认儒家纲常伦理之说为有益，而于繁文缛礼，颇抱不满。余于各家，亦抑扬参半，而独推重道家，以为能兼诸家之长，其言曰："道家使人精神专一，动合无形，赡足万物，其为术也。因阴阳之大顺，采儒墨之善，撮名法之要，与时迁移，应物变化，立俗施事，无所不宜。指约而易操，事少而功多。"又曰："夫神太用则竭，形太劳则敝，形神骚动，欲与天地长久，非所闻也。"又曰："凡人所生者神也，所托者形也。""形神离则死，死者不可复生，离者不可复反，故圣人重之。""不先定其神，而曰：我有以治天下，何由哉？"盖太史谈为道家之人，故其言若是，实然有所见，不得谓其偏于一家之论也。

顾道家之于养心尚矣，又从而考之，非仅道家，儒家盖亦重之，《大学》言定静安虑，诚意正心，而孔门最大弟子为颜子，颜子有斋心之学，至孟子于养心之事，言之尤多，是儒家固有养心之学在。又试进考此学，其发源固始自何人乎？则首当推黄帝。《列子》（《汤问篇》）称黄帝与容成子居空峒之上，同斋三月，心死形废，是实中国定学之始。传黄帝之学统者为道家，而儒家亦用其法，顾儒家之与道家，其所持之理，盖有别，其区别之代表词，一则可谓主敬，一则可谓主静。主敬、主静，宋儒盖断断致辨。观孔子告颜子以四勿，而告仲弓以见宾承祭，则孔教确系主敬，至孟子发明养气之理，为儒教增一特色。盖儒教主现世主义，故以治国平天下为究竟。吾人而果欲治国平天下，先不可不正其身，欲正其身，先不可不正其心，心正则气盛，孟子所谓至大至刚，文文山所谓天地有正气者是也。果如此，则天地敬之，鬼神畏之，尚何生死患难之有？此实儒教之精谊，而今日尚可昌明其说以为世用者也。

　　孟子养气之理，可发明者甚多，昌黎稍有窥见，而其所言极为粗浅，果能发皇其说，则养成刚正伟大之人物，能撼山岳而贯金石，以之扶翊正义，担任危局，当有过于日本之言武士道，而大有影响于我国前途之风气者也。近日维新之士，但知孟子能言民权，能言革命，余以为孟子之功，第一在发明养气，王阳明首取孟子之言良知（孟子良知之说，余尚有驳词），余则首取孟子之言养气，孔子仅言求诚，而孟子独言养气，故言养气之功，自当首推孟子。惟孟子固儒教中人，则谓养气为儒教之一教义可也。儒教之在今日，当改革者甚多，若养气之说，则其中之至可实存者，世固有真能言其国粹主义之士乎？必首能发现及此，治其说而益光大之也。

故若从儒家言之，则凡佛家、道家，流入于清净寂灭者，直可目为异端，而排斥所必不能宽。虽然，若从佛教言之，则世界固认为虚妄，既认为虚妄，则必先除妄而后能见真，寂灭何害（四谛中，灭谛之后，乃有道谛）？彼儒教所排之一分子，正为佛教所取之一分子，从其立说之方面不同，故其立说之趣向亦不同，而各自有其特长之处。故儒教不能兼并佛教，佛教不能兼并儒教。

　　凡宗教各从其所见之一方面立说，故皆有独立性，失其独立性，是即失其教义之根本也。援佛入儒固非，援儒入佛亦非。近日中国言华严派佛教者，硬派孔子为人乘教，又硬派孔子为某某菩萨，谓孔子亦神通显现，非人身，恐起孔子而问之，孔子必不受也。又谓菩萨可以生死自由，故无生死，颜子亦菩萨，曰："子在，回何敢死？"即颜子生死可以自由之证。果如此，则孔子必知颜子为不死者，何以有"吾以汝为死矣"之问？然则颜子不失答，孔子必失问矣。其说之荒唐支离，亦可谓极，于学界真无一哂之价值者也（又主张此派佛教所者说，谓释迦非父母生，释迦之子罗睺罗非释迦生，皆佛菩萨所化现。而以孔子为菩萨，则孔子亦非父母生，伯鱼非孔子生，而孔子之伦理学说直从根本上覆亡。以文化进步若今日，而尚有信是等蛮野顽固之说者，真非夷所思，而中国学者之研究佛教，比之欧美及日本之研究佛教，其幼稚亦已甚矣）。

道家亦然。大抵儒佛道三教兹行于中国（于近时，道教不及儒佛两教，但古代则不然，于汉时可见），而人物亦多出于其中，其教义固各自有别，而其中人物之著者，出于何家不问，而皆知有养心之理。略举之，诸葛武侯云："淡泊以明志，宁静以致远。"诸葛武侯，道家中人也。宋儒性理之学，实为道儒佛三家和合所产出，固无一人不注重于心理者。明之王阳明亦然。近时若曾文正亦主静坐之说，曾儒家中人也。其佛教中人以禅定为专修之学科者勿论。是固三家皆重养心之证也。若夫养心之事，略可分为二部：一理论，一方法。道家之理论过于儒家，顾儒家不传方法，而道家之方法，亦多为世人所不知，惟佛教之关于养心也，理论既富，其方法亦易可得而考。略举其书，有若《摩诃止观》（《圆顿上观》）、《六妙门》（《不定止观》）、《释禅波罗密》（《渐次止观》）、《小止观》（中国撰述）、《坐禅用心记不能语》（日本撰述），（以上均汉文）。又日本文有坐禅讲义数种，其方法略已具矣。而观朱子与黄子耕书云：伽趺静坐，目视鼻端，心注脐下。则朱子盖取用佛教之法者。又《王龙溪集》中言调息之法，是王学派亦取用佛教之法者。惟佛教之方法虽具，然若坐禅等事，尚不能不择地，而于人世辐凑之中，亦多有不便者在，是又不能不于坐禅之外损益改变，更立一简便之法而用之。夫以今日世愈文明，则吾人所接之事愈多，所接之事愈多，则吾人之用心也愈甚，用心愈甚，则养心之事，愈不可不重，盖无以养之，则将无以为用之之地也。

所谓简便之养心法者，余尝历试道家之服气，佛家之调息，及密宗之三密手印（密宗以此为有净心定身之功能，其法有图说，但余试之殆无效），等而更立一法，取其易行而受益多者，略如下：半趺坐，或全不趺坐，但整齐其肢体，用心理中所谓脑之制定力，断绝思虑，压抑一切观念，使销沉于意识之阈之下（意识之阈，本心理学大家赫拔特之名，赫拔特言心分为心之静学、心之动学，凡吾人之观念不能全灭，抑压销沉不上于吾人之意识者，名为在意识之阈之下，观念以得机会运动生起现实于吾人意识之间，名为在意识之阈之上）。然其时虽无思虑，而把住不思虑之痕迹？仍在（一境），渐入深际，令把住不思虑之心，亦俱灭去，而入于哲学家所谓爱古达希斯之一境（或义译为消魂大悦，一切感觉皆无，全脱出物质界，而入于天人合一之境。哲学家多以此为最高之幸福），物我皆空，一无所有，而感一种之快味（一境），是一简便法也。又若欧美所行之注视时辰表数分时，是亦一简便法之可取者。

心理学言脑有一种制止力，亦谓之脑力消极的作用，即遇一外来之刺激，脑出其力而制止之，使失其刺激是也。例若今有受人之辱，不堪愤激之情，然其人或势力甚强，自知必不能敌，于是熟考利害，自抑制其愤激之情而不发，而此抑止之事，须用几多之脑力，故亦以此为脑一种之作用。大抵脑力优者，其制止力愈强，而劣等者反之。试以一小蛙，取去其脑，而不令与外物接触，则蛙已绝无运动，若以外物刺激之，其肢体突然跃动，以同此刺激，试于有脑之蛙，其跃动反不如无脑之蛙之甚。又若吾人当睡眠而不用其脑髓之时，或脊髓之一部麻痹，试以外物刺激，直变动而起痉挛者，事所屡见。若不睡眠，不麻痹，而当脑髓活泼之时，则虽有外物刺激，不甚显其反动之性，有时其刺激或全从脑中消失。彼若神经过敏症（见影而生恐怖，闻声而起惊悸，其病甚者惹起种种之幻觉，若疑有鬼，疑人之将杀已是也）、癫狂症，皆脑失其制止力之本性故也。观心理学家云云，则知古来所谓喜怒不形、宠辱不惊，当仓惶急遽之时不动声色。又若报大雠、守大节者，无论何等之苦痛，皆能忍受。又若贫困患难，人所难堪，而君子独能不怨不尤；又若圣贤所谓惩忿窒欲之功，凡人格上之美德，本于脑有制止力者盖多。而吾人之于心，缘延憧扰，欲断绝思虑之群，其难如断藕丝，亦非借此脑之制止力不为功。然其始也，以脑之制止力治心，而习用既久，则又能增长脑之制止力，而制止力且因此而养成，是又一循环受益之事也。

附《中国古代之定学考略》：

自佛教入中国，译其书始有"禅定"之词。"禅"者，梵名禅那，正言驮延那，意译静虑，静寂，思虑之义，而"定"为中国之固有字，故"禅定"之名，实合梵汉二字而成。夫"定"既为中国之固有字，然则中国古代亦有定学之可考乎？曰：有之。于儒家之书《大学》云："知止而后定，定而后能静，静而后能安，安而后能虑，虑而后能得。"顾于其间有可疑者，儒家不言静，汉时道家盛行，此非汉人糅合道儒两家之言而为之者乎？此姑不具论，要取以证我古人之知有定学而已。又孔子弟子中，以颜子为最，昔人尝怪颜子在圣门，无他可称述，而孔子誉之特甚，求其故而不得。余谓孔子称颜子"三月不违仁，其余则日月至焉而已矣"。"三月不违仁"，是即颜子之定力为门弟之所不能及也。又道家亦称颜子，《庄子·人间世篇》云，"颜回曰：'吾无以进矣，敢问其方？'仲尼曰：'斋'。颜回曰：'回之家贫，唯不饮酒、不茹荤者数月矣。若此则可以为斋乎？'曰：'是祭祀之斋，非心斋也。'回曰：'敢问心斋？'仲尼曰：'若一志，无听之以耳而听之以心，无听之以心而听之以气，听止于耳，心止于符。气也者，虚而待物者也。唯道集虚，虚者心斋也。'颜回曰：'回之未始得使，实自回也，得使之也，未始有回也，可谓虚乎？'夫子曰：'尽矣。若能入游其樊而无感其名，入则鸣，不入则止，一宅而寓于不得已，则几矣。（中略）闻以有翼飞者矣，未闻以无翼飞者也，闻以有知知者矣，未闻以无知知者也。瞻彼阕者，虚室生白，夫徇耳目内通而外于心知，鬼神将来舍，而况人乎？'"（中略）又《大宗师》篇云："颜回曰：'回益矣。'仲尼曰：'何谓也？'曰：'回忘仁义矣。'曰：'可矣。犹未也。'他日复见，曰：'回益矣。'曰：'何谓也？'曰：'回忘礼乐矣。'曰：'可矣。'犹未也。他日复见，曰：'回益矣。'曰：'何谓也？'曰：'回坐忘矣。'仲尼蹴然，曰：'何谓坐忘？'颜回曰：'堕枝体，黜聪明，离形去知，同于大通，此谓坐忘。'"由是观之，孔门弟子三千，有学伦理者，有学政治者，而能知心性天道，则惟颜氏之子而已，此儒家之定学也。而道家之于定学，其言尤详，兹省其关于理论，而举其有事迹之可考者。《庄子·应帝王篇》（《列子·黄帝篇》略同）云："郑有神巫曰季咸，列子与之见壶子，出而谓列子曰：'嘻！子之先生死矣，弗活矣，不以旬数矣，吾见怪焉，见湿灰焉。'列子入泣，涕沾襟以告壶子，壶子曰：'乡吾示之以地文，萌乎不震不正，是殆见吾杜德机也。尝又与来'明日又与之见壶子，出而谓列子曰：'幸矣，子之先生遇我也，有瘳矣，全然有生矣，吾见其杜权矣。'列子入以告壶子，壶子曰：'乡吾示之以天壤，名实不入，而机发于踵，是殆见吾善者机也。尝又与来。'明日又与之见壶子，出而谓列子曰：'子之先生不斋，吾无得而相焉，试斋，且复相之。'列子入以告壶子，壶子曰：'乡吾示之以太冲，莫胜，是殆见吾衡气机也。鲵桓之审为渊，止水之审为渊，流水之审为渊。渊有九名，此处三焉。尝又与来。'明日又与之见壶子，立未定，自失而走，壶子曰：'追之。'列子追之不及，壶子曰：'乡吾示之以未始出吾宗，吾与之虚而委蛇，不知其谁何，因以为弟靡，因以为波流，故逃也。'"以上云云，从道家言之，当谓之胎息术，与佛家之坐禅不同，此姑不具论。要之，以古代练习精神之学，而概称之为定学，殆无不可，此道家之定学也。而进而考之，则此学实始自黄帝。《列子·汤问篇》"黄帝与容成子居空峒之上，同斋三月，心死形废"。又《黄帝篇》"朕闲居三月，斋心服形"云云是也，黄帝诚中国文明开始之祖也。中国古有是学，而无专名，乡吾欲名之为"斋心学"，顾立一新名，语未驯熟，而"禅定"之词已惯用，"定"为中国之固有字，故即欲名其学为"定学"。呜呼！中国古多绝学，定学其一也，今其学虽废弃久矣，然亦数我国学术者所不可不知也，因略考而识之。

夫养心既若是要矣。虽然，若徒知养而不知用，则又未有不受其弊者也。余尝见有佛教之徒坐禅数年，然一叩以天地之本原及对于人生观、世界观之理论，或茫然无所知，亦或有能言一宗之学，能持一家之说，而其所知之范围甚隘，叩以东西学说，亦复毫无所闻。推其故，不过如愚夫妇之心慕成佛，而执成法以求，非求开悟，而自瀹其智识之源。然则置其人于学者之场，尚不免愚蒙等讥，而谓学识不能逮人，而独能成道，亦可知其无是理矣。来布尼士以得明白之知识，为宗教所不可缺者，盖谓此也。且夫吾人之心理，决不能无观念之来集，然圣凡之所以别，惟在对于观念，有孰者保守、孰者弃去之不同，盖观念之与观念，亦各各互试其竞争，当夫一个之观念，独占优势之位，则其余之观念，沉坠消退，若天文上有隐失之恒星而不复见者然。例若富贵功名之观念强，则穷理致知，无所为而为，以求真正之学问之观念消（凡真正之学问，多属无所为而为）。反之而穷理致知，无所为而为，以求真正之学问之观念强，则富贵功名之观念消。人徒见其品格之不同，而不知只由心理上之观念，孰者保守，孰者弃去，一自然淘汰之结果而已。然则欲见道不可不先求道，时时有一求道之观念往来于胸中，而后此一个之观念独强，而于此观念之一系统，组织而整理之，方能有豁然见道之一日。若一无观念，则其人且等于木石，无论其于道无所见也，且恐其以无求道观念之故，而或为他观念引之而使去。吾尝考佛教婆沙论之教义，其于实践也，实立智力与禅定，以两者为必不可缺之要素。盖世俗之烦恼，非慧不能断，而本原之真理，非定不能悟（以四谛论之不知苦集者，自不能入灭道），故曰定慧双修者此也。此其理亦取譬于生理而易明，夫吾人之于生理也，运动之余，必继以休憩，休憩之余，复起而运动，由运动而休憩，其休憩也，能收回复之功，而其力以屡用而不穷。由休憩而运动，其运动也，能振奋发之机，而其气以再接而愈厉。不然，而拱手长袖，终身不费丝毫之力，则其筋力之脆弱也益甚，生理然，心理亦然。且夫以进化之理而言，凡万物之器官，莫不以有所用而强，以无所用则萎缩，而渐至于销失。例若在美国暗洞中一种之鱼，以其地为光所不至，而不必用目，遂至其眼睑之痕迹销失，而至于无目是也。又若吾人人类，当原人时代，尚以为避风雨居林木之故，而体有厚毛，然至今日，则毛已渐细，而无厚毛，与他之动物异，则以其不必有毛之用而然也。此其例于进化学者举之甚多，不具陈。然则人而有不用其心者乎？积久则灵智销退，而将复返于蠢然之列。今夫田野之人，其体力常过于研学之人，然而一至用脑，遂不能及研学之人，盖一则常用其脑而精练之，一则不用其脑而弃置之，故也。今卫生家常限定一日用心之时间，然或游嬉怠惰，无所事事，至一二月之久，则认以为大有害于脑之事，而切戒之。故以为用心而不可不养者是也，若以为养心不用，则更大有益于心，是又误之莫大者也。

唯然，吾人之于养心用心也，其法亦略可得而举之。一曰集中，余尝见画马，状其腾骧超跃之概，恍然有悟于动物之能力，其心理亦自有一集中之所，若马，其能力之所集中者蹄也。推之而牛之能力，其所集中者在角，象之能力，其所集中者在鼻，余可以是类推。而人之与万物异者，其集中之处，不若马之在蹄、牛之在角、象之在鼻，大抵其所集中者，不在于五官四肢，而独在于脑，此人之所以灵于物也（野蛮人尚有集中于五官四肢者，如土番中人多有视觉等殊绝于人之处，至文明之人，大都官骸之能力日以减退，而于脑之能力日增），顾人既以脑为集中之府，而世愈文明，则事事物物须脑力以考察研究者亦愈多。吾人欲尽举事事物物考察而研究之，则脑力又不足于用，于是乎用心之道又进一级，而分业法出焉。盖上古时，所谓形而上学与夫天文之学，凡百人事之学（如政治、伦理等学），物理之学，无不以一人任之，如中国周秦时代，希腊梭格拉底、柏拉图时代，无不皆然。嗣后以学术有进，若物理之学，早与形而上学脱离，而自为一科焉，浸假而物理之中，又自各各分立而自为一科焉。若伦理学、心理学、政治学等，本多属于哲学之中，而亦各各自为一科，而新学科且日出而靡有穷。要之，学日益精，而分科亦日益细，吾人于此，除普通学为共学之学外，而其余专门之学，学彼者不必学此，学此者不必学彼，于此学为专门，而于彼学辞为不知，非耻也。于彼学为专门，而于此学辞为不知，非耻也。希腊自阿里士多德氏，已具学科分立之形，而开泰西今日学科之门径，而中国于学科分立之思想，发达极迟，学术之不进，未始不由于此。夫社会不分业，则耕且织，织且耕，而社会终不能脱幼稚之习惯，学术不分业，则学者万能，必至万不能，而学界亦终不能离浑沌之状态（近日最刺谬无理而可笑者，如医者悬牌必曰"儒理方脉"，此事已大为外人所讥嘲。夫儒自儒、医自医，孔子之书言伦理道德，毫无与于医家生理解剖之事。若但读儒书，虽尽通十三经之大义，于医道固门外汉也。方脉上而加以儒理，真可谓奇，而实则由于不知学问之道故也）。盖吾人之精神，必以倾注于一物而后有用，不如是则将失之广泛，而固无以收心理集中之效故也，又非独分业而已，而于时间，亦必分而用之。古人有言，读《书》时如无《诗》，读《诗》时如无《书》。余友陈君公猛，尝谓人不可不画格，自某年至某年，定为修学之期，自某年至某年，定为办事之期。余深服其言，以为必如是而后于学问有成就之一日，于事业亦有成就之一日。不然，则一心方欲求学，而一心又欲办事，一心既欲办事，而一心又欲求学，势必学与事两者皆失。夫左手画圆，右手画方，则方、圆两不能成者，固吾人之所知。何则？吾人之心理，于同一时期之间，既注于此一方之手，不能复注于彼一方之手故也。近时之伟人若曾文正，其生平之所长者，无他，凡作事、行文，必先定一格律，而后以全力注集于所定一格律范围之内，其事业、文章，能杰出于一时者，得力实即在此。曾氏即可谓画格主义之一代表者，而欲分时间以求心理之集中，盖可取以为法者也。此集中之理，而为养心、用心者所当知也。

一曰习惯。习惯者，心理学家所谓由生物之可型性而成，盖由外界事物之刺激，从感官而进入于脑中，而又从脑中出其命令，以授于百体，如此一出一入之间，于脑髓中一通路形成，积久反覆，此脑髓中之通路渐深，自有一种之规律，而所谓习惯者成（以上本心理学家舍温示之言）。今夫一纸也，折之久则所谓折痕者成，虽欲改变其折痕，而有所不能。人之于性也亦然，惠灵顿曰："习惯者，第二之天性，习惯之力，十倍于天性。"诚哉。是故吾人有一极大之要义曰："习惯不可不慎。"盖习惯者善恶未定之名，习于善则善，习于恶则恶，吾人若常饮酒，则饮酒之习惯成，若常读书，则读书之习惯成。凡于一生，于家庭，于国家，于社会，莫亟于养成一种好习惯，于不言不语之中，而自能遵此轨辙而行。而当此习惯养成之始，必有赖于教导勉强之功，如人当幼少之时，其知识不能知何者为当行不当行，则父兄师长，代为撰择其当行之事，而授以格律，久而习惯既成，则虽听其自由，自能不逾矩而赴其所向。凡学校之教育，即大半养此习惯者也。又若吾人欲新造一善良之习惯，当其初，不能不出吾脑之裁制力以督励之，而常觉其事为甚苦。然几经缲返之后，虽无脑府之命令，而自能发动其一定之机关，若受催眠术之暗示者然，某时某时，尔必如此如此，则至其时而自为如此如此。故习惯者，实为吾人用心定一最简逸之法者也。若吾人而无此习惯乎？则对于所为之事，常茫茫然而不知取舍之何从，若弃置而不为，则其心流于逸荡而不能收，若欲择一事为之，为甲乎？为乙乎？为丙乎？则吾心已不免憧扰之来。故不养习惯之作事也，如驭不素习之马然，人与马性不相知，倔强愤张，而自无驾轻就熟之效。又若久不作字，则腕常苦其不柔，久不讴歌，则喉常苦其不调，牵强扞格，其劳心盖莫甚焉。且夫吾人每日必起，每夜必睡，此人人皆同之习惯，几若其中别无深理者存，然人之所以能保其百年之生命者，实赖有此之一习惯。设或有人睡起无时，或经数旬之睡而不起，或经数旬之起而不睡，则不久而其人可以即死（但动物不能以此为例，有冬眠动物，如蛇、蛰虫等是，有夏眠动物，如热带下有一种之爬虫等是。然彼亦自有其习惯，若失其习惯，则彼亦必死也）。是则吾人之生理必借有一定之习惯以保存之，吾人之心理，亦不可不有一定之习惯以养育之。无习惯而于心必遇种种之烦恼，有习惯而于心实得种种之安易，此习惯之理，而为养心、用心者所当知也。

　　按：习惯说之初发明者，为希腊之阿里士多德氏，当是先，梭格拉底以为人之所以有德者，由于其人之有智识，而唱智德合一论。至阿里士多德，以为智之作用，仅能发动吾人之意志而止。人之所以有德者，必先练习其意志，实行善事，积久而有善行之习惯，是即德之所由成。据阿里士多德之言，则所谓德者，即一种善行习惯之结果而已，是固伦理学上有价值之言也。

凡夫养心、用心之要略如是，至其细目，例若关于习惯者，每日睡眠几时，运动几时，勤务几时，而又何时必睡，何时必起，何时当为何事，有人人可同此规则者，有不能人人相同，而各当因其人而自立规则者，则此篇盖不及详也。

或曰：此言养心用心也，以古义言之曰心，以今义言之曰脑。然则曷勿立题为养脑用脑也？曰：是固然，然有说焉。夫当古昔之时，人多未识脑为人生最贵之物，而多以心为人精神之中枢，此证于诸国语而可知者。自西纪前四百五十年时，希腊医家阿尔古美翁始认人之知觉在脑而不在心。或曰此说始于希腊医家碧波古拉台士，碧波古拉台士较阿尔古美翁为稍后，今二说未知其孰是也。而柏拉图以下等知觉之作用归于心，高尚理性之知觉则归于脑，然阿里士多德以博物著称，兼长于医学，反维持古来之心为觉府说，而以脑为不甚贵重之物。及至近时，以生理学、解剖学之发达，经种种之实验，知司灵觉之枢要部，在脑而不在心，其说已碻凿而不能易。然吾人于言语文字间，有时或指知觉，或指思虑，或指神魂等事，仍多用心之一字，而不言脑者，盖心之义，大有广狭之分，于英语，有 Mind 与 Spirit 与 Saul。其 Mind 者，指人之心灵，Spirit 者犹言精神，Saul 者，灵魂之义。于梵语，一纥利陀耶，即肉团心，所谓心脏也；二缘虑心，通心王心所，能缘境者；三质多，或质多耶、质帝、波茶，集起之心也；四乾栗陀耶，坚实心，真实心，真如之异名也。于心之中，又或分意与识，有过去名意，未来名心，现在名识。又心是种族义，意是生门义，识是积聚义。又心法或名为意，或名为识，集起名心，思量名意，了别名识之意。而佛教与哲学，大都于心之一语，包赅甚广，自指吾人之人心，以及天地之本原，多以此一语括之，而不甚区别，如唯识之所谓前五识者属感觉之心，六七识者属思虑之心，至第八识以上，属指实在之心，即为天地之本原者是。

  按：心字如此广用，其间察别大，足为学者之困难，稍一不慎，而于理直有毫釐千里之差。然于佛教、于哲学，何以不设区别之辞，而用语如此其混同者，此近日哲学上一问题也。

要之，心之一语，其所包举之区域，有生理的（最狭之义，即肉团心），心理的（知觉、思虑等，今心理学之智情意也），本原的（形而上之实在，即天地之本原），其属生理的者，今可以脑字代之，其余均非仅举脑之一字所能代。今本题于天地本原之所谓心者多无涉，而又非专指所谓生理的，实多指所谓心理之心，而稍有牵连于生理者而言。故窃以为若仅用脑之一字，或不免使人起生理之概念（若欲言心理上之事，有时仅用脑之一字，不能不再用思虑等字以表白之。盖脑为思虑之所自出，而脑固非思虑也），不如仅用一心字之为当，盖以心字惯用之故，人人见一心字，而即能起心理之概念故也（谓心字未妥，固当然，学术上未妥之名词盖多，当由学术之进步，渐渐于术语上改良，今不能突创一新名词，故不能不取惯名词，用之耳）。

附识：

　　神经自性之营卫　吾人神经之作用也有二：一兴奋的作用，一制限的作用。而其作用皆由于分子，由其分解之不同，而从复杂易分解之化合物，变而为简单难分解之化合物，则神经中之潜势力现为显势力，亦称积极的分子所为之事。又从构成组织神经简单难分解之化合物，变而为复杂易分解之化合物，则显势力消失，而贮为潜势力，亦称为消极的分子所为之事。故神经物质之分子者，于一方，以兴奋之作用，破坏分裂，而发现其显势力。于一方，又以制限之作用，而补足其破坏分裂，组成神经之物质，使复旧态，而蓄藏其潜势力，而神经细胞，实为组成神经成分之制造处，由神经细胞运送其贮藏之潜势力于神经纤维，而燃烧成分（热亦分泌、筋肉收缩等事起以此，故脑中须燃烧料，如磷类者甚多），以发为显势力之作用，而神经细胞，又恢复成分，而养成潜势力，以供其用。故若神经纤维，其起点从神经细胞切断，则神经纤维，次第失其成分，以不受中心部之供给，遂至其成分不能恢复，神经细胞，盖实可称为营养神经之神经。神经细胞之部分又有二，一周围部，一中心部。周围部与兴奋之神经连络部则专为作成神经主要成分集潜势力之处，由此中心部作用之盛衰，其影响及于神经全体。例若中心部以久休息之故，而贮藏其潜势力多，则中心部与其连络之神经纤维势力充足，而兴奋得以强盛永续。又当其传送成分之时，相接近之中心部以得交换其势力，而一局部之中，容受其附近之潜势力，其作用又得而增进，此神经休养之效也。又神经细胞以兴奋长久之故，其变化今尚不能详言，惟据学者考得后根之神经节细胞以久兴奋之故，细胞之核及原形质收缩，核之外形不规则，其细胞收缩之度，平均百分之二十四乃至三十六云。据此，则知心之用养，实互相资，而欲用心者，不可不先养其心，其理固甚明也（上多据翁特氏生理的心理学之论）。

识野过大之病 凡才智之人，于向道之一方，既欲功名，又欲事业。既欲事业，又欲道德、学问、文章、艺术种种人世间可尊可贵之事。于向俗之一方，既欲宫室，又欲舆马，既欲舆马，又欲妻妾、衣服、饮食、玩好种种人世间可乐之事。多则欲二方之事，一人而兼有之，此所谓识野过大之病也。不知吾人之精神为有限的，非无限的，故以所有之精神，集注于一二事，则事得以有成。而以百千万亿无量之事，劳吾之精神以营之，则作为之限过吾精神之限，而吾精神之所不至，则事之败机，固已伏矣。爱博不专，务广而荒，此固昔人之所屡以为戒者也。盖吾人意识有欲占领之区域，亦如国家有欲占领之土地，国家之欲扩张其土地也，不可不有财力、兵力，以副其后。若财力、兵力之不能济，往往有贪土地广大之故，而招覆亡之祸者。故吾人之精神，亦当自衡量其程度，苟为吾精神之所不及，则吾意识所欲有之版图，不能不加以制止，而缩小其识野之范围，即对于种种之所欲为之事加以撰择，有所取即不能无所弃，如此则心豫神完，气充力足，而于事可期其有成矣。大抵愚鲁之人，多犯识野过隘之病，而才智之人，又多犯识野过大之病，此当自省而药之也。

按：拿破仑之败，即犯识野过大之病者。夫以拿破仑具不世出之才，尚以识野过大之故，而不免于败，而况才之不如拿破仑者乎？此固于英雄心理学中所当知之理也。

老子之面影

原载《新民丛报》第69号

老子之像世不传,传者亦非真,虽然,老子之面影固跃跃在吾之心目中。

老子者,尚柔贵愚,意其为人,必刓圭角,去崖岸,浑浑然侪俗同众,若无意气者然。此人所想象之老子也,顾以余所见之老子则不然。

老子者,实视己甚高,视人甚下,其兀傲之状态,举当世之贤豪,若皆不足当其一盼者,试征之。《庄子·天运篇》云:孔子行年五十有一而不闻道,乃南之沛,见老聃。老聃曰:"子来乎?吾闻子,北方之贤者也,子亦得道乎?"孔子曰:"未得也。"云云。曰:"子来乎?"一若憾其来之不早者。曰:"子亦闻道乎?"则知其尚不闻道之反辞也。又《天道篇》云:孔子西藏书于周室,子路谋曰:"由闻周之征藏史有老聃者,免而归居,夫子欲藏书,则试往因焉。"孔子曰"善"。往见老聃,而老聃不许,于是翻十二经以说。老聃中其说,曰:"大谩,愿闻其要。"孔子曰:"要在仁义。"老聃曰:"请问何谓仁义?"(中略)又曰:"不亦迂乎?又何偈偈乎揭仁义若击鼓而求亡子焉?意夫子乱人之性也。"云云。古者以藏书为寿书,今者以出版为寿书,藏书于天府,不能无介绍。老子向为守藏史(《史记》:老聃,周守藏室之史也。《索隐》:藏史史,乃周藏书室之史也。老子为柱下史,即藏室之柱下,因以为官名),时虽免官家居,然以老子之硕望,于藏书许可与否之权,当尚有之,故孔子欲往因焉,而老子不许,盖直为其所覆绝者,意其时,老子既不允孔子之藏书,而孔子之书,亦屏而不阅。故孔子翻十二经以说,而老子中其说曰:"大谩,愿闻其要",盖不待孔子之毕其说,而老子已嫌其烦而不耐听。及孔子举其要,而老子又斥之曰:"不亦迂乎?是乱人之性也。"则视孔子之书,固一无价值者。孔子之书,为后世所崇拜,而乌知老聃若是其蔑视之也。又《史记·老子传》:孔子适周,问礼于老子,老子曰:"(前略)去子之骄气与多欲,态色与淫志,是皆无益于子之身。"何其言之切直也!又《庄子·天运篇》云:孔子见老聃,归三日不谈,曰:"吾乃今于是乎见龙。"子贡曰:"赐亦可得而观乎。"遂以孔子声见老聃,老聃方将倨堂,子贡曰:"夫三王五帝之治天下不同,其系声名一也,而先生独以为非圣人如何哉?"老聃曰:"小子少进,子何以谓不同?"对曰"……"(中略)老聃曰:"小子少进,余语女三王五帝之治天下。"云云。子贡称老子曰"先生",而老子呼之,一则曰"小子",再则曰"小子",曰'余语女'。夫子贡之贤,固不及孔子,又为孔子之弟子,其年齿稍后,然老子之尊严,亦已甚矣。又《庄子·寓言篇》云:阳子居南之沛,老聃西游于秦,邀于郊,至于梁而遇老子,老子中道仰天而叹曰:"始以汝为可教,今不可也。"阳子居不答。至舍,进盥漱巾栉,脱屦户外,膝行而前曰:"向者弟子欲请夫子,夫子行不闲,是以不敢,今闲矣,请问其故。"老子曰:"而睢睢盱盱(注:跋扈之貌,人将畏难而疏远),而谁与居?大白若辱,盛德若不足。"阳子居蹴然变容,曰:"敬闻命矣。"其反也,舍者与之争席,云云。《列子·黄帝篇》亦载此事,词句略同,而阳子居作杨朱。按,阳子居自称弟子,而称老子为夫子,是固师弟也。然老子之为师,又何其峻严乎!以吾辈今日观之,睢睢盱盱之象,宁属诸老子而非阳子。又《庄子·天道篇》云:士成绮见老子(前略),老子漠然不应。士成绮明日复见(中略),士成绮雁行(犹今日官场之侧行)避影履行,遂进而问修身若何。老子曰:"而容崖然,而目冲然,而颡□然,而口阚然,而状义然。"云云。士成绮固非老子弟子,而老子或不应,或真言切责之,至于雁行避影履行而请教,老子之尊责固何如也!是数人之中,惟士成绮今不可考,而若孔子、若子贡、若阳子居(从《列子》当杨朱)固当世佼佼之学者,而老子毫不假以辞色。虽曰老子之年德闻望在数子之上,固无所用其谦退,顾以余所见,此决非以年德闻望较尊之故而然。而欲征此为老子之真性行流露于举动词气之间,而诸书摄其痕影,今取以当二千余年前一老子之照像可也。

顾于此有不可解者。苏东坡诗云:"人情贵往返,不报生祸根。"吾辈入世之最苦者，无入世之气骨，而于交际往来之间，不识不知，已隐招他人之嫉忌，若行老子之态度，举国之人不必约而皆以为可杀。然观老子之待孔子诸人，非特诸人之不存蒂芥于其心也，且莫不致其尊敬之诚。虽曰若孔子诸人，断不类世俗之徒，于应接之礼貌稍有未周即大抱不快，反颜而肆其讥諆。盖以道德之砥砺为重，则待遇皆属外貌，而非其所计及，然世俗之仪文，贤者可以度外置之，而感情之惬否，亦为贤者之所不能免。如哲学大学斐伊台之初见康德也，以康氏待遇之冷淡，与其平日想望康氏之热诚，得一反应性之戟刺，遂不免生失望之意。夫康德于并世之斐伊台氏，亦犹老子于并世之孔子诸人等，而人之对于康德，尚有失望之事，而老子绝不闻有是也，是则老子犹龙，真非吾人所能测。虽然，必幸而施诸贤者则可耳。

斐伊台氏之哲学，初研究斯秘挪莎之说，后读康德之书，大喜，于思想上全受其感化，平日敬重康德甚至，然固未曾谋面也，及初次得见康德，方以为握手倾心，必有彼此相见恨晚之概，其交好有不知达于若何之热度者。然康德待之殊落寞，大与斐伊台之初意相反，遂不免有失望之意。盖康德为人冷淡严正，专倾心于学问，既不尚世俗应酬之文，亦不解英雄牢笼之术，率行其故我之真，而斐伊台氏饥渴太甚，以热性过高，遂至遭冷性而生反感，此其失望之所由来也。然斐伊台氏不以此失敬礼康德之心，仍结亲交，而以学问相质，康德亦渐敬斐伊台氏学问造诣之深，往复切磋，两人卒为莫逆之交云。

或曰：老子之待孔子诸人，知其为贤者也，故率行其本性，若其对于世俗，其状态必一变，而应用其大智若愚、大巧若拙之情，此其所以能免世祸也。顾如此，必以老子为两面人，而极娴于世故也者。以余所见，则断为人之气质，实具有一种之固定性，苟非其性之所固有，虽学之亦不能似。彼老子者，或亦以其性状之不能改，而遭当世之仇恶者必多。顾老子者，见解至高之人也，彼知其如此而足以攖世祸，故处于避世离俗之地，凡名誉富贵，一切不与人争，既与世俗绝缘，则世俗之祸害，亦自无因而至，所谓尸居渊默，老子盖亦几经阅历，乃择此一境以自处也。且老子学说，贵柔尚愚，此必身亲遇夫刚之足以遭忌，智之足以蒙谤而然者。盖人之学说，不能无所借而发生，必内之本于其身之性行，与外之遭夫当世之境遇，而于两者关系之间，发现其种种事故之理由，而后乃能发舒其一家之说。换言之，学说者，即我与世相感受、相冲突，从而得一种经练之产出物也。老子虽圣，其见识之所由来，必不能免此例。故余益欲断老子实为极智而不能下人、极刚而不能容物之人，而贵柔尚愚，实由于其刚智之反向而来（恐老子虽言贵柔尚愚，而实未尝行，故不得已出关而逃去），盖即老子入世所得之哲学也（哥逊氏谓哲学，必由于观察事实，事实者，供给哲学家思辨之材料也，可取其言而参观之），窃欲与论老子者共参之也。

一哄之时代，研究之时代

原载《新民丛报》第69号

中国自言新学新法以来，显出一国民性之弱点，而有碍于进步者，则思想力之浮浅而不能致密是也。

余尝为赴演说，拟言义务与权利，因先检查学者各说，融以己意，制为腹稿。及期，当开场之际，不先不叙述一冒头，因略言有义务则有权利，有权利则有义务，两者相连而不能离，如物之有表必有里，有里必有表。众大喝采，私心窃喜，以为浅处尚如此，以下精深之处，必大博众人之赏赞矣，乃更进一层而说明其理，因言古来学者，于此事学理上之解说，各有不同，而欲审定两者主从之所在，有言义务尽而后有权利者，有言权利备而后有义务者，有言权利义务无先后之分，于两者之外，有一根底者存，而后两者乃从而发生焉。剖条析理，苦为分明，以为是必足动众人之注意，而惊为凡一学说，其内容固有若是其深宏者。然一堂默然，徐而察之，则众皆欠伸欲睡矣，不觉大骇，兴味尽扫，不及发明己见，复说向浅处以终其局。夫以余之心难耐细，常恨以为不宜于研求学理，而不谓众人之中，乃有比余而更不能耐细者，虽未可以此概全体之人民，然固可略推我国人头脑简单之一斑也。

今夫以小儿见之心理言之，予以纸花与予以黄金，彼必取纸花而舍黄金。盖纸花能引动其新奇之心，而黄金之作用复杂，为小儿所不解，以为是固毫无趣味之物也。若成人之心则不然，如购一物，好看、耐用、适体、省费，必经智识上之选择，而后取舍之权衡始定。而以观我数年来所谓维新之程度，实不过眩异惊怪，仅有一种感官上之冲动，而于理之原委、事之异同，实际上之智识毫无进步之可言。夫以此在数年前犹之可也，以为维新之初境，不能不如是，能如是亦已足矣，然岁月日进，而心思不随之而俱进，则有大可惧者。何惧乎尔？惧夫所谓新学者，卒与我国人之头脑不相近，而将无以收其成功也。

如数年前有能言民权自由者，不能不许其认为异才，然在今日，能言此者，曾何足重。如言自由，必进而求其泰西于近世纪言自由而能收其效者，其原因何在？而其说果宜于中国乎？不宜于中国乎？行之中国而其利何乎？其害何乎？从其所观察、所解剖，而其言之价值可定。若仍如数年前言囫囵之自由，则其智识上之无进步，可知已矣。

我国人思想力之不能进步也，其故尚不能深知，大都其弊由于八股。八股者，置重于词句格调之间，以此为评品优劣惟一之标准，而于义理之高下，初非其所过问。试观中国之八股史，以义理言，非独后人不能胜夫前人，实则前人反胜后人，而于词句格调之间，则日日翻新，一新花样出，而众人之人耳目为之一耸，相与激而赏之曰："此奇文也，美作也。"昔以此论八股，今以此言新学。吾观泰西近世纪之所以进化者，学者竞胜于义理，而思想日进一日故也。中国近世纪之所以退化者，学者舍弃其义理，而思想日退一日故也。此其原因上之一大区别也。

夫然而其影响乃见于今维新之时。试观数年以来，我国之维新界，果有一何事之成就否乎？无有也。盖一切新学新法，其条理皆极繁密，其原委皆极复赜，而非贯通其条理，洞达其原委，遂无一事之可以告成，而此固为头脑简单之人之所不能入也，则遂欲厌而弃之矣。昔叶公好龙，及见夫真龙之至也而逃，今之言新说者，其能不如叶公之见真龙而逃者，果有几乎？是固可以断新党大半之性质也。

或问药思想之粗浅，当以何法，苦不能答。无已，其必先治论理学乎。

夫维新数年，既不能成一事，然则其致误之道何乎？改良之法又何乎？不能不求近数年史之一批评，而时势神则批评于其后曰：宜自一哄之时代，入于研究之时代。

凡学理之应用，必先审察其事情状态，与其种种相关系之故，定一适用之方针，而后良好之结果生。若失其用之之宜，则学说之高下不问，未有不利之不能得而反因以致害者。此学者所公认之理，而常唤人之注意者也。故真欲维新，不徒贵知有何种何种之新学说而已，尤必讲学理应用之术，是则非入于研究之范围中固不可也。夫不经研究学说之不可应用，此则可举自由之说而略推其一端矣，盖有闻自由之说而狂喜者，凡事无不以自由为标准，于是行路亦存一自由之心而不让人，至于隘道，此不让彼亦不让，两皆不得通过，其结果两人之争端起，此误用学说之害之适征也。由是言之，但抒口头之新说，不能更进一层而有研究之功者，其学皆可谓之无用，不过多一种新奇之谈助而已。是非学说之负吾人，而吾人之负学说也。

夫我国人果能嗣后知一哄之不可而兴起研究之思潮乎？于一哄感兴味，易一方面，而于研究亦能感兴味否乎？是可以卜中国前途消长之机矣。

对外之举动，对内之举动

原载《新民丛报》第69号

从一方观之，但有一哄之风潮，而无研究之精神者，必致无一事之可以告成，而大不能满足吾人之心。然从一方观之，以昏沉麻痹，若死者若生，若醒若睡，一僵石性之老大帝国，则又不能不崇拜有一哄之性质者为当代之英雄。

余友邓孝可曰："数年前打电之事，虽无其效，然今日并打电之事而无之，则国人又沉沉睡去，更无可为矣。"是其言固有一理。

故以数年来经过之时日而论，若无义和团，若无争废俄约，若无收回铁路，若无抵制美约等诸事之举动，则维新之事，前途益沉于渺茫，若泛大海，而并无孤岛之影，此萧瑟寂寥之岁月，吾人更何以堪，幸哉！吾国人之犹有一哄。

是数事者，以时势进步而研究之性质亦渐加多，如义和团以蛮动之排外，而后数事，改而为合理之排外，固可谓举动上之一进步，而可称为入于研究之一端。然以大体言之，于所为各事，果能洞悉其原委、审明其利害，而有确凿之见识否乎？是固未敢径许也，故虽渐入于研究之途，而尚不能全脱出于一哄之举动。

如近日筑路之事，拒绝外人，归于自办，此其事之合理，与夫首事者之热心勇气，固吾之所表赞成，而一无异辞，否则亦不能有异辞者也。然所谓挽回路权者，非谓自立公司，招股份、估经费、勘工程而遂已也。如招股一事，能知中国全国之财力否乎？全招中国之股，于财政界连起之影响何乎？路之性质何乎？为运货乎？通人乎？抑带军用之意味乎？其路所经过与其终始点之形势与出产何乎？能养路否乎？与他路相关系之利害何乎？管理法何乎？与国家相交涉之事何乎？用人法何乎？养应用之人材法何乎？与路并起之事何乎？而一全局之目的何乎？是固仅举其最粗略者，然果能有确实之解答乎？不能解答，或解答而惝恍模糊，无高出一时之见识，则于其事，殆无何等之把握，谓之非研究之举动，而尚属一哄之举动可也。夫有此举动，固为吾人之所敬，然因其有此举动，更进一步，而入于研究之范围，是又吾人所切望也。

夫举动既不可以已，而举动之性质又不可不分，以判断其本末要缓之所在，吾则定为两大区别，曰：对内之举动，对外之举动。

对内者，根本之治疗，一治而无不治，若对外者不然。今若外人欲谋我铁路也，则我起而自筑铁路；外人欲谋我航路也，则我起而自通航路；外人欲谋我矿产也，则我起而自开矿产。浸假而外人欲何欲何，我又不能不为何为何，外人之所求无尽，而我应之之力早穷，有应有不应，则并其所以应之者，而将归于无用（例若我自筑某省之路，而外人曰某省之矿产归我，其将奈何？假而我又自刚开矿产，而外人划其地为势力圈中，又将奈何？故若无根本之治疗，则头痛救头，脚痛救脚，皆不足恃也）。然则知对外而不知对内，直谓其人于时势之见解，尚无本末缓急分别之智识可也。

故夫各国当变法之时，无不注重于对内，而其收功，亦未有不在于对内者，多不具举。试征之日本，日本变法之萌芽也，发动于攘夷，然及其事之起也，一变攘夷之风云，而为尊王覆幕之风云。使日本当日之举动，但知对外而不知对内，则日本必不成维新之功，其事固可决也。又试征之俄国，俄国文豪古尼奇之言曰："余甚希望日本之大败俄国，俄国挫败之程度深一层，则俄民自由之程度伸一层。"云云。其轻于对外而重于对内可知，而是语实可为俄国革新人全体之代表者。以是之故，俄国于国政革新之机会，亦自速于中国。观日俄之战未终，而俄皇已不能不布立宪之诏敕，以靖国人之心，而俄国人民，已得多少参预政治之权利。若中国则大败之后，又大败，又又大败，而国人尚未有注重于内政者，若人民参预国政之权，直为中国人梦中思想之所不至，何其民智之远不及俄人也。

故可立一言于此曰：若无对内之举动，但有对外之举动，则前途必无其效。

由是，而我数年来经经史之总评曰："研究精神之缺乏，对内思想之薄弱。"夫全地球优等生物之所以强盛者，无不由于进化，然则吾民曷不更求一进境乎？愿进一觥为我民请，曰：进！进！

对外举动之必有赖于对内者，如此次抵抗美约，即可见矣。夫抵抗美约之举，以事实上言，我之用美货若干，抵抗后而美之损失若何？我之损失若何？此一部分之讨究，余于商界之事不能明答，别为一题，不及论。以理论上言，我之旅美苦矣，若无一番震奋之举动，则以后吾民可绝足于美国。今当万国交通，至足不能入人国，是自毙也，其害之大为何如？故此次举动，实为应有的、合理的。虽然，其中含有一至要之问题在，即抵约无非为订约作一张本，而吾民之抗约者，何以能于订约有交涉是也。以吾之一方论，不能由抗约之团体中，公举一人，以与美国办订约之事，从美国之一方论，亦不认吾抗约之团体中有与彼订约之一资格。然则抗约之与订约，其间不能有对待之打通，而中间必经过间隔之一关，即锣鼓开场，而至演剧，仍不能不退居于场后，而其事一委诸政府之手。夫使政府果能为吾民尽力，何待吾民之抗约为？政府既无能，至吾民不能不起而自抵美约，然而订约之权，仍不能不盲目而听命于政府，则试还问诸抗约者，果能收何等之效也。夫各国国人，皆与其国家为有机体之关联，而我则人民不能与政府之机关，政府非代表人民之意志，盖人民之与国家，尚不备有机体之性能。故夫抗约者，国人也，订约者，政府也，其事显分为两橛，而抗约之与订约，遂无何等之联合性，而于其间之关系甚大，无以沟通之，而必不能收终局之效。是固吾之所不能解，而窃欲当局者以论理的贯通性而解释之，以相示也。

平等说与中国旧伦理之冲突

原载《新民丛报》第70号

自海盖尔（亦作黑智儿、比圭黎、Hegel）之言伦理也，本于其哲学所定形而上之理，以世界为一大精神之发现，而个人者不过此一大精神中之小部分，个人精神之发达，无非为一大精神发达之阶段。故凡所谓国家、社会、历史等，均非以发达个人为目的，而惟合以发达世界之一大精神云尔。从海盖尔氏之说，则世界万有实为平等一如，视有差别，实则并无差别，犹之一树，有根有干，有枝有叶，实则非根自为根、干自为干、枝自为枝、叶自为叶，而总为树之一合体而已。盖自近世纪以来，欧洲之伦理学说，皆有自部分进于全体之势，然以形而上之学为根柢，以为凡世界之现象，无非宇宙之理性，而以个个之进化，为一大理性全体之进化者，则海盖尔氏之说实居其最。凡社会主义、世界主义，以平等为道德之根据者，皆可由海盖尔之说演绎而出者也（俄国虚无党多受海盖尔哲学之影响，又最近大学家翁特之社会进化伦理说，其理亦同）。平等、平等者，今全世界人类砰砰訇訇之一大叫声也。国愈文明，其要求平等之心愈切；而野蛮之国反是，盖约束驯扰于阶级制度之下既久，已埋没其平等之思想故也。夫世界果能达到平等之一境否乎？此别问题。要之，欲谋人类之进步，不能不悬一平等说以为标准。今夫人类之所以有争乱者何？即起于富贵贫贱之不平等而已。富贵贫贱之不平等，古今人所以处之之道，约有二焉：一以消极之道处之者，谓贫不可不自安于贫，贱不可不自安于贱，能自安于贫贱者，德至高、道至上之人也。中国古代之道德说，及欧洲古代教会之道德说，则皆取是义者也。一以积极之道处之者，谓彼人也，此亦人也，彼何以当富当贵？此何以当贫当贱？其中若无理论乎？则天地间之大不平也，吾人即为天地间之大不平开战而来者也。此则欧洲近世纪之新说，自宗教改革以来，则多取是义者也（从欧洲旧教僧侣之言，以为贫优于富，而高尚之隐遁胜于尘世之生活。然自路台改新教，以为贫非吾人之目的，又依僧院禁欲主义非能除人之恶，吾人人类当有作为，于人世间方可谓实行其道德，云云。又一方功利伦理说昌，亦排困守主义。欧洲之风气于是为之一变）。今试取二说而批评之。前之说于理甚高，然可以独为君子，不能使人皆为君子，其结果，我虽不以贫贱之故而与富贵争，然人类间富贵贫贱之争，仍不绝迹。且就令贫贱者人人不争，亦徒使富贵者恣横于天地间而已。故是道也，于中国，于欧洲，行之已数千年，仅能收其效于一部之人，而于人类全体固无甚进步者也。后之说者，若为一己之私欲计，是以暴易暴而已。若为人类之公平计，则正救世主之所为也，世上之福音也。故为之者，必先视其人格为何如，若夫其效，必待之后此之历史，而非今日所能预断。然欧洲近数百年来之进步，则固受是说之影响者，其先锋队固已唱凯歌矣。于是吾欲为究极之断案，曰：吾人果欲有此人类之世界乎？不欲有此人类之世界乎？不欲有此人类之世界，则一切可付之绝灭，而当于人类外，别有一涅槃之境（佛教所主张者），而富贵贫贱，固在不足争之列。若欲有此人类之世界乎？则听其富自富、贵自贵、贫自贫、贱自贱，永包藏一争夺扰攘之祸根，而不为之所，则人类可谓无能，而所谓世界一大精神之发达，亦终无现实之期。故为人类存在谋终极之目的，则舍平等说固别无其道也。

  顾曰平等、平等，人人之口所能道，而试一踏入此问题之中，其条理之错综繁密，虽有极明晰之头脑，而亦苦于不能理。故日日言平等，而平等之一境，终与此世界远距而不能到，即第一所欲问者果求平等，则所谓平等下手之一方法，果若何乎？今夫谓富贵贫贱必平等是也，然果能举世界之富贵而一一均分之乎？此固事之所不能，就令号之曰能，而今日平等，明日又不平，何则？平等不可能之第一之根原，则人类间智愚勤惰之先不平等是也。夫如今日以愚与惰之人而得富贵，以智与勤之人而得贫贱，此固至颠倒之不平等。然但曰平等，则将无智愚勤惰，而一一以富贵均分之乎？则愚者惰者，以不能保其富贵，而又以自然之势至于不平等。至是而果欲平等，势不能不夺智者勤者之所有，而以与之愚者惰者，其结果反能使人人安于愚惰，而世界且因而退化。于是言平等者，不能不分为两个之阶级。一智愚勤惰富贵贫贱均一之平等，此则必待教育之大进步，其期限甚远，可别为一问题。一智愚勤惰与富贵贫贱相准之平等，即社会不能无富贵贫贱，而以富贵予智与勤者之人，以贫贱予愚与惰者之人。所谓非事实上之平等，而理由上之平等，即有贫贱之人起而问何以不平等，而能据一理由以解释之，曰：愚与惰故得贫贱，智与勤故得富贵是也。是道行则人人争为智者勤者，耻为愚者惰者，而人类间之能力发挥无余，世界于是乎一大进步，是实一暂定适宜之平等法。大抵国家之兴盛，必多少合乎是理，国家之乱亡，必多少反乎是理者也。顾听其治世而多少合乎是理，乱世而多少反乎是理，常在摇撼不定之中，而人类殆不能握一何等之把握，是固学术进步所不容有此也。故必立有一何等之法则，使可为根据而遵守之，则平等之基础，于是乎稍定。是无他，则说之最可采者，今学者多所唱道之人类出发点齐一是也。

按，今时论学说所以不能进步之理由，以仅得主要之法则，而尚不能得第二段特殊之法则故。例若潮流之学，关于太阳与月牵引之理，其主要之法则既明。而又有关于风与海水之理，为第二段特殊之法则。不得第二段特殊法则之理，则学科每难进步。今平等说亦然。人类皆须平等，其理既明，而梗以智愚勤惰之不齐，为第二段特殊之理，若不能发现第二段特殊之法则，则平等说终不能进步。出发点齐一，是即欲发现平等说第二段特殊之法则也。

出发点齐一，学者之言甚多，不及具引。兹略陈大学家颉德氏论泰西所以进步之理，于其所著之"社会之进化"一书有云："泰西之文明，一见极复杂之观，而探其原理，即在人民有社会平等之运命，而各能从事于生存竞争而已。所谓社会平等之运命者，即人人出发点齐一之一平等之理是也。夫生存竞争者，进化之理之所不能缺，而以先天障壁之存在，能夺人竞争之心，是实大有害于社会之发达者也。然则欲谋社会之发达者，必先排去贵族、平民、资本，劳动家一生不能超越先天之障壁，使归于平等，而后个人乃能发挥其社会心，有所贡献于社会，得于社会上占有何等之价值，而生存竞争之心益热，社会乃见长足之进步。是实欧洲近日所以致文明之原因也。又，余论社会进化之法则，以为必须栽植与淘汰两者并行。栽植者，教育等事是也；淘汰者，立一何等之法制，使优胜劣败是也。"颉氏之言，盖从淘汰之一方面立说者也。

今夫置一彩标于此，而曰捷足先到者得之，则凡夺彩之人，先不能不较其出发点之齐一。若对于彩标之地点，甲距百步，乙距十步，则甲虽强健而有力，乙虽孱弱而无能，而彩标必落于乙之手。是即不平等之一大原，而人类出发点之不齐一即是也。若古代各国，印度分人为四种，而希腊有奴隶等类，自世益文明，此等阶级，亦渐芟除。然在不平等限内之事何限？如生于贵者之家，虽其人碌碌无所短长，而亦得借祖父之余荫，居上位，膺显秩，至若草茅贱士，虽抱管乐之才，具董贾之学，而无介于王，无援于朝，有掩没其抑塞磊落之奇材已矣。又如生于富者之家，以庸暗鄙俗之躬，而曳锦绣，餍粱肉，不知世间有贫困事，而修道之士，励节之儒，或至哀号而无援手之人，处涸辙之中而不能自活。夫以品格言之，则彼固昏焉、庸焉，居于天演中劣败之列者也。而此固贤焉、才焉，居于天演中优胜之列者也，然而淘汰法反是。吾闻今学者考人种退化之理，其一为淘汰失宜，即社会间以或种制度之故，而劣者反胜，优者反败，其结果则劣者之子孙日昌，优者之子孙日亡，遂至人种间不改良而变恶，是即人种退化之一大原因也。我中国之所以退化，其理由甚多，而出发点不平等，实为重因原之一。以是之故，而人类于未出世以前，一则早有先天富贵之带来，一则早有先天贫贱之带来，是固明明非天之命，而人为之制度为之也。夫人为之制度，不适用则必改而为之，求其适用而后已。然则出发点不平等之事，固欲谋人类进步之宜亟改者也。

> 按：泰西今日伏有不平等之祸机一，贫富是也。自民权立宪之事昌，而贫贱稍稍平等，即不平等而固已有维持之道，此后之导火线，惟劳动人之对于资本家而已。中国今日伏有贵贱、贫富两个不平等之祸机，贤者以贱之故，而于国事不能有分毫之权，以贫之故，虽欲动作而无一事之可为，而贵者但知窃位以自高，富者但知闭门而自乐，则大洪水必至其后者也。

虽然，谓凡有人类，皆当平等，此理之至当而无以易者也。谓平等，则出发点必先齐一，此又理之至当而无以易者也。顾进化之道程，每不能如吾人之理论，而循一直线以进，必纡徐委屈而经几多形势沿革之弯曲线，犹道路然，无一非蜿蜒式者。盖新说之与旧说，以有冲突点之故，而两力相持，则一弯曲线之式从而形成。如出发点齐一。与夫中国旧日之伦理，则大有不能相容者在，盖中国旧日之伦理，所谓亲亲之伦理，血统之伦理也，以此为不拔大之基础，而社会万端之事，乃由此以展布者。今举其不相容者之大者言，若从出发点齐一之义，则第一所当破坏者，君主世袭之制。凡一国之人，自出世以后，无一不有可为国君之资格，此资格即从平等之一大根原而来。人人皆可为君，而君只一人，于是立一理由平等之制度，所谓公举是也。由是而甲得为君，乙或不得为君，而于可为国君之资格，毫未尝有所亏损。苟为国人之所公举，则甲可为君，乙亦可为君，而甲、乙固立于同等之地位。不然，而以君位为一人所专有之物，子以传子，孙以传孙，一若其人有特别之资格者，是所谓出发点之不齐一，而为持平等说者所不许也。然从血统之伦理言之，则君位世及，为其学说之所许。于世及之中，而又有争论，则有以长、以德、以卜之别。然卜者不得已而用之，而德与不德，亦苦于无一定之鉴别，惟以长之法，有一天然之界划。故天子、诸侯皆立嫡，而井田亦有大宗、小宗之分，长幼于是乎分，尊卑于是乎定，争竞于是乎绝，礼文于是乎始。凡我数千年来实享此亲亲伦理之福，谓其无功于我种人不可也。虽然，时势进步，至今日而旧日之伦理说已嫌其范围之狭小而不适于用，而补旧伦理说之所不足，不能不进以新伦理说。

近日有唱中国一切学问皆当学于西洋，惟伦理为中国所固有，不必用新说者。是言也，其为投中国人之时好而言欤？抑以为真当如此也？若以为真当如此，则直可断其言为非是。夫今日中国之待新伦理说，实与他种学科，其需用有同等之急。顾于此有当辨者，非谓新伦理说，一输入而即可直捷蹈用也，又非谓有新伦理说，而旧伦理说即可委而弃之也。内顾国情，外度时势，兼采新旧伦理说之长而定一方案，使旧伦理说之效用存在，而更加以新伦理说之效用，则伦理说斯完全耳。

顾于此有难也者，新学说之与旧学说，既于理有冲突之点，于此不能不出于下之数法：

（一）其将守旧学说而排新学说乎？

（二）其将用新学说而弃旧学说乎？

（三）其将调和两说而用之乎？

第一、第二两说，行之必皆有害，余之所不主者，最可取者，为第三说。于兹尤当进一步而言之，曰：所谓调和说者，果将以何道而能调和之乎？若曰两说兼用，则其中所含之矛盾点未尝消除，而其论不免为模糊的混合派之言。若曰择旧说之可存者存之，择新说之可取者取之，是其言固较前为明白。然所谓若者当存，若者当取，仍未揭举，否则直恐其势限于不能尽举，则其言仍不免空洞而无着落。是二说余尚未以为然，以余所见，所谓调和说者，非牵合两家之谓，独立一家之学说，而消纳新旧之学说于其中。例若康德之学说出，而理性与经验之两派于此调和，然康德固自有一家之学说在，非谓徒牵合两家之学说也。要之，我有自主之学说，则调和之事可成，若无自主之学说，而欲执调停两家之劳，固未有能告成功者也。故虽曰调和，而调和者之学识，不可不出于被调和者之上，此则必有待于大学家出。余之浅陋，固非其人，故是篇但举其冲突点之所在，而未立一解答之方案。抑新旧学说，其伏有冲突点而有待于调和者何限？余于各说，亦粗有所思索，顾以条理尚未完密，不能不有所待而后发布，而尤有望于当世之学者，先能解释新旧学说之奥结，是以每逢难题，辄令人感风雨怀人之思于无已也。

调和之法，例若君权说与民权说冲突，民权既不能不用，而君主又以有历史上之根柢，不能骤去，则立宪法制定种种之权限，而君权与民权之说两得通行，是一调和法也。又若本篇所谓平等与不平等冲突，平等为理之所不可易，而又为事之所能行，则以人民智愚勤惰之区别，为贵贱贫富之区别，本此学理，立为法制，而于不平等之中含有一平等之理论，是亦一调和法也。其调和有高下之不同，即视乎其学说高下之不同。要之，于调和之中，即有一学说发生，若不能成立一学说，则必不能调和两家之说也。

今日非能言新学之难，言新学则输入外国之学说，不过一欧化主义而已，又非能言旧学之难，言旧学则搬出中国之学说，不过一国粹主义而已。今日之所望者：一能发现新旧两学说之难点，例若今人人言宪法，然行宪法之扞格点何在？弊害点何在？至今尚未有人道出，是即无发现难点之学力者也。一更进一层，能解释新旧两学说之难点，以发现难点为不足，而能立解释之法。例若发现宪法之扞格与夫弊害之所在，则当以何等之法制消释之？我能明白立一解答之案是也，是今日中国之所急需，然非有大学问家、大思想家不办，其难固可知也。

客观之国

原载《新民丛报》第70号

不见中国之所谓游亭驿馆无一不荒废者，人人以为客观之物故也，中国之官之对于其地方之政治也亦然。官者，今日楚而明日燕，与其居官之地方，本无丝毫之关系，人情之于无关系之物，又岂有为之谋久远哉？非特此也，即欲有所措置于其间，而今日创一业焉、兴一事焉，明日而代之者至矣。无论代之者之未必贤，就令代之而为贤者，而彼此各有意见之不同，天下固未有甲所规画之事，移乙为政，而仍能如甲之意志而告事之成功者。盖甲所为之事，非发于乙之心，乙视之犹之客也。乙所为之事，而丙视之，亦为客。于客境之中，客与客相继，而中国之地方，乃无一而非游亭驿馆等矣。虽然，中国之官，固未尝无所事事也，或亦雷厉风行，布文告，发条规，视其气象，未尝不振厉也，视其规模，未尝不闳远也。是何也，其果贤乎？曰：否否，未敢信以为然也。其故一则为名，何为乎必欲为名？为名者，将以博舆论，邀上眷，而得超升其官阶也。升官其主观，而作事其客观也。一则为利。立一局，兴一厂，借此以挥霍国帑，多一分事业，即多一分来源。昔日兴办电报、招商等之故，某大名臣，起家至千万，盍亦一询其来历乎？得财其主观，而作事又其客观也。于二者之外，客亦有一二人发于真心者，然而数亦仅矣，其大概则所谓为民间作事者，其目的实专为己之名利。夫既以名利为主，则事之果有实际与否，固非所问。是故绚烂鬻皇，其事业可以光史册、载碑铭，而于地方上所及之精神，仍与游亭驿馆等也。

夫官之于地方，既视之为客境矣，然此固曰彼官者，初非生长于是地者也。而试起而观生长于是地之民，今世言心理学者，多注重于民族心理，而考吾中国民族之心理，则全与未成人之心理相等。夫以吾人幼稚时代之心理言之，以为万事皆有父兄，我不必出而过问，而但当听命而坐于其庇荫之下。中国民族之心理，以为国家之事，自有官府主之，何与于吾侪小民？见其有利也，则歌颂之，犹小儿之亲昵其父兄也。见其有害也，亦尝起而哀求抵抗，犹小儿之啼号倔强于父兄之前也（近时所谓诸事，均未脱此限），而未尝一变心计，曰：吾何为长劳父兄，吾曷起而自为政乎？并未尝计较于父兄之为子弟谋，无不尽力。故子弟可以安心而无事，而政府之为百姓谋，则暴君污吏，时时间出，以削夺吾民之利为事，其心术全未可恃，终不如吾民之起而自谋，否则其势实处于不能不自为谋。而中国民族，其心理上全未知有此，凡文明国人所谓参预国政权，监督政府，鞭策官吏，及地方自治之制，均为中国民族梦境之所未见。是故官之视地方也，以为客，而民则以为地方之事，固官府为之，自视其地方，亦以为客也。

或曰：绅士为政，其可乎？曰：乌乎可。夫自数年以来，绅士之权渐长，凡地方新政上之事，或多有绅士与官府参为之者。然其间固有实心任事之人，而大半其腐败无异于官吏，盖官犹是绅，绅犹是官，本不能以一人之身，谓一易地而心术悬殊，其出而为官为豺虎，处而为绅亦蛇蝎也。而较之官而其弊尤甚者，则既欲牢固其根株，又欲扩张其羽翼，而相争夺，相倾轧，各顾其一己之利害，败坏公事而不恤，是则今后数年大可寒心之一局面也。盖彼固以其权利为主观，而于其事固客观也，又曷怪于地方之事，仍与游亭驿馆等也。

夫一国必有主权，而主权之所在，不可不置于国人公共之处，而人人视为同有之一物，如是则对于国事，人人有一主观之心理，而后国事乃可得而为矣。

然而我国人之程度，固未足以知此，于是一国之事，官以为客也，绅以为客也，民亦以为客也，而中国无主，中国无主而后外人乃入而为中国之主，其原固由国人自放弃其主权始。

君不君者尔汝而已矣

原载《新民丛报》第70号

　　日本《朝日日报》载，俄国莫斯科议会致建议书于俄皇，要求召集国会，决定和战，废贵族政治，又使俄皇自认其责任，其语调激烈，非独不用向例"忠义""爱国"等之惯用字，并对俄皇，不称为陛下，直指为尔汝云云。异哉！以神自居之俄皇，而俄人亦以神视其君者，今乃轻贱至于若是。

　　或曰：此西方之民情则然。若夫以东方之理言之，上下有定分，君虽不君，上也，尔汝之称，其为非礼也乎？曰：乌乎然，是未读东方之古书也。《书·汤誓》曰："时而曷丧，予及汝皆亡。"是即称为尔汝者非乎？又试征之《孟子》，齐宣王问汤放桀、武王伐纣之事，以为臣弑其君可乎？孟子曰："闻诛一夫纣矣，未闻弑君也。"夫纣固明明天子也，孟子贬之为一夫，而为之正其名曰：是弑一夫，非弑君也。既已降为一夫，而许国人之杀之矣，何称尔汝之责之有？又曰："君之视臣如犬马，则臣视君如国人，君之视臣如土芥，则臣视君如寇仇。"夫曰国人，则固可尔汝之矣。曰寇仇，则更甚于尔汝，而并尔汝之不屑称之矣。《书·泰誓》引古人之言曰："抚我则后，虐我则仇。"后与仇听民之自认，又岂有一上下天然不可破除之界限乎？《左传·襄十四年》：师旷侍晋侯，晋侯曰："卫人出其君，不亦甚乎？"对曰："或者其君实甚。（中略）夫君，神之主也，民之望也，若困民之主，匮神乏祀，百姓绝望，社稷无主，将安用之？弗去何为？（中略）天之爱民甚矣，岂其使一人肆于民上，以从其淫，而弃天地之性，必不然矣。"师旷不以卫人之出其君为甚，而反以卫君为甚，从师旷之言，则君不君，出之可也，又岂有一上下天然不可破除之界限乎？是皆中国之古义也。以上下为有一定之分者，始汉之黄生。《汉书·儒林传》载，辕固与黄生争论于上前，辕固以汤武为受命而非弑。黄生曰："冠虽敝，必加于首，履虽新，必贯于足。何者？上下之分也。今桀纣虽失道，然君上也，汤武虽圣，臣下也，非杀而何？"黄生之言，盖谄其君者，以为君之闻是言也，必喜而予之，则已说胜矣。辕固深知其心术之所在，乃有以破之，曰："必若云，是高皇帝代秦即天子之位，非耶？"于是上欲从辕固言，则自危其位，从黄生言，则高祖之得天下为不正，乃两罢之，实则黄生之言非也。夫黄生以冠履喻君臣，不知冠之不可为履，履之不可为冠者，以其构造异也，将谓君之与臣，其构造亦异乎？如是则必反人类于蜂，如蜂之有蜂王，有蜂工，其体质之构造，天然殊异而后可，而人类固不如是，则所谓上下一天然不可破除之界限，固何在也？是后世之言，非古人之言，古人则杀君、出君且以为可，而况尔汝其君乎？以为东方无是理，抑何其盲于学说之甚也。

凡物必有对治，无对治则其恶将无所不至。然则君将以何者为对治乎？或曰：天者对治君者也。君于他无所畏，而独不能不畏天，畏天而后，君乃不敢为恶。虽然，此古代之对治法，非今日之对治法也。当古代民智未开之时，不能不认一冥冥中有一权力无限者，以管束人心（宗教亦由是义成立），东方之天命政治，盖由是起。然而天果何物乎？非所谓不可得而知者乎？以明明治人之事，而委诸不可知之天，究非人智进步时代之人之所能安心，收其付于不可知之权而归于可知者之手，于是对治君之事，不以天而以人。盖百姓一天也，以一国之百姓，监督其君、鞭策其君，故文明国人，人人握有一天之权，即由人起而代天，而为天之事者。人而不知有是权，是无智之民也，知有是权而不能得，是无勇之民也（中国民智之程度于第一级尚未到达，即尚不自知有此权者），不知、无勇之民，不可以为人，不可以立国，而古今政治上之一大变迁史，曰：非君治民而民治君。

尝分人类进化之事为两大端：一征服自然（天地间所有之现象，非人力所造者），如古畏雷电，今以电供舟车邮便之用。古多为海所限，今则轮舶周行海面，是征服自然之进化也。一代天行事，如古以天治君，今以民治君，是代天行事之进化也。自人智渐开，代天之思想亦渐生，《书》曰："天工人其代之"，是最初发生代天之思想者也。

帝王之大敌非他，即学者。若古今无学者，则帝王之祸，必过于洪水猛兽。学者所负之责任甚多，而治帝王，亦为其责任中之一大事，大抵一学者出，必扫平地球上若干之帝王。有一卢骚，而欧洲各国帝王之根柢皆为动摇，今且其风潮波及于全地球矣。以学者与帝王敌，帝王之权，不过能杀学者于一时，学者之权，能杀帝王于万世。虽以若何雷霆万钧之力，一当以学者之理论而无不披靡。学者，帝王最后之审判也，操帝王最后生死之命者也，其威权以为君可杀则可杀，可出则可出，至于区区尔汝之说之可否，亦可以古代学者之言为断。

哈密尔顿曰："宇宙以何为大？曰：人为大。人间以何为大？曰：心为大。"世间万事，皆心所造，若夫以国家社会为一有机体，则学者即国家社会之心，而能造成国家社会者也。

论中国人崇拜岳飞之心理
（附社会待英雄之礼）

原载《新民丛报》第72号

号令风霆迅，天声动北陬。长驱渡河洛，直捣向燕幽。马蹀阏氏血，旗枭可汗头。归来报明主，恢复旧神州。

上岳飞所作，余尝见日本人家悬此飞自书墨拓大字，字劲诗雄，每一读之，未尝不沨沨然怀思故国，怅触盛衰兴废之往事，而动凭吊英雄之慨于无已也。又岳飞所作《满江红》词云：

怒发冲冠，凭栏处，潇潇雨歇。抬望眼，仰天长啸，壮怀激烈。三十功名尘与土，八千里路云和月。莫等闲，白了少年头，空悲切。

靖康耻，犹未雪，臣子恨，何时灭。驾长车，踏破贺兰山缺。壮志饥餐胡虏肉，笑谈渴饮匈奴血。待从头，收拾旧山河，朝天阙。

盖又未尝不读之而意气飞动，怦怦不能自已，而唤起人生不可不自励为英雄豪杰之心。夫时势者，最能动人心之物也，时势之感，往往蓄于人人之心，而发于一二人之口。当南宋时，宜其人人具有此心，而欲一见之实事以为快，而飞即可为代表当日时势，而实现其心理之一人，宜乎飞遂为中国人所崇拜之一大人物也。

岳飞之与金人战也，以积弱之宋，而遇方兴之金，其果能以飞所有之兵力，扫荡悍虏，而恢复其疆土否乎？此史论上之一疑问也。今日本市村瓒次郎氏，以踏查史迹，至中国今湖北、河南、陕西诸省，而过河南之郾城县，著论谓岳飞之班师在郾城而非朱仙镇（其论见《史学杂志》十五编之二三号），据《北盟会编》《系年要录》诸书，皆载飞自郾城班师，其云飞进军至朱仙镇，距京师绕四十五里云云，盖出自飞孙珂所著之《金佗粹编》，此系家集中夸大之言，因据史事上计算道里时日，断为至朱仙镇之说为不可信云云。以史学言，其言盖多可取，果如是，飞当日者，不过有数次战胜之功，而克复土地数处而已，金所有汴京之根柢，尚未动摇，所谓金军皆预备迎降，取汴京直在指顾间者，尚不过描一将来之空想。而人人之所为崇拜者，亦直哄动于虚声而非事实，而飞享此赫赫之名，殆可谓在侥幸之列乎！是固不得谓苛待古人之论也。

虽然，余则关于此事，不欲置为历史事实上如何之一问题，而欲置为国民心理上如何之一问题。夫以国民之心理上言，则飞固有可以致国人崇拜之理在，而国民之所以崇拜之者，亦不得谓崇拜之非其人也。则请言之。

凡时势上发生一艰难之境，则国人常喁喁焉捧心香而祷曰："畴欤能济此艰难欤？"则必天之生有是伟人矣。夫以举国人之心，皆欲排去此艰难之境，而又无一人焉能堪其任而奏功，则其感艰难之苦痛也弥甚，从而有一人焉，能为国人一释去此艰难之境，则国人之爱慕尊敬夫是人者，自发于其心理之所不容已。试思人当偶抱一病，苟有能已之者自不觉深其感谢，国人之负时势上之苦痛于心也亦然。此各国人所以无不有崇拜英雄之风，其崇拜心之烈，尚大有过乎我中国人，殆可谓国民心理中具有一种崇拜英雄狂。而此心理，实能强固其国家，维持其种族，而为国民势力所由发展，事业所由建树之一原因。虽其所以崇拜之者，或不免过乎其人之实，而以此崇拜英雄心，为国人之所必不可无。故谋国者，皆不欲锄而去之，盖去此崇拜英雄之心，则其国人即可至于萎谢落寞，而一无志节气概之可言，驯至于灭亡而将无可救也。而其所崇拜之英雄，则常有二：一成功之英雄，一不成功之英雄。其崇拜成功之英雄也，则以若人者，挽济时艰，出风涛之中而措之衽席之上，国人于是由愁苦之一境，而顿入于愉快之一境。凡人之心理，其感愁苦之情愈甚者，则一旦消去其愁苦，而其感愉快之情亦愈甚。此愉快心之发动，必附于一事物以为表显之地，而即以表显于能释我之愁苦而予我以愉快之一人，为最得人人心理之所同（此时又兼含一报恩之心理在，故崇拜英雄实为复杂之情绪所成），此成功之英雄，所以致人崇拜之理也。若夫不成功之英雄，彼其人物之价值，既足与成功之英雄等，而其事亦骎骎焉，前途有可以致成功之理，于此而不获成，其非有人焉而为之，则将归之天，而群吊其不幸焉。其或有人焉而为之，则必归咎于败坏者之一人。当其时，于事实虽未得告成功，而国人已悬拟其一成功之印象于心目之中，而因其虚影一成功之想望而不得偿，则思之而倍有余痛。而遂欲昭显此负屈之状，以澹其思之有余痛之情，而后国人之心始安，此不成功之英雄所以致人崇拜之理也。是二者，一则本于国人之有喜悦心，而顺而发之，一则本于国人之有郁恨心，而逆而出之。而要有可称为时势上之一英雄出，则无成功与不成功之差，而其足以致国人崇拜之心一也。

以观于近世纪，如法国之崇拜拿破仑，英国之崇拜讷耳逊，而现时若日本之崇拜东乡皆然。而固不必远证诸他国也，举我国之人言之，《韩非子》曰（《五蠹篇》）："上古之世，人民少而禽兽众，人民不胜禽兽。有圣人作，构木为巢，以避群害，而民悦之，使王天下，号曰有巢氏。民食果蓏蚌蛤，腥臊恶臭，而伤害腹胃，民多疾病。有圣人作，钻燧取火，以化腥臊，而民说之，使王天下，号之曰燧人氏。中古之世，天下大水，而鲧、禹决渎。近古之世，桀、纣暴乱，而汤、武征伐。"云云。所谓禽兽也，食之腥臊恶臭也，洪水也，暴民也，皆时势上所发生艰难之境，而有能作居室，化火食，治洪水，伐暴君，则国人之所谓英雄而崇拜之也。而时势上艰难之境，其状态每若一波去而一波又来，故但觉送前之一英雄方去，而又望后之一英雄其来，而国人几为迎送英雄之一事而忙煞。是固非独庸庸若吾侪之人望英雄也，虽英雄亦望英雄。孔子云："微管仲，吾其被发左衽矣。"孟子曰："五百年必有王者兴，其间必有名世出，以其数则过矣，以其时则可矣。"以孔孟之圣，其有望夫英雄之心尚若是其切，以是知因时势而祷人物，不得目为国人之有依赖心也，而当证为人与人合群之固有心，是又不必远证诸古代之人，而可举今日之时势而论之。夫今日者，神州欲暮，大陆将沉，凡吾人之所谓歌焉有思，哭焉有怀，若狂非狂，若忧非忧，非日夜望有一英雄者出耶。自今以往，其果有一英雄来拯吾之艰难乎？否乎？要之，吾人则固已准备崇拜英雄之坛坫，而绕花、斟酒、焚香以待之。夫以吾人今日不胜其欲得一英雄而崇拜之心，因而知南宋时代，亦不能无崇拜之一人物。

则试即人所以致崇拜于岳飞之理而论之，大抵人物之价值，常受影响于其时势，故平易时代之人才，其昭著每不及艰难之时代，彼百物之定价，常以丰而致贱,荒而致贵,人物之受平准于世也亦然。当夫天构奇局,而人才或有岁差,则人才之稍有逊色者,亦能借时势反映之力,而顿增其色。例若明季之有郑成功也,其人才绝非能满乎吾人之意,然而以明季时代之所关,而论当日之人才,已不能不举郑成功而崇拜之。岳飞亦然。今夫有平论岳飞之人,谓飞虽禀性忠勇,优于将略,然其人物,亦不过如唐之汾阳等相比,决非能如今日所崇拜,几可视为千古无两之人。此其论固为吾人所首肯,然吾于此,即欲援时势能增人物价值之一例应用,以为评人物者,不当但举人物以论人物,而当兼取时势以论人物。今夫以时势言,则南宋者,殆可谓我中国自黄帝时之蚩尤、夏禹时之洪水而后,一大艰难之境也。盖前此中国之有外夷之患,若五胡、契丹等,尚不过扰及中国之一方,未有举中国全土,骎骎焉而尽将为外人之所吞噬者,有之,盖实自南宋始。余尝谓中国之历史,三古而后凡三大变:一秦始皇之时代,一南宋之时代,一今日之时代是也。而其间二者皆为种族之争。且夫我种自黄帝以来,未尝有受役属羁治于外人者,积此经久二三千年自主之民族,其不肯奉事异种人之一禀性,已于历史上有莫大之根柢,其深固盖不可得而拔。盖当南宋之时,人人固负有一异种人逼居之痛,而望有英雄焉出而排除之,而以其事之关乎战争,则其所望者,又不在文臣而在武将。而试数当日武将之中,若韩世忠、杨沂中、刘光世等,其人才皆不及飞。虽然,使无绝特之武功,飞亦未必遽能引动全国人之耳目也。而当日者,金以累胜,宋以累败之余,而飞独能挫其锐锋,其进战克捷,则事实也。今按《北盟会编》记飞班师前数月间之战事如下:

六月十三日(绍兴十年),岳飞统制牛皋败金人于西京。

六月廿五日,岳飞军统领孙显大破金人,排蛮千户陈蔡州界。

润六月廿日,张宪克颍昌府。

润六月廿四日,张宪及金人战于陈(《系年要录》,是日张宪复淮宁府)。

润六月廿五日,岳飞将杨成及金人战于郑州,克郑州。

七月二日,岳飞将张应、韩清克西京。

七月八日,岳飞及金兀术战于郾城,败之。

七月十日,岳飞败金人于郾城县。

七月十四日,岳飞统制王贵、姚政败兀术于颍昌府。

七月廿一日,岳飞自郾城回军。

是所记皆信史,与据《金佗粹编》出自飞家集者有异,而于一二月间,其战胜之功若此,诚可谓有破竹之势者。论者谓金人方强,而兀术枭雄也,飞不班师,亦未必遂能得志。夫飞固能枭兀术之首而复燕南与否,此未来之事,固未能立一何等之证据。方岳飞班师之前一年,蒙古已袭败金人于海岭,方是时,蒙古之势盖甚微弱,而金人已不能制,终乃为其所覆亡。以是知金之立国,盖甚脆弱,惜宋以百余年之太平,人不知兵,而遂为所乘耳,否则未必以辫子之虏(刘锜败金人于顺昌,见辫发者,辄歼之,敌众大乱。此当日以辫子为贼之记号也),遂能猖獗于中原也。观于与宋人连战数载,其初皆金人胜而宋人败,而后已骎骎乎宋人能与金人为敌,此即金人无能之实证。当日实可得下非金人之强而由宋人之弱之一史断,而谓"飞不班师,不能逐金"与谓"飞不班师,必能逐金",二语于论断上之效力等,又曷怪当日之人心,以屡胜之余,而遂悬一"渡河朔,捣幽燕,直抵黄龙,与诸君痛饮"之一快事于胸中?盖即以扫除膻腥、恢复神州之一大事,而与飞之身结合而为一,此则由于时势,而岳飞人物之价值为之顿增,而即所以能致人若是其崇拜之理由也。

而不止此。今夫人之所以崇拜其人者,尤必视乎其人格,而其中尤以有一种之志气为最具感人之力。夫志气为不可得而见闻之物,则往往现实于事实、言语之间,若飞之事实,既彰彰在人之耳目,不待再论,而于言语之间,飞亦有能动人者。言语之重者为文字,故诗歌、文章,亦为英雄能致人崇拜之一要件,如崇拜屈原者,实多由于《离骚》之辞,是其例也。飞虽不以文字鸣,然如前所载之诗词,虽千载下读之,犹若与英雄之灵气相往来,而有发动人志气之能。夫人类常以发动其志气为最不可少之物(各国人多爱酒、多爱诗,以是知心理间不可不时时投以兴奋剂也),飞以武人而余事又能为此,知人之所以倾倒于飞者,固亦未尝不为其词气之所摄也。况乎飞于言语之间,若"直抵黄龙府,当与诸君痛饮"之雄快,"十年之力,废于一旦"之悱恻,虽寥寥数语,亦能深沁人之肺腑。夫飞固非专以是重,然有飞之事绩,而又有文字语言之文采以为之副,则其大有力于致人之崇拜者,固无疑也。而又不止此。盖尤有能致人崇拜之一要件在,无他,杀身是也。大抵英雄豪杰,每以杀头为最能添其生平光彩之一物,忍此数分之时间,溅此一缕之碧血,其所赢得于千古之价值无有终极,直可谓天地间第一之幸运,盖无过于杀头。夫人往往有立一主义,定一宗旨,而以血灌之,与不以血灌之,于前途之收效悬殊。彼基督教之能盛行,盖得力于耶稣之献身赎罪者为不少。今地球上何之事由不问，但以有一事由之故，而流血至于数起，即能引起人人之注意，而视为世界当研究之一问题。甚矣，人类间之血可贵也，原其故，人之所以为人，必以有一生命为之基本，一失其生命，则万事皆休，故人类早以关于生命为一重大之事，苟或有一人之死于非命，即其事或全系乎为私，亦必欲为之昭雪其冤，而若其所以死之故，为公而不为私，即能为人群间添一悲壮之心，盖死之事为甚悲，而其死也为人人而死，则其事又甚壮。今人睹颓城荒苑，则有悲心，睹高山乔岳，则有壮心，而英雄之死，为能合此悲与壮之二心理而为一心理，故其形容之辞，往往拟之为泣风雨、壮河山，人类间以有此悲壮之心理故，实能变世界之干燥而为缠绵，化宇宙之萧瑟而为峥嵘。而其能感人悲壮之程度，各有强弱不同之故，即视乎其英雄所对乎一群之功绩，与其所负于一身之苦痛，各有其程度之不同而定。而以观于岳飞，既以奉诏班师，功败垂成，而使吾种人恢复中原之死靡他之一心，受一莫大之顿挫，人固尽已痛之，而又以"莫须有"三字构成千古之奇狱，更使人于前事负痛之外，更增一负痛之事，而其情斯烈。盖统其事以观，实可谓中国之历史上结构，一最悲壮之剧者，此又所以能致人若是其崇拜之一理由也。

故余论崇拜岳飞之理，以时势上之关系为一主要之题，而又附之以战胜之事实及其人之志气，而终则至有杀身之惨，合是数者，而断为飞之所以能致人之崇拜者，非无其故，而亦不得议国人之崇拜岳飞者，为非其人也。

凡一国之人心，无不受其影响于历史，盖现在之人心，即为过去历史之所产出，而后日之人心，又为今日历史之所产出。故关于一国历史上之案，不可不研究而一决其是非，盖知其是则当奖而进之，而知其非则又当改而正之。此崇拜岳飞之事，固宜付之一国之审议处而论定之也。今之学者，或谓因崇拜岳飞之一事件，于是自南宋以来迄于今日，人之对于国事，皆有以和为小人、以战为君子之心。近数十年，与列强相交涉，其失败之原因即坐于此，盖即由南宋相沿之积习，而固未始不由于崇拜岳飞之事之贻之祸者。此主非崇拜岳飞论者也，其言固非无一理。虽然，此言也，吾以为于心理上，但见智识之一方，而未见感情之一方，以是进国民之智识则可，以是强国民之感情则未可也。夫国人之于智识，固不可不求其进步，故时势既变，则定和战之是非，亦不可不变，固有未可执历史上之成例以相衡者，然一国所固有之感情，则仍当保存之。今之言国民心理学者，咸以为凡一国家之所以存立，必有其国人从历史所经过一种特别之气质，此气质亡而国家亦随之而亡。例若国人有好战之气质者，至好战之心衰，而其国亦就衰，此常见之例也。夫人民有自主之心，而必不肯受异种人之管辖，此实今日列强所以立国之本。我中国方患此气质之尚失于薄弱，幸而有之，正当视为国民心理上一至可宝贵之物。而试一进探国人所以崇拜岳飞之原，实不外由此种气质之所发现，吾以为此从感情上立论，必当奖而进之者也。且夫论个人之人格，智识与感情，皆于心理上为两不可偏废之物。一国人之心理亦然，必智识与感情均无遗憾，而后国民进步之资格始备。故若吾人今日之对于列强，万不能再演其昔日闭关自守，排斥外人之一蛮风，致自招灭亡之祸，凡各国之来，吾人正当欢迎而敬礼之，而收交通之利益，此智识之当进步者也。然若各国之人，而遂欲主宰吾之山河，分裂吾之疆土，则吾人虽流血曝骨以殉，而必不可以一步让，此又全国人不可无此金石不磨、汤火不变之感情者也。试据此例以解剖义和团之心理，其智识之暗愚，万不能恕，而其感情之旺盛，亦自足多，固未可以一概之词誉之，亦未可以一概之词斥之。盖存义和团之感情，而补其智识之不足，此即可定为吾国人前途进行之方针者也。然则由是而言，必欲排去国人崇拜岳飞之心，则必并国人所固有之自主心，而隐受其损，窃认以为有害于国。盖今后但当加知识于吾国人固有之感情中，而昔日之感情，则固大可用也。

余有《论中国人崇拜关羽之心理》及《中国人崇拜岳飞之心理》，此其一篇也。

附《社会待英雄之礼》：

我国社会，于待英雄之礼也，盖可谓缺，试举其一例。今世界之交通，实可谓食哥伦布氏得新地之福，哥伦布以赫赫之名，为今世界之所崇拜宜也。然翻而观之我国，可称为地理上周流之伟人者，若张骞、若玄奘、若郑和等数子者，于未言维新以前，在我国皆泯泯焉。张骞或以《史》《汉》所载，知其名者尚多，若玄奘、郑和，则并其姓氏而无人道之。又若郑成功，亦至近日随民族之风潮，始有称述之者，其前亦几视与草寇一例，凡此之类，其多不胜枚举（余前所作《几多英雄之复活》，失之简略，俟后再补足之）。设不遇今日之时机，民智稍开，恐随岁月之久远，而其人遂湮没终古矣。英雄而有知也，其灵岂能瞑耶？又何独待古人然，于数年内为维新事死难诸人，其在作官派一流之新党，恐一口诸人之姓氏，即能为其富贵功名之祟，固已悬为齿颊间之一厉禁，而在野之新党，亦复无何等之举动，以表其纪念之情（若为之作传及挽诗与立墓碑，及追悼、纪念、祭等诸事），恐以一身为牺牲之人，而其姓氏不得一见诸中国史者多矣。以今世界日进文明，凡利用记载之法，而谋人群之利益者，其事亦日益加多，而我国今日死难之人，犹不得与乎其列，是真世界文明，而我中国固犹守蛮风者也，其文化之幼稚，抑可惊矣。以观日本，对于维新有功之人，或赠位，或于其关系之地建立碑碣，或每岁为纪念之祭，至传记其人，更不待言。而中国一不闻有此，此何以慰死者之心，而劝来者，以鼓荡社会之热心耶？观于我国对于古今之英雄，可得下二语以一揭社会之短：一社会尚无知英雄之资格。自来惟英雄能知英雄，能知英雄而后能惜英雄。若其人碌碌焉一无英雄之性质，则英雄之志事，皆为其所不解，而以随珠和璧，视与瓦砾同价者多矣。蛮愚之社会亦然，此古今所以多霾灭之英雄也，可慨也。一社会之寡恩薄情。今夫吾人读史，见有君之薄待其功臣者，未尝不为之太息。英雄之有益于社会也，亦犹功臣之为其君致力也，彼且为社会而耗其一生之心血，或抛其百年之生命，而社会视之漠然，不思所以报之，此宁得谓尚有人情者耶？是二恶者，我社会实皆蹈之，此我国英雄之所以多不幸也。且夫人类生存之道，其最大之要件有二：一对于生命，百体之防御，如手、足、耳、目相互之防御是也；一对于生命，团体之防御，如一国家、一社会、一种族相互之防御是也。彼夫若动物者，于百体互相防御之事虽已发达，而于团体互相防御之程度，盖远不及人类。而于人类之中蛮野之社会，于组织团体互相防御之道，又远不及文明之社会。动物之不胜人类，而蛮野社会之不胜文明社会，其故盖由于此。而于讲求团体互相防御之道，尤莫要乎鼓舞社会之有英雄性，而欲鼓舞社会之有英雄性，必先尊重英雄之人。盖英雄者，社会互相防御之利器也。凡一社会之发达，实积几多英雄之血之所成，而此敬礼之事，实不过社会出其区区，以为购英雄之血之代价。社会之敬礼英雄愈至，而英雄之出其血以为社会造福者愈多。彼蛮野之社会，亦非无一二英雄之人偶发生于其间，而以一般社会，皆不知尊重之故，遂至英雄以不适宜于其社会之故，而至绝迹，而其社会亦日益萎缩暗淡而不昌。虽然，中国承古代文明之遗，固稍稍知有敬礼英雄之事，然固不能如近世文明各国之敬礼其英雄者比。吾人试入人国，见夫峨峨铜像，此非徒尽报答英雄之礼，而又可视为唤起其国人使发生英雄心之一种实物教育观者。而至读其国史，则见其多表彰英雄焉，诵其诗歌，则见其多讴思英雄焉，览其人心风俗一切事物之间，则又见其多纪念英雄焉（如器物名其名，或饰其肖像等事皆是）。而提倡天才保护论、英雄奖励论者（若发明者之予奖励金及诗人保护金，又若巨金悬赏求探北极之人。近日美国巨富卡匿奇悬巨额之英雄奖励金，求对于国家、对于社会、对于个人有拔群献身之功劳者予之），其言又时时不绝于吾人之耳，而返观于吾国，不必其果为绝特之英雄焉，但使其人不能与流俗同好，而稍稍有与世殊异之处，即不能容于其国（日本人之才者，多不能出国，盖为其国家之所不能舍焉。中国反是，苟为贤者，多为亡人即不然，亦必躬居而不得志。此可以觇国之兴亡矣），无有一人知宝爱人才者，而杀之、捕之、窜逐之，又穷之于其所往，则不惮为之。天地闭，贤人隐，上下不交，其象为否，盖今日之谓也。统观我中国有史以来之社会，惟唐虞三代之时，颇能合于待英雄之礼（如尧之举舜、汤之求伊尹、高宗之求传说、文王之求太公等事，是降至战国，余风尚存，至秦而后绝矣），故其间社会之气运，亦最隆盛，至其后，则以奴隶之道蓄英雄（自汉之制科始，科举相沿直至今日，王者所谓天下英雄尽入吾彀中者，盖实不外化英雄为奴隶之法），而社会亦以浸衰，至今日而芟锄英雄，乃至乎其极。欲求社会之不隳坏，种族之不灭亡，固不可得也。夫个人不能离社会而存，故虽英雄，亦不能不有待于社会，英雄而无社会之助力，则失其用武之地，而落落焉无以告其成功。然社会间而无英雄之一成分，则其社会必为他社会之所欺压凌侮，而遂至于灭国、而遂至于灭种，无英雄之祸乃至如是。故两者以相得而各能繁昌，以相失而皆至覆败，英雄之不能无社会，社会之不能无英雄，其理固明于观火矣。我中国昔日之社会，固尔为尔、我为我，而用闭门自立之政策者，今则为世界风潮之所冲激，自兹以往，欲图生存之道，已不能不弃其闭门自立之政策，而用同舟共济之政策。盖社会之文化，将自此而更进一级，而其有待于英雄之事，亦自是而更多，然则于待之英雄礼，又安可不亟讲于今后之新社会也？

　　附录：高青邱《咏岳王墓诗》：

　　　　大树无枝向北风，千年遗恨泣英雄。
　　　　班师诏已来三殿，射房书犹说两宫。
　　　　每忆上方谁请剑，空嗟高庙自藏弓。
　　　　栖霞岭上今回首，不见诸陵白露中。

冷的文章热的文章

原载《新民丛报》第76号

余尝谓国家社会，要有热血性作事的人，又要有冷头脑考理的人。近世大哲学家德国雅宾胥尔氏（Schopenhauer），尝分人格为二种：一热情的，对于事物，易激动其情绪而不能自已者是也；一冷性的，内诉理性，常以思想判断力为主者是也。余亦欲本此意以论文章。

热的文章，其激刺也强，其兴奋也易，读之使人哀、使人怒、使人勇敢，此热的文章之效也。冷的文章，其思虑也周，其条理也密，读之使人疑、使人断、使人智慧，此冷的文章之效也。以我国时势言之，今以前，当用热的文章之时代也，自由乎？民权乎？革命乎？平等乎？以及其他之一切新政何乎？新法何乎？新学何乎？凡吾民之所未知者而咸使知之，于暗黑之室，而燿之以日火，于昏睡之场，而噪之以钟鼓，煌煌煜煜，轰轰阗阗，而人心于是乎一大变。维新史之开部，则热的文章之舞台也。然至今日，自由则已知之，民权则已知之，革命、平等以及其他一切新政、新法、新学，大概亦已知之。当此时也，势不能于自由、民权、革命、平等以及其他一切新政、新法、新学之外，更有何等之新说焉。以鼓舞人之听闻，而其所欲考者，仍在此数者之间，而曰：吾人之于此数者，将以何道而实行之乎？实行之而前途之利果何如乎？前途之害又何如乎？孰者当先孰者当后之次序果何如乎？孰者宜益孰者宜损之调和又何如乎？穷一理焉而有一理，更穷一理焉而又有一理，如抽蕉叶，如缲茧丝，是则必赖有明晰之头脑，深长之心思，而其事全属冷的，此冷的文章，当继热的文章而起者也。凡夫时期之大别如此。虽然，理论者常与事实相伴而行者也，故事实常有待于理论，而理论亦有待于事实，若仅有理论而无事实，则理论无发育之助力，究不能独立而自逞其进步，而中国数年以来，所谓维新者，尚专属理论之界，而未进入于事实，因之而理论亦不能不徘徊中止，以失其伴力而其势不能独前。夫欲测度事实，则理论不可不冷的，而欲发动事实，则理论不可不热的。故夫中国今日，既对于一方之人而当用其考察，又对于一方之人而当用其叫唤，否则更进一步，而于考察之中当有叫唤，于叫唤之中当有考察。故夫今日者，实为热的文章、冷的文章，一交互而用之时期也。

此所谓热的文章与冷的文章者，以心理学所唱之色感论（论颜色之观感有关系于心理）言之，热的文章如赤色，表战争、表势力，使人豪壮而感奋，上古斯巴达国民所最爱之色也；冷的文章如绿色，表固定、表和平，使人安息而静深，中世德国市人所最爱之色也。又热的文章如饮酒，使人发其牢骚不平、慷慨抑郁，而有拔剑斫地、不可一世之概者，则酒之性之所为也；冷的文章如饮茶，使人惺爽刻露，洞毛骨，泌心脾，扑去尘埃而有无穷出清新之概者，则茶之性之所为也。又冷的文章，如四时之有冬，非是则无以收藏万物，而坚其本根，此冬之德也；热的文章，如四时之有夏，非是则无以发张万物，而王其气象，此夏之德也。故夫求之于人，若忠臣义士、爱国者，与夫宗教家、文章家（诗歌等尤甚），则其文章，大都属乎热的者也。高人恬士、笃行者，与夫思想家（哲学、算学尤甚，哲学亦间有热的性质之人，然以冷的为多）、技术家（科学等属之），其为文章，大都属乎冷的者也。此其大较也。

若夫今日维新之士，吾亦欲以是二种性质分类而别之，凡夫长于感情者，即热的性质之人也，凡夫长于考理者，即冷的性质之人也。长于感情之人，以时势所激刺，亡而欲求其存，危而欲保其安，此热的性质之动力也。长于考理之人，以学说相比较，知夫彼有长之可采，我有短之当补，此冷的性质之动力也。是故今日中国之人，略可分为四种：

（甲）两者之性质兼长均等；

（乙）两者之性质兼有，而有强弱之差，或一极强而一近无；

（丙）两者之性质皆弱，或一弱而一绝无；

（丁）两者之性质皆无。

是四者最高之甲种与最下之丁种，其人盖寡，通例则乙种、丙种之人，丙种者庸人，或不能维新，或即能维新，而亦碌碌无关于多少之数，可论者惟乙种之人而已。于乙种之中，或于感情之一方强，而于考理之一方亦不失之过弱者，则伟人也，英雄也。于感情之一方强，而于考理之一方，或失之过弱，或至于近无者，则直士也，壮夫也。于考理之一方强，而于感情之一方稍弱者，则学问家也，思考家也。于考理之一方强，而于感情之一方弱而或至近无者，则专门之家也，一技之士也。其间参差万殊，不能尽为格率，要各由于其性质配合之多寡而分，而其人则皆有益于世者也。然则欲望中国之人才，仍望其有热的性质而利用之（亦有热于富贵功名而维新者，是则热的性质中之下流，不足与于此数者也），有冷的性质而利用之。夫所谓人才者，无他，不过各因其性质之所特长，而发舒之，以显其本能之一称名而已。故冷的热的，以各能自浩其极为贵，而于二者之间，初无彼此高下之分，顾本有之先天性，既当顺而用之，不必逆而矫之，以完其所固有。而本性之所短，亦不可不自知其弊，而有取于后天之补益，如偏于热的，则当求之于冷，有冷的，而其本性之热的，益能善其所用，偏于冷的，则当求之于热的，有热的，而其本性之冷的，益能尽其所长。虽其间仍自以一个之性质为主，不过取他之一性质融合而归并于其间。然而复朵之纯一性，与单独之纯一性，往往有以分人才之高下焉。故世有恒言曰"热肠冷脑"，亦可知热的之性，其中不可不有冷的，冷的之性，其中又不可不有热的也。

大抵热的冷的，于人心上各有莫大之势力，其最著者，如欧洲十八世纪大哲学家德国之康德、大文豪法国之卢骚是也。当康德学说之盛行也，多数之学者，咸摄引于其范围之内，而从事于幽深之思索，致密之考察。欧洲大陆派之哲学，实以康德为中心，而近世哲学之一进步，即可谓由素朴恬静一康德之所赐。编哲学史者，所谓以无一事可记之生涯，而开出近世纪思想灿烂之花，是固康德之功，而所谓冷的之势力也。若夫卢骚者，为国家之所弃，为社会之所屏，以穷窘流离之身，而交友莫恤，亲旧莫救（太史公一部《史记》，全以此愤激而成，韩昌黎文中亦多发此勃勃不平之气），起而大声疾呼，欲一举昏暗之朝廷，贪浊之阀阅，扫荡而廓清之，如大洪水之一洗世界，其不平之声大而动人，而人人欲一泄此愤懑以为快，其结果，政府倒，世族亡，贵骄富吝咸卷入于革命之大风潮中，而炎炎者灭，隆隆者绝，贵贱富贵之阶级为之一平，而欧洲乃开一新天地。其福胙延至今日，是实卢骚之功，而所谓热的之势力也。此冷的热的之两性，固由于各人禀质之不同，而又过半由于其国民所特具之性质，即所谓国民性，又所谓民族心理者。德国人静深而好思虑，盖冷的性质之国民，康德即可谓禀德国之国粹，而代表德国民族之性质者也。法国人活动而喜事功，盖热的性质之国民，卢骚即可谓禀法国之国粹，而代表法国民族之性质也（中国民族大抵中庸性质，不若德、法两国之各走一端，然两者之中，偏于热的宁偏于冷的为多，故以程度之多寡言，则中国亦谓之冷的民族之性质可也）。若夫以人心之趋向而言，大都不能停滞于一方，历久而一无变动，其通例，常由此一极端，而渐移以走于彼之一端，至彼之一端，既造其极，复渐移以走于此之一端。故静极则思动，动极则思静，静者冷的，动者热的，冷的之时间经久，一遇夫热的以为快而欢迎之，热的之时间经久，又一遇夫冷的以为快而欢迎之。犹夫冬日之凛冽而苦其冷极也，一煦以阳和之春日而人人以为快，夏日之炎熇而苦其热极也，一逗以凉爽之秋风而人人又以为快。此冷的热的所以更序迭代，而各能操人心之势力也。

试以冷的热的类推而言，若学校冷的，家庭热的；园林冷的，宴席热的；仁热的，义冷的；德教热的，法律冷的。尧曰宥之三，皋陶曰杀之三，尧热的，皋陶冷的。孟子论瞽瞍杀人之狱，舜热的，皋陶冷的。又以此评人物，伯夷冷的，比干热的；老子冷的，墨子热的；颜子冷的，孟子热的；北宫黝热的，孟舍施冷的；汉之樊哙热的，萧何冷的；贾谊热的，诸葛武侯冷的。若夫温性之人，无冷热之可言者盖多，然所谓温性者，仍合冷热之两性质而成，若以化学的论人法而分析言之，则仍有热的冷的者在也。

近时姚惜抱氏之论文章，分为阳刚之美、阴柔之美，曾文正称述之，其说益光。余亦服其言为论文之精者，顾以姚氏之言阳阴，当余之所谓冷热，其义多不能合。姚氏盖专以文章之态度言，余则不专以文体论，而从作者所抱之性质及读者所受之影响，而本心理学之义，于智、情、意三部之中，以智为冷的，情为热的，一为思辨之文，一为兴感之文。以五经言之，《诗经》主情，热的也；《易经》主智，冷的也。试略举姚氏之所分与余之所分，有不能同者，例若扬雄之文，固所谓属阳刚之美者，然从其人之性质而言，则当谓之冷的。又若欧阳修之文，固所谓属阴柔之美者，然从读者之影响而言，则欧阳之文主情，又当谓之热的。故姚氏自为姚氏之言，与余所言，其义固各不相蒙也。

精神修养论

原载《新民丛报》第88号

第 一 章

第一节　精神总说

以体力及器官之构造而论，彼万物亦固有胜于人类者，然则以何而独称人为万物之灵长耶？曰：以精神之发达，万物实皆不如人类，故谓人、物之所以分，即分于精神程度之有高下可也。而于同一人类之中，野蛮之人，其精神之发达，又不如文明之人，故欲据以定人民文野之差，其第一要件，亦必先数精神上之事焉，精神之足重如是。

精神之发达也，必以教育锻炼而成。试思之，有高等之精神者，无不从读书明理而来，使于精神上素无陶浚之功，则亦惟知奉其饮食货利之事以终世已矣。呜呼！使号为人而不过如此，又岂有一毫人类之价值耶？

精神上之事，举其要者有三：曰情、曰智、曰意是也。言心理学者，多以智、情、意之三部，为心理全体之分类法，而作者之言心理也，以情为主，若智与意，不过完全情之作用已耳（作者所抱之见解如此，其详别论之）。故下先言情，而继言智、意之事。

第二节　情

使问人之生也，果何为乎？其将为衣食乎？为居住乎？为目有见、耳有闻、肤有触、神经之有感觉思虑乎？曰：不然。夫为是等而生，则人生竟无何等之趣味。然则人之生也，果何为乎？曰：为情而已。夫惟有情，而后父子相亲，夫妇相爱，兄弟相友，朋友相善，以及国家社会之相维持，相救助，推而广之于全世界之人类，而有人道主义焉，又推而广之于全世界之物类，而有爱物主义焉，皆一本乎情之所发生而已。试问吾人所与居者，但有草木金石而无人类，此干燥之乾坤，吾人岂能一日安乎？又使虽有人类，而徒相杀相残而不相爱，此惨酷之天地，吾人又岂能一日居乎？然则人生之义无他，一言以蔽之曰：为情而已。

情之范围，常分而为二：一普通大范围内之情，一特别小范围内之情。普通大范围内之情，对于人人物物，皆不可不用之；特别小范围内之情，则以特别之故，而结契甚深，若所谓知己，性命之交是也。此两范围之中，一则外延广而内容狭，一则内容深而外延短。而与吾人之噏合力最强，有之而精神有凝一归集之处，无之直泛泛然于天地间，而无所依着者，则小范围内之情之于吾人为尤切也。虽然，是两种之情，实不可不兼有之，盖有大范围内之情，此世界之所以有仁慈公正之行，有小范围内之情，此世界之所以有生死患难之友也。且也，以利害密接之故，小范围内之情，为人人之所易有，而大范围内之情，非大人物不能有之，此有共同感情者之所以可贵也。要之，必对于公众，则有大范围内之情以见其情之浡，而对于亲密复小范围内之情，以见其情之笃，则可谓能完全情之作用，而各当其道者也。

世界有至美之一物，而为人类之所必不可少者，何乎？则人情之美是也。今夫山川之妍丽、风月之清佳、草木之芬芳，此所谓天地间自然之美也。设天地无此自然之美，而天地几乎无色，然使徒有此自然之美，而无人情之美，则人世果有何等之兴趣乎？夫所谓人情美者，吾今不能以言语文字形容之，何也？但予人感而不予人道者，此美之至者也。故夫自然之美，吾人虽各自得于感觉之间，而犹能以绘画显之，诗歌咏之。至于人情之美，几不能假何物以道其状，故本书虽欲言而终不能言之。虽然，此人情美之物，虽为言语文字所不能道，而实人人之对于此人情美，其感觉也独锐。试观赤子居于父母之旁，虽不言而已通其感觉，而知父母为最爱我之人。吾人与世间之交际亦然，相助、相爱、相救、相恤，悉本于其至性而出，则怡怡然、融融然，于性情中每若有无限之安慰与愉快者，则人情美为之也。呜呼！世路崎岖，人情反覆，各斗其机械之心机，梦魂间犹觉寒心，当此时也，一遇夫人情美之境，直若于人世间而有乐土天国之思，此实可谓人心中一至美之事也。夫道德实亦美中之一物耳，使人心中而无此人情美，则道德亦必无发生之时，盖道德之本根，实在此人情美之中也。吾人欲望世间道德心之发达，又安能不望世间人情美之发达也耶？

若夫修养人格，亦有必赖夫情者在，盖人格中有一最要之点，则不可无慈祥恺恻之心、温柔敦厚之行是也，而是固非笃于情者，不能有之。夫吾人之无人交对于暴戾酷虐、残忍刻薄之人，不免畏之若虎狼避之若蛇蝎，而一得依于慈祥，恺恻、温柔敦厚者之旁，常若有和风甘雨之思，则此二者之间，自他人视之，其人格之美恶果何若乎？而探其故，实不外一为无情之人，一为有情之人。故夫吾人之论人也，常以爱情之有无为一条件，盖天下必无无情之人物，彼爱情不备之人，其人格亦必不能完全无缺憾者无疑也。是又修养人格者，首当自审其情之隆薄，果何处也。

于情之中，又有第一必当养成之者，则道德之情操是也。道德之情操者，吾人性情之中不自知其何故，常向于道德之一方向而行，而有所不容已，不见夫仁圣贤人，彼其见道德而赴之也，虽蹈白刃、临水火，而有所不辞。夫岂不知白刃、水火之为害哉？道德之念强而无物何以抑之故也。此在无道德者视之，几不知其何故，方以谓其心事殆难于索解，不知彼之不解正由彼但知富贵生死诸事，而不知有道德之情操耳。有道德之情操者，其于为道德也，亦犹饥者之于食，饥者之于食也，得食则快，不得食则不快。有道德情操之人，而欲使之为不道德，必生种种之不快，而不能安于心。至于为道德而后其心始快而安，故无所往而不求合乎道德，虽欲使之不为道德而有所不能，是道德情操之效也。所谓士穷见节义，世乱识忠臣，当世俗披靡疾风□荡之中，而得见有中流砥柱之人，不与流俗同其轨辙者，固以其人有此道德情操故焉。此道德之情操，实为凡有国家社会者之所不可一日无，盖以无此道德情操之人，即可至国家社会无一道德之人，无一道德之人，则其国家社会可至于灭亡也，能不惧哉？能不惧哉？我中国今日，亦几有此危险之象矣，稍有爱国家社会之心者可不知此道德情操之要，而思所以养成之乎？

人类之所以有价值者，实不外性行、志节、事业与夫文辞之事，而是数者，无一不出之于情。试视古来有性行、志节之人，足以感天地、泣鬼神，而顽廉懦立，虽百世下对于其人，而犹有兴起之效，凡其能有若是之性行与志节者，有不本于至情之所发，而能然者乎？又试视古来有事业之人，能出民于水火，跻世于衽席，而功勋烂然，炳若日星，千载下犹讴歌之。凡其能有若是之事业者，又有不本于热情之所发，而能然者乎？至于文辞之间，实所以写吾人之性情，而最能动人之感慨者。吾人试读古来之述作，而见其歌也有思，泣也有怀，每不觉掩卷太息，流涕无从，以为是人所作，何其能移吾之情至于如此乎？又岂有不本于作者有甚深独至之情，而能然乎？呜呼！此乾坤亦甚寂寥，此日月亦甚淡薄，实赖有吾人之性行、志节、事业与夫文辞之事，以庄严而绚染芬芳而悱恻之，而其故必本于人之有情。使无情，则凡性行、志节、事业、文辞，必无有能动人之精神者在。进而言之，谓无情，则世界即可至无性行也，无志节也，无事业也，无文辞也可也。然则情者，性行之基也，志节之本也，事业之母也，非特此，而又文辞之源泉也，则甚矣，情之效用为甚大也。

于情之中，而有二事之当注意者：其一，则情者不可不真。惟其真也，故能通乎人之精神，而其动人之力也至大。不然，故作有情之面目，而非发自本心，则人早有以窥其微而识其情之伪矣，而动人之力何有矣？其一，则情者不可不久。惟其久也，故念旧怀始，事愈远而情愈笃，情之所可恃者此也。不然，因时间之经过，而情亦从而消失，则其情也直一无可恃，人固未有不恶其薄情者，又乌得称为有情之人乎？

虽然，人既知尊情矣，而或以情为无恶，将一任情之所为而不加裁制于其间，则其事又未有不误者也。盖情之为物也，亦正善恶兼含邪正互具，稍一不慎，不出于善而出于恶，不属于正而属于邪者，事固时时有之。昔人知其如此也，因欲绝情。虽然，情者与生俱来，人性之所固有，不能绝也，欲绝情，则必并情所发生之美德，而俱绝之矣，而岂可乎？吾人方欲以情为基础，而凡人类间所有之美德，一切皆建设于其上，又岂可厌弃之而不道乎？惟知夫绝情不可，而任情又不可，盖绝情则不足资以为善，而任情又不免放而为恶，而用情至善之法，则有一焉，曰：高尚其情好是也。盖情好者，庸人有之，圣人亦有之，其情好同，而其所情好之物大不同，此即人品之所以分高下也。举其最易见之例言之，如有人焉，专以读书为乐，则读书其情好也，有人焉，以赌博为乐，则赌博其情好也。而一则为下流之事，一则为士君子之事者，则以其情好之物不同故也。彼圣贤之与流俗不同其情好者，犹人之与牛马不同其食性然。故人之于情也，不可不抑止其卑劣下等之事，而进于高尚，庶乎有善而无恶，有正而无邪，而可谓善用其情者矣。

第 二 章

第一节　智

　　人者，有求智之性者也。不观小儿乎？对于其所不知之物，必举而问之于人，曰："此何乎？此何乎？"此即有求智之性之萌芽也。至于就学之士，苟有当知之物而不知，每不胜其怀惭之意。故夫学问之道无他，有一不知之事，必欲考而知之，及夫此事已知，而彼事复有所不知，又欲考而知之，由是不知之事无穷，而求知之心亦无穷。于万有之内，举其所得知之一部分而言，是即今日之所谓学问者是也。学问者，即由人有求智之一性而起，若人而无求智之心，即谓人类间不能有学问发生之事可也。此求智之性，学者名之为智识欲。人惟有此智识欲也，而后乃能超万物而先进化，盖人类之所以高于物类者，非以其体力之过于物类，而实由于智识过于物类之一事而已，然则智识欲者，非人类之所以为人类一至要之事耶？

　　吾人身体之所以生长者，必赖乎食物，使无食物之事，而身体生长之机绝矣。夫精神上，亦岂能独无食物而生长乎？精神之所以赖以生长者，何则？知识是也。吾人日以知识供给精神之需要，知识之新陈代谢，是即吾人精神所以能发生而成长之机也。故曰：知识者，精神之食物也。

　　智识者，所以处事也。夫一事也，不知其利害祸福之所在而谬然行之，其为害也甚矣。或未敢即行，而徘徊于利害祸福之间，此境亦最能困人，或遂有决之于蓍蔡者，虽然，蓍蔡者，其事茫漠，而不能明言其理，此岂吾人所可信耶？惟出吾人之智识以断之，使利害祸福，无复有可遁之形，而后乃能取最善之一策以从，则智识之贤于蓍蔡也亦远矣。吾不恃吾之智识，而岂可反恃蓍蔡以处事也乎？故夫吾人之于事也，不可无自觉之心与夫自信之心，而此自觉、自信之心，必皆由智识充足之后而后能得者也。况乎先见之明，亦为有时处事者所必要，先见者观微察隐，而知其败坏点之所在，盖事当未经败坏之前，其补救也易为力，防祸于未发，弭患于无形，此处事之上策也，而是固非具过人之智识者不能有之，则甚矣！处事之大赖于智识也。

智识者，所以度理也，夫人常有求真理之心，虽然，真理者伏于高尚之处，往往为谬误之迷云所蔽，非加以辨别比较之力，则真理终无发现之一日，因真理不发现之故，则道德学问、人间一切之事，皆若筑室于虚土之上，时不免崩溃摇撼之忧，盖真理之中心点一移，则万事皆当因而改变故也。且夫自古至今，人之于事也，莫不曰此合理乎？否乎？盖不合理之事必为人心之所不能安，凡其所谓已安者，必自以为合理者也。特无如前所视为合理之事，至智识进步之后，仍发现其有不合理者在，常若人之智识进一步焉，而真理亦因之而进一步，以智识逐真理，而真理每在前而不可及，吾壹不知夫真理之境，固若是其无穷者哉。然则无他道也，亦惟有为求真理，而仍鼓吾人之智识以进已矣。

智识者，能使社会进于开明之域者也。夫当太古之时，人民之迷信甚多，而迷信实每与开明之事为敌。例若信风水之说，则不敢开矿，是其例也。盖迷信之所以为害者，以天下之势力，莫大于人心，人心者，实世间一切行为发生之源也。以一极谬误之说，盘踞于人心之间，而反信为正当之理由，其行事有不日趋于谬误者乎？故非谬误之说去，则真正之理不出，而开明终不可得而见。凡迷信之所以为世害者，率皆由是理也，而欲破人心间之迷信，则必有待于人民智识增进后也。

智识者，又能使文化达于高尚之境者也。何言之？天下至可宝贵之物，以野蛮无智识，故而为其所湮没者多矣，文化之长囿于卑野者，固以此也。盖社会之通性，凡为社会之所重者，人皆趋而为之，凡为社会之所贱者，人皆弃而远之。若野蛮贪杀之社会，虽或偶有仁廉之行，世皆不以为可重，从而行仁廉之事者益寡。虽然，其不重仁廉者，实其智识不知仁廉之为美也，知仁廉之为美，则仁廉重，仁廉重，而为仁廉者日多矣。譬之今有一金钢矿于野蛮部落之中，彼野蛮人固不知金钢之可贵也，而视与粪土同价，则亦无有人也，开采此金钢矿者矣。嗟乎！因社会文化未高之故，坐使世间至可宝贵之人，皆从而失其价值，以驯归于绝灭之途者，夫岂少也耶？试视文化未进之社会中，凡抱绝技异能之人，既多归于不传，而一二贤人君子，身怀环奇之行，则亦以不合社会之故而黄钟毁弃，瓦釜雷鸣，以归于淘汰之列，此实社会不能长进之一大原因也，而皆坐于人民智识之不足为之。盖人民智识之不高尚，断未有能使文化达于高尚之境者，故欲高尚其文化，则必先高尚其人民之智识而后可也。

智识者，又今日世界交通竞争存立之一大要件也。盖当野蛮之世，人民之所恃以为竞争之具者，大都在力，力之不胜，则个人不能与个人争，而一部落亦不能与一部落争，凡成为最强之部落与一部落中成为最强之一个人，必也以力为最大之原因。而今也不然，其赌胜败最大之一事曰智。凡个人之与个人，一国之与一国，一言以蔽之，曰：有智识者胜，无智识者败。纵今之世，亦非全不恃乎力。要之，智实居于力之上，以智运力，而后其力始有用，固未有徒恃力而无智，而不败于今日之世者也。试观我国今日之维新，亦无非为为求智识之得胜于人，而谋存立而已，则甚矣！智识为今时代当王之物，而人民之首当注重于此也。

若夫道德，亦多有赖乎智识而后能成者。何言之？盖人之行事，其有善恶之一辨别，固在其人已有智识之后。辨别善恶之一智识既生，而后善不可不为、恶不可为之，一智识亦因之而生。由此言之，则人之去恶行善也，实一智识上之产物而已，善行之必先有善念，固以此也。因此之故，而吾人遂得发现一劝人进于道德之术，无他，即启其有智识之明是也。视于世人之有道德心者，必多有恃乎诗书诱导之功，此非明征智识有引起道德之一能力也耶？不然，则《圣经》、贤传、父训、师箴，亦皆属无用之物，而欲鼓舞人有道德之法几穷。今之能劝诱道德而有效者，则仍不外乎假径于智识之一途，故对于愚昧之人，骤欲使之去恶从善，未见其有效也，先使之明理，则恶不期其去而自去，善不期其行而自行矣。或曰：开人之智识，其如人即有假此以作恶者何？曰：是固有之，虽然，吾以为如此之人，必其智识之尚未完全，只可谓为小智之人，而不可谓为大智之人。若夫人之智识完全而可称为大智者，则为恶之非吾人之利，必深知之，知之而为恶之策自有所不取。况乎既曰启其灵明之性，则其于善恶也，并不待何等利害上之计算，而自必欲植其躬于有善无恶之途，而后其心始安者也。故智识之事，毕竟非与道德相背驰，而实有相援助之理。不特此也，夫人虽有道德之心，而以智识未进之故，反有以不道德之事为道德，执行之而不知其误者，此类之事，于迷信宗教，及拘泥一国之风俗习惯之人，往往有之。吾人所尝慨叹，以为是等谬误之害，必待之智识增进之后而后能去者也，况乎道德之目的，有时必赖乎智识而后能达，因智识不足之故，往往有怀抱道德之盛心，而以事之无成，遂有不能许为道德者矣。故窃以为智识不备，则道德亦不能为圆满之发达，而欲求有完美之道德者，必在智识充足之后，则夫欲谋世人道德之进步，又安可不先开拓世人智识之界限耶？

若夫情亦有赖于智者在。盖情者，实一盲目之物，知进而不知退，知存而不知亡，知得而不知丧者，则情之性质也。故任情而不任智，则前有祸害而不知，后有患难而不见，天下之危险，岂有逾此者乎？非特此，情之为物，每与理性不能相容，故当感情至激烈之时，其思虑必致缺乏，一往而不可制，遂有不顾利害轻重之举者矣，如盛怒之余，即易犯此者也。又为感情一偏之所蔽，则于论事论人之际，亦有为感情所左右，而失公平正直之处置者矣，是又偏好偏恶，人人之所常见者也。而能救情之弊者惟智，盖情为热的，智为冷的，情之性开张的，而智之性收敛的。情犹君也，而智犹相也，以相正君，则君可不至于恶，以智正情，则感情能不脱乎智性范围之外，而能常保其中正之度，是又智之大有造于情而笃于情者，固不可不长于智者也。

第 三 章

第一节 意

意者，行为之主也。盖行为之事，今学者分之为二：一意思所决定，名为内部之行为；一意思所发显，名为外部之行为（本德国学者惠林古之说）。盖行为之先，必有意思，而可分之为二者，例若吾举手欲挈一物，当吾之决意欲举手而挈物也，吾虽有此意，人不得而知之，故谓之内部之行为，及夫我已举手而挈物，则吾之意思，已发显于外，而为人所共见，故谓之外部之行为。虽然，不问行为有二种之别，而出于吾之意则同，故行为之解释无他，即意思之发动是也。此论行为者，所以不能不先论意思，而意实为行为之主者也。

故夫人之行为，可得而名为善恶者即善恶其意而已，无论以道德论，则外部、内部之行为，兼得而论及之，若所谓原心诛心者，即论及内部之事者也。而以法律论，但得纠及外部意所发显之行为，至内部意所决定之行为，非其所问。然发显之行为，亦为意之所存，故法律上固非绝不重意者，诚以行为上得认定其为善恶之事，必先认定其有意在，若无意，则善与恶几不可得而知。故除特例之事外，以通常言之，则人必有意而认其有一人格之存在，即认其有一意志之存在，有意志而后得加其人以善恶之名者也。

由是言之，故意志不可不自由，盖意志而非出于自由，则是奴隶而已。例如他人之欲吾杀人也，而吾亦将杀之乎？他人之欲吾盗物也，而吾亦将盗之乎？吾知人之不可杀而必不杀，知物之不可盗而必不盗，虽或有人迫之而必不从，此即吾自由之意志。有此自由之意志也，而后乃有道德，不然，吾欲为道德，而以无自由之故，不免为不道德，吾欲不为不道德，而以无自由之故，又不能不为不道德，则道德直无存立之地矣。此吾人不可不争意志之自由，而又不可不尊重他人之得意志自由也。

若夫以意之效用言之，凡动作者，必有赖于意者也。夫天下之事，必为之而后有效，不为之，则必无效者也。故动作力弱者，可直断其无事之可成，而古今所谓成功之英雄，必具有一最大过人之本领，曰人之所不敢为而我为之，人之所不能行而我行之，是即可谓有至大之动作力者也。而动作力之发生，实由于决意，盖意之不决，而在摇撼游移之境，则动作力必不能发生于其间，天下事往往不败于事后，而败于事前之不能决意，终之何事不为，是真可谓之坐败，而行事之大忌，实无过于此者，古人之所为以需为事之贼也。若夫意强之人不然，当机立断，而不惑于转念，不摇以群疑，故其人乃能直起而有功，盖决意之至，鬼神避之，决意者，成功之母也。此有动作力之可贵，而必属之禀性中强于意者之人焉。

持守者，又必有赖于意者也。盖人之向道也，不可无一坚定之性。不然，而今日为善，明日可为不善，则心未与道凝，而道将终不为我有矣，此学者所以贵有持守之功也。能持守者，无摇惑无变迁，一与道齐，终身不改，虽历外境之纷纭蕃变，随在能撼吾之所守，而吾之内心，常能制之，以不为外境之所乘，而有"浮云身世改，孤月此心明"之境焉。至其极，则虽蹈水火、婴白刃而有所不避，盖其执念之强，至对于人生所最畏惧死之一事而不能动，则真不能动之矣。孔子所谓守死善道者此也，而非强于意者，固不能如是也。

若夫禁戒之事亦不能不有赖乎意。禁戒者何？见有害之事而欲避之，而节制约束吾之行为是也。举其浅而言之，若知酒之害，则当戒酒，知烟之害，则当戒烟。凡道德中须禁戒之事甚多，兹不及枚举。虽然，以禁戒之难也，往往吾自禁戒之事，吾自蹂躏之。禁者戒者吾，而破此禁破此戒者亦吾，如是而禁戒终归于无效。盖禁戒之事之所以不可能者，其一必以有此事为吾之所甚乐，不能胜其乐之欣慕，则不能禁戒矣，其一必以无此事为吾之所甚苦，不能胜其苦之困难，则又不能禁戒矣。必也一决之余，而能割大乐忍至苦，则禁戒之事以成。夫禁戒之事贵乎有自制力，今考之，凡人脑力之健全者，其自制力亦强，故大人物无不富于自制力者，而脑力不健全之人反是，此则又可征非强于意之人不能善守其禁戒也。

至若不惧患难、不畏困苦者，人生至要之行也，而亦不能不有赖于意。夫吾人或为事业，或为道德，悬一目的以进，则其进行之程途中，必无坦坦平平之路。若必求一顺境而行，设不遇顺境，将自此而裹足焉？则吾所期望之一目的，终不可得而达，而已入乎竞争退败之列，天下宁有可为之事耶？必也立意以定吾之所向，虽有若干之障碍，吾必排而去之，虽有若干之艰屯，吾必忍而受之。盖天下不能求一无患难、无困苦之境，惟吾心有能胜此患难、困苦之术在，斯遇患难、困苦而无伤吾之行事，且得因此而磨炼能力，以为成事之本焉。彼英雄志士之所以有成就，夫岂有他道哉？亦不外不惧患难、不畏困苦之一事，为能异于庸众已耳，而是又必属之强于意者之人而后可也。

综意之性质而言之，意者，有决断之性质也，无之而失于狐疑者有之；意者，有敢往之性质者也，无之而失于姑息者有之；意者，有忍耐之性质者也，无之，而失于摇移者又有之；意者，有主张命令之性质者也，无之而失于依阿顺从者又有之。故夫人格之中，曰志、曰气、曰节操、曰胆略、曰刚勇、曰坚贞、曰自主、曰独立，凡有若是诸美德者，则皆意之所产出者焉，则意为修养人格之必要可知也。

故夫以意与情与智，合而言之，则意固大有补于情与智，而有为情与智之所不能离者。盖情非意则不达，而智非意则不成。设无意，则虽使其人之感情若何热诚，其人之智识若何渊深，终不能一显于行为之间，而情与智且归于无用。彼世之有感慨、有思议而无事实者，则皆短于意志之故也。知夫情与智必待意而后能完其用，此意之所以足重，而当与情与智，并立而为三也。

虽然，意之足重固然，亦不能谓意之尽善而无弊也。何则？意之为物，固少变化通利之性者也。设也有一决意而行之事，而不明察其理，岂能保其事之果无误乎？而尚意之人，多不知此，往往有确执己见，而不揆乎时势，不度乎情理，遂有失之于执拗而不通，顽固而不化者，则意之有害于事也大矣。盖意而用之于识见充足之人，固能收其用而尽其利，反之而若识见尚未充足，固有未可专任其意而行之者。例若人当尊重其意志之自由者理也，而当年幼之时，则凡有所欲行之事，不能听其自由，而当以父母主之，盖即恐其以识见未足，而或至有害于事故也，此当防意之弊者也。盖闻之孔子绝四，而其一曰毋意，则意之不可胶执也明矣，惟能取意之长而用之，而又能知其短而避之，庶乎其能收意之效矣。

第二节 结 论

以精神与形体比较而言，则精神尤重于形体，盖以精神上加修养之功，而精神直有改变形体之能是也。试视怒则力增，而当心志专一之时，虽寒暑亦若不知，又当形体之力穷，而得假精神之力以济之者，其事多有（今时若远感作用及催眠术等，皆假精神上之力）。昔人所谓鬼神来告，盖即由精神之能力为之。闻之昔时有英国之将军某，指挥其军以与敌人战，已受致死之伤矣而不死，至闻捷报，而知敌军之败也始死，是即由精神之力能延其形体之生命也。精神之作用顾不大哉。亦姑不必言此，凡人所有之精神，实无不显之形体之间，如有仁慈之心者，必现仁慈之相，有凶恶之心者，必现凶恶之相。虽使其人欲自掩抑，而无如精神之上卒不可秘。孟子所谓"胸中正，则眸子瞭焉；胸中不正，则眸子眊焉"，是皆由其精神影响于形体间之理也。故夫学者欲改换其人格，必先改换其精神始。盖既改换其精神之后，则形体随之，而后人格自从而殊异焉。如昏惰放荡之人，或一变而为勤谨之士，则容貌之间亦见其有清新之气象然，是非精神有改变形体之能之征者哉？精神之有关于人格若此，故夫今之言教育者，曰体育，曰智育，曰德育，而又有之曰情育，形体上之事居其一，而精神上之事居其三，亦可知精神之事之多于形体矣。盖形体固不可不重，而精神则尤为吾人之所当重者也。

由是言之，吾人欲修养其人格者，必不可使精神上有缺陷之憾，如于情而有缺陷焉，则其人直可谓无情之人，吾人可不懔然以此为缺陷之大者乎？盖人之所以为人者，实合形体与精神之两部分而成，形体之不全，则人谓之不成人，若不全于精神，又岂得谓之为成人乎？特形体上之不全，如盲目、缺唇等事，人皆得而见之，而精神上之不全，若或欠于情，或欠于智，或欠于意，人不得而见之。虽然，人苟有欠于情、智、意之三者，则其人必不能造为完美之人物，固可知焉。夫吾人对于形体上事，固不可不谋发达保全之道，此衣食、运动、医药、等事之所由起焉，而于精神之事多忽焉而不讲，岂可谓能知事理之本末轻重者耶？盖形体实为载精神之物，使无精神，则形体虽存，与夫粪土木石又何殊焉？故凡所谓欲发达保全吾人之形体者，无非以形体不具，则精神亦将无所附丽，而欲借形体之保存，以谋吾人精神之发展耳，固非徒为吾人之形体计，而曰此外其遂无余事焉。由是理而推之，则精神上之不可使其有缺陷也，实较之形体上不可使有缺陷为重。形体上之缺憾，苟无伤于精神之发展，则吾人直可不较，独至精神上之缺陷，致有害于人格，则直为人类所不可不补之事。且也，形体上之缺陷，或有不可不补者，如手足之断不能复续者是，而精神上之缺陷，苟教育进步，尚未见必不可补之事，则夫补精神之缺陷者，非人类间第一重大事哉。

故夫精神上之事，若情、智、意三者能臻于完全发达之域，则其于人格也，亦无何等之缺陷，彼称为神圣之人，即最能发达此情、智、意三者之精神者也。余尝论人，谓不可无爱情、无智性、无勇气，而孔子之教，每连言智仁勇之事，是亦无他，不过能发达情、智、意之美德而已矣。

夫人若能全于情、智、意三者之精神，固善之善者也。虽然，凡人之禀赋，殆不能皆无所偏，彼若下等之人，情、智、意三者皆无，固在无可取材之列，至若三者之中，果能独长其一，已为翘然出众之才，然而细察其性情，非短于情则短于智，非短于智则短于意，盖人类间精神之发育，其不能达于完全之境固如是也。

于是吾人得自省之法焉。夫学者之欲完全其人格也，莫要于有自修之功，然而自修之难也，即在吾不能自知其为吾，而于性质之短长茫然莫觉，更何从而施补弊矫偏之力乎？若悬情、智、意三者以求，则吾性质之所欠者，固在何所易得而知之，而后可加锻炼之功焉，是大便于自省而有益于修己之事者也。

于是吾人又得相人之术焉，夫欲交友其人，与欲施教育于其人者，首不可不知其人之性质，盖所谓有交友与教育之益者，即在与其人之性质相接触于精微之处，而加以磨砻之功，自不觉生一种苦快之感，而后其性质上之长可得而发育之，性质上之短可得而矫正之，此交友与教育所以有入神之功也，而固非深知其性质者不为功。今分人性质者，曰胆液汁（刚执性）、神经质（沉郁性）、多血质（感发性）、黏液质（冷静性），是四者，固为知人之一法，而欲言交友与教育者，多有取于是，然若以情、智、意三者验之，则其人所蕴藏之性质，亦不能逃，而欲利用其性质上之所长与补救其性质上之所短，其言皆切中深入而易有功，是又大便于相人，而有益于交友与教育之事者也。

以情、智、意关于道德之事而言，吾则以为情者体也，而智与意者其用也。盖情为道德发生之本，使无情则智之烛察、意之执行，皆不免以无意味终，此所以当先情于智、意而以情为道德之体也。虽然，智者，所以度其情之可用不可用，使无智，则用情之当否不可知，而所谓道德者，固非徒指有情之谓，必有情而善用之而后可冠以道德之名者也。若夫意者，又于智所已分明之事而断定其从违，使无意，则虽有欲用其情之处，而意不得决，又何从而付以道德之名乎？故夫以一贯言之，则情、智、意三者，实有体用之别，而从其界画言之，则情、智、意又若鼎足之三，各有其领域之所在，不可偶缺其一者也，此情与智、意分合之理也。学者欲对于一己而发达其精神，以为修养之本，则夫情、智、意三者，可不先讲明其理哉？

附录一　蒋观云文章年表

一、《清议报》

创刊地点：日本横滨，旬刊。

编辑：（英）冯镜如，实为梁启超负责。

日期：1898年12月23日—1901年12月21日，共100册。

1. 第33册（1899年12月23日）《观世》（蒋观云署名"因明子"，下同）
2. 第35册（1900年2月10日）《时运》
3. 第65册（1900年12月2日）《络纬》《送人之日本游学》
4. 第67册（1900年12月22日）《梦飞龙谣》《杂感四首》
5. 第68册（1901年1月1日）《菊花》《人物》《世境》《雄思》
6. 第72册（1901年3月11日）《车笙足》《夜坐》
7. 第81册（1901年6月7日）《庚子五月避天津之乱南归，七月三日渡扬子江作》《苦闷》《有感》《湖州道中》
8. 第82册（1901年6月16日）《终南谣》
9. 第86册（1901年7月26日）《奴才好》
10. 第87册（1901年8月5日）《辛丑杂感》《梦起》
11. 第88册（1901年8月14日）《辛丑六月》
12. 第91册（1901年9月13日）《风暴》《帘（怀人世）》《世间》
13. 第92册（1901年9月23日）《见恒河（望吾种之合新群也）》

14. 第93册（1901年10月3日）《中国人性质》《时事》《晨坐斋中》《北方骡（思铁路之行也）》

15. 第96册（1901年11月1日）《闻蟋蟀有感》

16. 第97册（1901年11月11日）《性入世吟六首》

17. 第100册（1901年12月21日）《呜呜呜呜歌》《避津门之乱一岁余矣，追忆赋此》《庚子袁、许死》《古今愁》《世间愁》《闻客话澳门山势雄壮有感》《饮酒》《答问题》《反前答》

二、《新民丛报》

创刊地点：日本横滨，半月刊。

编辑兼发行者：冯紫珊，实为梁启超负责。

时间：1902年2月8日—1907年11月20日，共96号。

1. 第3号（1902年3月10日，光绪二十八年二月初一日）：
《壬寅正月二日宴日本丰阳馆》《吊吴孟班女学士》《壬寅正月二日自题小影》《朝吟》《读史》《卢骚》（蒋观云署名"观云"，下同）

2. 第8号（1902年5月22日，光绪二十八年四月十五日）：
《余作新寿命说》《历史》

3. 第10号（1902年6月20日，光绪二十八年五月十五日）：
《久思》

4. 第20号（1902年11月14日，光绪二十八年十月十五日）：
《长江》《壬寅八月往游金陵书怀》

5. 第25号（1903年2月11日，光绪二十九年正月十四日）：
《醒狮歌（视今年以后之中国也）》《壬寅十一月东游日本渡海舟中之作》《长崎》《富士山》《朝朝吟（在日本东京作）》

6. 第26号（1903年2月26日，光绪二十九年正月二十九日）：
《中国兴亡一问题论（未完）》

7. 第27号（1903年3月12日，光绪二十九年二月十四日）：
《中国兴亡一问题论（续）》《东京除夕》《东京元旦》

8. 第28号（1903年3月27日，光绪二十九年二月二十九日）：
《中国兴亡一问题论（续）》

9. 第29号（1903年4月11日，光绪二十九年三月十四日）：

《中国兴亡一问题论（续）》

10. 第30号（1903年4月26日，光绪二十九年三月二十九日）：

《中国兴亡一问题论（续）》《年龄之与嗜欲》《学校与鬼神与官府之冲突》《隐居者，残废之一流人也；不能当兵者，残废之一流人也》《霉菌灯》《马尾之长度》《黑人婴儿之白色》《世界第二之大炮》《心理与生理之一斑》《世界大富之王》《世界至速之电车》《世界帝王之口才》《牛何故惊赤色》《美国虫害之预定额》

11. 第31号（1903年5月10日，光绪二十九年四月十四日）：

《中国兴亡一问题论（续）》《中国上古旧民族之史影》《病菌者，亡种之一物也》《各国人之特性》

12. 第32号（1903年5月25日，光绪二十九年四月二十九日）：

《埃及古代之鳄鱼》《新骨相学》《风土之与人生》

13. 第33号（1903年6月9日，光绪二十九年五月十四日）：

《华赖斯天文学新论（未完）》《世界最古之法典（未完）》《库雷唉治懒惰病法》《说萤》《花之与虫》

14. 第34号（1903年6月24日，光绪二十九年五月二十九日）：

《华赖斯天文学新论（续）》《世界最古之法典（续）》《说梦》《说盐》《旅居杂咏（时在日本东京）》

15. 第35号（1903年8月6日，光绪二十九年六月十四日）：

《极东问题之满洲问题（未完）》《中国人种考（未完）》《首阳山》《天王明圣臣罪当诛》《战败后之民族》《旅居日本有怀钱唐碎佛居士》《一羽》

16. 第36号（1903年8月21日，光绪二十九年六月二十九日）：

《极东问题之满洲问题（续）》《神话历史养成之人物》《四岳荐舜之失辞》《托尔斯泰伯之论人法》《十九世纪战争之军费》《苏彝士运河近况》《美国游客之金额》《美国购阿拉斯喀地之利益》《变光星》《丫髻星》《地球毁灭之预言》《人体之磁气力》《暗之元因》《朝气爽人之理》《虫造风船》《奏乐辟蚊》《帖木儿陵墓之崩坏》

17. 第37号（1903年9月5日，光绪二十九年七月十四日）：

《极东问题之满洲问题（续）》《中国人种考（续第三十五号）》《几多古人之复活》《文弱之亡国》

18. 第38、39号合本（1903年10月4日，光绪二十九年八月十四日）：
《极东问题之满洲问题（续）》《中国人种考（续）》

19. 第40、41号合本（1903年11月2日，光绪二十九年九月十四日）：
《极东问题之满洲问题（续）》《中国人种考（续）》

20. 第42、43号合本（1903年12月2日，光绪二十九年十月十四日）：
《厌世主义》《极东问题之满洲问题（续）》《中国人种考（续）》

21. 第46、47、48号合本（1904年2月14日，光绪二十九年十二月二十九日）：
《日俄战争之感》《极东问题之满洲问题（续第四十二、四十三号）》《中国人种考（续第四十二、四十三号）》《海参崴》《永乐建都北京之得失》《成败》《文体》

22. 第49号（1904年6月28日，光绪三十年五月十五日）：
《中国近日之多数说及其处置之法（未完）》

23. 第51号（1904年8月25日，光绪三十年七月十五日）：
《中国近日之多数说及其处置之法（续第四十九号）》《极东问题之满洲问题（续第四十八号）》

24. 第52号（1904年8月25日，光绪三十年八月一日）：
《极东问题之满洲问题（第五十一号）》

25. 第53号（1904年9月24日，光绪三十年八月十五日）：
《中国人种考（续第四十六、四十七、四十八号）》《俄皇尼古刺士二世》

26. 第54号（1904年10月9日，光绪三十年九月初一日）：
《中国人种考（续）》《俄皇尼古刺士二世》

27. 第55号（1904年10月23日，光绪三十年九月十五日）：
《极东问题之满洲问题（续第五十二号）》《中国人种考（续）》《俄皇尼古刺士二世（续）》

28. 第56号（1904年11月7日，光绪三十年十月初一日）：
《极东问题之满洲问题（续）》《中国人种考（续）》

29. 第57号（1904年11月21日，光绪三十年十月十五日）：
《共同感情之必要论》《中国人种考（续）》

30. 第58号（1904年12月7日，光绪三十年十一月初一日）：
《共同感情之必要论（续）》《中国人种考（续）》《俄皇尼古刺士二世

（续第五十五号）》

31. 第59号（1904年12月21日，光绪三十年十一月十五日）：
《共同感情之必要论（续）》《中国人种考（续）》

32. 第60号（1905年1月6日，光绪三十年十二月初一日）：
《共同感情之必要论（续完）》《中国人种考（续完）》

33. 第61号（1905年1月20日，光绪三十年十二月十五日）：
《钱论》《论中国自食力派思想之发生（未完）》

34. 第62号（1905年2月4日，光绪三十一年正月初一）：
《论中国自食力派思想之发生（续完）》

35. 第63号（1905年2月18日，光绪三十一年正月十五日）：
《辩论与受用（未完）》

36. 第64号（1905年3月6日，光绪三十一年二月初一日）：
《国家与道德论（续完）》《辩论与受用（续）》

37. 第65号（1905年3月20日，光绪三十一年二月十五日）：
《国家与道德论（续完）》《辩论与受用（续）》《中国之考古界》《中国之演剧界》

38. 第66号（1905年4月5日，光绪三十一年三月初一日）：
《辩论与受用（续完）》《佛教之无我轮回论（未完）》

39. 第67号（1905年4月19日，光绪三十一年三月十五日）：
《佛教之无我轮回论（续）》

40. 第68号（1905年5月4日，光绪三十一年四月初一日）：
《佛教之无我轮回论（续）》

41. 第69号（1905年5月18日，光绪三十一年四月十五日）：
《养心用心论（未完）》《老子之面影》《一哄之时代，研究之时代》《对外之举动，对内之举动》

42. 第70号（1905年12月11日，光绪三十一年十一月十五日）：
《养心用心论（续）》《平等说与中国旧伦理之冲突》《佛教之无我轮回论（续第六十八号）》《客观之国》《君不君尔汝而已矣》《维朗氏诗学论》（【法】Everon著，【日】中江笃介译，观云译述）

43. 第71号（1905年12月26日，光绪三十一年十二月初一日）：
《阿里士多德之中庸说》《佛教之无我轮回论（续）》

44. 第72号（1906年1月9日，光绪三十一年十二月十五日）：
《养心用心论（续第七十号完）》《维朗氏诗学论（续第七十号）》(【法】Everon著，【日】中江笃介译，观云译述)《佛教之无我轮回论（续）》《论中国崇拜岳飞之心理》

45. 第73号（1906年1月25日，光绪三十二年正月初一日）：
《读历史上中国民族之观察糸论》

46. 第76号（1906年3月9日，光绪三十二年二月十五日）：
《冷的文章与热的文章》

47. 第88号（1906年10月2日，光绪三十二年八月十五日）：
《精神修养论》

三、《浙江潮》

创刊地点：日本东京，月刊。

编辑：孙冀中。

创刊时间：1903年2月17日，共10期，又说共12期。

《东京除夕》《东京元旦》

四、蒋观云别集

1.《海上观云集初编》：光绪二十八年（1902）上海广智书局印行。

2.《居东集》二卷：宣统二年（1910）印行。

3.《蒋观云诗抄》一卷：民国五年（1916）上海文明书局印行（丛书综录补编）。

4.《蒋观云先生遗诗》一卷：民国二十二年（1933）印行。

5.《去国吟诗辑》一卷：排印本（山西公立图书馆）。

6.《中国人种考》：民国十八年（1929）上海华通书局印行。

附录二 清末民初浙江学者蒋观云的风俗观

田兆元、游红霞

载《杭州师范学院学报（社会科学版）》2007年第6期

摘 要：清末民初浙江学者蒋观云作为现代民俗学的先驱之一，是进化论学说的早期引进者，并将其运用于中国社会风俗的分析。他率先引进神话概念，发表第一篇具有现代意义的神话学论文。总体而言，中国社会的衰败根源于农耕社会的主静保守风俗。主张鼓荡民性，培养刚性、强国新民是蒋观云风俗学说的重要内容；社会改造与学术研究相统一，西方人类学思想与中国传统民俗观相统一，是蒋观云风俗观的显著特点。

关键词：人类学；风俗；神话；民俗学先驱

清末民初浙江学者蒋观云（1865—1929），名智由、字观云、别号因明子，浙江诸暨紫东乡浒山村人，早年求读于杭州紫阳书院，能诗善文、工书法，清光绪二十三年（1897）以廪贡生京兆乡试举人得授山东曲阜知县之职，但蒋观云怀救国革新的志向未能赴任，后来响应康梁维新变法，成为资产阶级改良派人士。1902年冬留学日本，曾担任《浙江潮》《新民丛报》的编辑，发表民俗学论文和诗作，因积极推动梁启超发起的"诗界革命"，被梁启超誉为近世"诗界三杰"，1902年将自己介绍西方文化和进化论思想所撰之人类学、社会学和民俗学的文章，集为《海上观云集初编》[①]交付出版。这是一部

---

① 本书由上海广智书局于光绪二十八年（1902）印行。

重要的民俗学文献。1903年，蒋观云在《新民丛报》第36号发表《神话历史养成之人物》一文，是中国民俗学史上最早的论文，具有里程碑的意义；所撰《中国人种考》(1929)是我国早期人类学的奠基著作之一，为学界所重；为我国的人类学，民俗学和神话学的研究作出了开拓性的理论贡献。

蒋观云开启了我国现代民俗学的研究之门，是中国现代民俗学的先驱。对于这样一位重要的开拓者，我国学术界进行了多方面的研究和评价，研究者主要从以下几个角度论述蒋观云的成就：

第一，肯定了蒋观云于中国神话史、民间文艺学史、民俗学史的奠基地位。贺学君、陈建宪、叶舒宪、高有鹏等学者指出，蒋观云在《神话历史养成之人物》（以下简称《神话》）中开拓性地在中国学界引入"神话"这一学术概念，该文是中国现代神话学的开源之作[1]。钟敬文认为，《神话》论及神话对国民教养的作用，体现了晚清时期通俗文艺、民歌、神话、传说等民间文艺学术思想的觉醒。他在《晚清时期民间文艺学史试探》中高度评价了《神话》的意义，认为蒋观云的见解"无疑是起过开拓进步思想的有益作用的"。刘锡诚在2006年出版的《20世纪中国民间文学学术史》中把《神话》一文列作专节来介绍，肯定了蒋观云对民间文艺学的奠基地位。

第二，评价了蒋观云在借鉴西方人类学理论和发展学科方法论方面的独特贡献。刘锡诚认为，蒋观云的《中国人种考》将民族文化问题纳入我国启蒙思想家的视野[2]，开拓了中国学术界对人类学的研究路径。秋浦在《民族学在中国的传播和发展》中指出，《中国人种考》是第一篇运用民族学、人类学所提供的理论解释中国民族与中国历史的专论[3]。

第三，确认了"诗界革命"中蒋观云的重要地位。马卫中、张修龄在《"诗界革命"新论》中认为蒋观云是"诗界革命"的中坚人物[4]。还有不少学

---

[1] 贺学君：《中国神话研究百年》，《社会科学研究》2000年第5期；陈建宪：《精神还乡的引魂之幡——20世纪中国神话学回眸》，《河北师范大学学报（哲学社会科学版）》1998年第3期；叶舒宪：《中国神话学百年回眸》，《学术交流》2005年第1期；高有鹏：《面向21世纪的中国神话学研究》，《社会科学辑刊》1999年第3期。

[2] 刘锡诚：《全球化与文化研究》，《理论与创作》2002年第4期。

[3] 秋浦：《民族学在中国的传播和发展》，《民族研究》1984年第5期。

[4] 马卫中、张修龄：《"诗界革命"新论》，《苏州大学学报（哲学社会科学版）》1994年第2期。

者以蒋观云的诗歌作品揭示其礼赞科学与民主、革新社会的思想[①]。

尽管不少学者肯定了蒋观云的学术贡献，但未能对蒋观云的学术思想进行系统研究并形成专论。显然，这与蒋观云对中国民俗学及相关学科的独特贡献是不相称的。造成这种现象的原因是多方面的：一是蒋观云后来思想发生变化，以至于人们忽视他前期的贡献；二是当年蒋观云发表文章的报刊有些在日本出版，研究者们很难查询，而《海上观云集初编》和《中国人种考》也因数量稀少，只藏于少数图书馆，研究者们不容易获得这些资料。因此人们很难对蒋观云的学术思想进行较为系统的研究。有鉴于此，笔者实施了对蒋观云文集的系统搜集整理工作，从而使蒋观云的民俗思想呈现出较为清晰的脉络。

本文从以下几个方面对蒋观云的风俗观进行阐述和讨论。

一、引进介绍西方理论学说　奠定民俗学的学科基础

无论是在国内还是国外，民俗学都与人类学存在着密切关联。在国外，有人甚至认为民俗学是人类学的一部分，如威廉姆·R.巴斯科姆认为，民俗学属于人类学[②]，在国内，也有人认为民俗学要用人类学的方法。当年班尼女士的《民俗学手册》传入中国也是一种人类学的姿态。早期的人类学译介在很大程度上促进了民俗学的发展。

蒋观云于1904年发表在《新民丛报》上的《中国人种考》一文，第一次提出了"人种学"的概念，将西方人类学理论引入中国，这篇启蒙性的人类学专论在学科史上具有划时代意义。1929年，他将《中国人种考》系列论文结集成专著出版发行，该书在中国人类学、神话学和民俗学的发展史上，是一部有着较高水平并具有开拓性意义的学术著作。

《中国人种考》系统介绍了达尔文的进化论思想，并将其用于中国历史文化的研究。蒋观云深入阐述了这一思想："万物之初，由一元质，化分化合，而后有无机物出现，由无机物而后有有机物出现，而渐次由动植不分之

[①] 张永芳：《晚清诗界革命论》，桂林：漓江出版社，1991年版；魏一媚：《论"诗界革命"中的浙籍启蒙诗人群》，《语文学刊》2005年第5期。

[②] 邓迪斯：《世界民俗学》，陈建宪、彭海斌译，上海：上海文艺出版社，1990年版，第39页。

物,进而为有动物、有植物,于动物之中,有高等兽类,进而为太古之原人,由太古之原人,次第进化而后有吾侪之人类。"在书中进一步对中国人种的起源作出了考证,旨在说明"当种族并列之日,而讲明吾种之渊源,以团结吾同胞之气谊,使不敢自惭其祖宗,而陷其种族于劣败之列焉"。在《海上观云集初编》之"忧患篇"里,他指出:"天地间两物相遇,则竞存之理即行乎其间;国与国遇,则兴灭之事出焉。"这是进化论的核心观念,即优胜劣汰的社会法则。

该书介绍的"中国人种西来说"作为新的学术观点,开阔了人们的视野,但人们后来对这种说法诉诸了非学术的评价,造成了许多误解。作为"中国人种西来说"的系统引进者,蒋观云其实只是一个叙述者,但并不是该学说的主张者,这是我们应该特别注意的。《中国人种考》一书视野开阔,具有世界眼光。在人种问题上,其论题包括西亚文明的起源、西亚种族、中国人种来源诸说及其评论、中华各族的来源、始祖信仰、各类神话等等。这在当时是新的知识体系,这个学说因而对中国的学术界产生了很大的反响,一些史学大师如吕思勉都深受其影响。引入"中国人种西来说"这个20世纪前期的重要话题,蒋观云是肇端者,其地位不可忽视。

从《中国人种考》对中国种族之神话与历史所阐发的一些论题,可以见出当时作者所达到的学术境界:

1. 挪亚之洪水,与尧时之洪水不同。
2. 以战阪泉涿鹿,皆为黄帝与蚩尤之事。
3. 以西王母为种族之名。
4. 以白狄等为白种。
5. 以黄帝为最古之教主。
6. 以《山海经》之炎山,为古之天山中之一火山。

以上为蒋观云《中国人种考》中重点论述的25个问题之一部分,都是当时中国学术界的前沿论题。蒋观云得出的这些结论与传统的史家很不一样,其方法也有所不同。如关于洪水,出现了比较神话学的内容;白狄为白种,显然是人种学的视角;对黄帝、西王母这些神话的解读,都是前所未有的新说,其学术价值不能抹煞。如古代所谓炎黄之战,蒋氏力辩为黄帝与蚩尤之战,这已经为学术界广泛认同。后来吕思勉据此有系统地发挥,如今基本成为定论,可见其在学术界的重大影响。

这时,所谓的人种研究实际上变为神话与古史研究,进而成为风俗研究。如他在讨论农耕和游牧问题时指出:

> 夫农作之民,习于静,故尚保守,惮远出;游牧之民,习于动,故轻远徙,敢冒险。(注:至进工商之民,又好动而尚进取。我中国数千年,政教制度,人心风俗,皆本源于农。详见余著《宗农国》一书。)[1]

这部人类学的著作就此由种族研究转向神话研究和风俗研究,这种转向为民俗学在中国别为一科奠定了基础。因此,《中国人种考》具有多方面的意义,既是人类学的拓荒之作,也是关于传说史研究、神话研究和民俗研究的重要著作。

除了人类学进化论的学说,蒋观云还首次引进"神话"的概念,成为中国现代神话学的开创者。神话学是西方学界的特有学科;在日本学界,受西学浸染的人文学者亦先于中国人开展了神话学研究[2]。蒋观云等留日学生引进日文中"Shinwa(神话)"一词,打开了中国神话学研究之门。1903年,蒋观云在《新民丛报》上发表了《神话历史养成之人物》一文,这是学界公认的中国现代神话学史上最早的学术专论,"神话"概念第一次为中国学者所运用。这篇论文认为,一个国家的神话、历史对人心有很大的影响,并揭示了神话于文学的源头关系:"近世欧洲文学之思潮,多受影响于北欧神话与歌谣之复活。"蒋观云更强调了神话对国民性格教养的意义,对神话的价值作出了深刻阐释。从此,中国学界开始了积极的学术反思,进而促成了现代神话学的诞生和发展[3],也推动了民俗学研究的进程。

中国的神话有悠久的历史和丰富的遗存,但是没有使用过"神话"一词,一直缺少完整的概括性术语。自从蒋观云的这篇论文发表后,人们开始重视对神话的研究。一批留日学生如梁启超、夏曾佑、周作人、鲁迅等,相

---

[1] 蒋智由(蒋观云):《中国人种考》,上海:华通书局,1929年版,第85、86页。
[2] 叶舒宪:《中国神话学百年回眸》,《学术交流》2005年第1期。
[3] 贺学君:《中国神话研究百年》,《社会科学研究》2000年第5期。

继把神话的概念作为启迪民智的新工具,并引入文学、历史领域,用于探讨民族之起源、文字之开端、历史之原貌①。神话学从无到有、从附属他者到走向独立,蒋观云的开拓之功是不可磨灭的。

在中国民俗学发展历程中,人类学、神话学的理论学说对民俗学有着支撑作用。因此,蒋观云对西方人类学、神话学理论的引进,开启了新的学术话语言说,遂成为中国民俗学的重要奠基者之一。蒋观云对人类学之进化论的介绍最为详尽,由进化而论风俗,认为由风俗可见社会盛衰,变风俗可变社会,继而认为神话有变社会人心之功用。故蒋氏欲以神话来变世道人心、以变风俗来改变社会,风俗与神话于是成为蒋观云变革社会的文化工具。蒋观云在引进西方学说的同时,即开始了深刻的现实反思。

二、反思中国风俗特性 批评保守主静风习

蒋观云一方面引进西方学说,一方面反思中国的风俗文化。在《海上观云集初编》之"风俗篇"中,他对中国的风俗进行了深入剖析。他认为,中国风俗的突出特点是基于农耕文化的主静保守风习。他说:

> 中国之俗略可言已。安田里,重乡井,溪异谷别,老死不相往来以为乐者,中国人之俗也;欧洲人则欲绕游全球,奇探两极,何其不相类也!重生命,能屈辱,贱任侠而高明哲,是非然否,争以笔舌,不争以干戈者,中国人之俗也;而欧洲人则知心成党,流血为荣,争宗教杀人无算,争国政杀人无算,何其不相类也!②

借助中欧对比凡十余类,旨在说明中国人的农耕保守、主静、怀古、忍让等特性,而欧洲人正好相反。其文风痛快淋漓,体现出维新派的特色。这种用中欧风俗的对比来表明作者对中国风俗的理解,具有那一时代的特性。后来陈独秀、梁漱溟等人阐述中西文化的差异时,也采用了这样的模式。今天看来,这种表述有些简单化,但在当时,这种比较文化学的研究及对中国

---

① 马昌仪:《中国神话学发展的一个轮廓》,《中国神话学文论选萃》(序言),北京:中国广播电视出版社,1994年版。

② 蒋观云:《海上观云集初编》,上海:广智书局,1902年版,第18页。

风俗的认识，单刀直入、直奔主题，具有一种爽朗的学术风格。

在对中国风俗特性的探讨过程中，蒋观云部分继承了中国传统的风俗思想和观念，这就使得他的学说避免了食洋不化，体现出中西融通的特征。

"风俗"一词最早见于《荀子·强国》："入境，观其风俗。"东汉班固第一次从学术的角度对"风俗"进行界定："凡民函五常之性，而其刚柔缓急，音声不同，系水土之风气，故谓之风；好恶取舍，动静亡常，随君上之情欲，故谓之俗。"①东汉应劭之《风俗通义》曰："风者，天气有寒暖，地形有险易，水泉有美恶，草木有刚柔也。俗者，含血之类，像之而生，故言语歌讴异声，鼓舞动作殊形，或直或邪，或善或淫也。圣人作而均齐之，咸归于正，圣人废，则还其本俗。"②古代学者将"风"与"俗"分开阐述，说明具有自然性质的"风"是习俗发生的现实条件，而"俗"，则是人们对客观环境的适应与文化创造，具有人文性的特点。一些思想家和政治家如商鞅之辈，主张根据需要移风易俗，以改变风俗中那些不适应政治需要和社会需求的成分。这种移风易俗的观念为蒋观云所接受，他将风俗视为社会改造的物化对象。

蒋观云在《海上观云集初编》里说："国之形质：土地、人民、社会、工艺、物产也；其精神元气：则政治、宗教、人心、风俗也。"即"风俗"是"国之精神元气"，是一个国家与民族共同的社会理想。论及风俗的形成，他说道："人者，血肉之躯，缘地以生，因水土以为性情，因地形以为执业。循是焉而后有理想，理想之感受同，谓之曰'人心'，人心之措置同，谓之曰'风俗'。"这便综合了古人关于"风"与"俗"的论述、将自然与文化两重属性合二为一，由此形成了他对风俗的基本理解：人心是风俗的寄生之所。

风俗有何特点呢？他说："天下之至难变者，则风俗已，一事也，往往起点于数千载以前，而沿用于数千年以后……既已辗转因袭、深根固柢。"③他认为，风俗是长期形成、代代传承和相对稳定的文化现象，因而是"天下之至难变者"。同时，蒋观云也揭示了风俗的变异性：夏之俗、商变之，商之俗、周变之。变也是风俗的本质所在。风俗难变，影响人心尤大，这足以引起改革者关注，然而，风俗还是有可变性，于是通过变俗来改变社会就成为可行

---

① [东汉] 班固：《汉书》，上海：上海古籍出版社，1986版，第521页。
② [东汉] 应劭：《风俗通义》，上海：上海古籍出版社，1990年版，第3页。
③ 蒋观云：《海上观云集初编》，上海：广智书局，1902年版，第8页。

之事。

在冷静深刻地分析了中国的风俗思想与特征后，蒋观云突转笔锋，对中国民风民习的弊端展开了尖锐的批判。他揭示了封建专制制度的劣根性，指出其造成了阿谀奉承的恶劣风习：在封建专制社会中，富、贵之权力都由统治阶级掌握，统治者重用的人，往往是那些对他们屈服、谄媚的愚者和不肖者，而不用统治者"无以制之"的智者和贤者，贤者、智者也会遭到愚、不肖者的排挤。蒋观云一针见血地指出，当时中国的政局"非头童齿豁，委恭癃病之人，不居高位，而非承风迎旨献勤取巧之人，不据要津"，专制一统社会中，富贵只属于君王一人，"士（指愚、不肖者）但揣摩迎合，投上所好以博利禄而已"，其后果就是造成社会人才衰竭！其数千年的恶性循环，则使整个国家的文明程度大大降低，无益于社会的进步。中国长期实行封建专制，国民成为封建君王的奴隶，由此养成了奴性十足、萎靡不振、顽固守旧的民族性格，这也正是他要改造的受风俗影响的国民性。

蒋观云把中国文化的病根指向风俗，尤其是祖先信仰风习。他在《四岳荐舜之失辞》中指出，四岳推荐舜作首领只是因为舜"父顽、母嚚、弟傲，能和以孝"，凭这点并"不足以正南面、正万民……中国崇拜祖先之风俗，盖自唐虞时而已然，故禅让者，关一国之大事，而当时之典礼，则曰受终于文祖，盖隐然含有家族之意味"。言辞中蕴含着蒋观云对中国崇拜祖先之风俗伦理的批评。敬祖往往意味着保守，蒋观云对此甚为不满。

接下来，蒋观云批评了中国人的敬天观念。他认为，人们万事委天数，认为天是主宰，人是天的奴仆。他在《海上观云集初编》之"正例篇"指出，蚩蚩之民，未尝推索人事之原理，把富贫、贵贱、通穷之理归之天、归之人、归之地，进而产生了"气运之说""体相之说""堪舆之说"。这都是迷信、术数，是蛮野之国的产物。蒋观云接着比较了"天行"与"人治"的优劣，得出结论："任人治者昌，任天行者亡"，号召人们摆脱迷信，不要做天地鬼神的奴隶，应相信自己，做自己的主人。而所谓气运、体相、堪舆之说，乃是中国民俗的重要组成部分。这样，传统的落后风俗都在其扫荡之列了。

蒋观云批评了当时社会流行的三大陋俗：吸食鸦片、八股科举和妇女缠足。他在《中国兴亡一问题论》中指出，鸦片鬼"使我种人气色灰败，志气隳丧者也"；八股先生"使我种人蹐局佝偻，俯仰不扬者也"；缠足妇人"使我种人气血夭伤，肢体残缺以害传体者也"。这三大恶俗的后果非常严重：

"数十代、数百年之后，举全国之人，无一非病夫，无一非鬼状，而万国将置我于博览会中，以供其玩笑"，最终遭致"种之祸"。在蒋观云看来，这些陋习足以亡国灭种！蒋观云深为不满的是某些习俗带来的民性的柔弱，进而丧失竞争力，这与他的进化论思想密切关联。

蒋观云把中国人的柔弱归于倡导儒学的结果，并概括说："东方之国，好服长服，以拱手无事为上，此其所以弱也。"总之，中国的民风都是传统习俗影响的结果。为了改变中国人的柔弱之气，蒋观云极力主张推广尚武精神："我国人欲避弱之为害乎，则非以军人之气魄、军事之精神立国焉不可也。"这是当年国力虚弱背景下的一种振兴理念。蒋观云对现实的关怀强烈，但他似乎把责任过多地推到民众身上，而民众崇尚本为儒雅的文明传统，岂有罪过？一国之兴衰固然与民风有关，但是统治者及其统治制度却是决定国家兴衰的更为重要的因素。蒋观云把中国的积弱过多地归于风俗，有失偏颇。

在当时，中国之衰败还因列强侵犯和政治腐败所致，把"种族失峥嵘"归于"儒冠、儒行、儒气象"，这是不合适的。但在当时，这种认识代表了受西方进化论思想影响的一些中国学人的看法，认为这是物种竞争、适者生存："滔滔世宙、茫茫人事，将永无太平之日乎？则陵者自陵、谷者自谷，但有得失，一无是非。"[①]这里，我们能够清楚地见出蒋观云受进化论学说影响的价值观向度。

蒋观云对中国风俗以批判为主，旨在拯救日趋衰败的国势，唤起民众精神，为生存而竞争。批判奴性与陋习，激发刚性的国民性格，是蒋观云对中国民俗历史与现状评价的主调。在引进进化论的学说、批判中国社会风俗的过程中，蒋观云强国新民的风俗学思想构架便清晰地呈现出来。

三、提倡强国新民的风俗思想

19世纪中叶到20世纪初，中国社会发生剧烈动荡。这些巨变发生在许多方面，有器物层面的，有制度层面的，更有文化层面的。这一时期的知识分子在以上几个方面都有广泛的参与。起初，人们强调中学为体、西学为用，只是关注器物。但在中日甲午战争失败后，知识阶层普遍主张制度改革，遂有维新运动。他们强调政治体制革新，同时也开始进行文化反思。而对文化

---

① 蒋观云：《海上观云集初编》，上海：广智书局，1902年版，第17页。

的反思，他们总是从风俗开刀。蒋观云与梁启超、黄遵宪等人过从甚密，他们有着较为接近的主张。风俗牵连政治，以变风俗强国新民，这是晚清维新派的一个基本理念，且在蒋观云的身上表现更为突出。

作为近世"诗界三杰"之一的黄遵宪也是近代民俗研究的开拓者之一，他一贯主张治国化民必须研究、通晓民俗。然而，风俗有美恶，必须"于习之善者导之，其可者因之，有弊者严禁以防之，败坏者设法以救之"①。他的《日本国志》之"礼俗志"及其相关论文，被人们视为近代民俗学的经典文献。他的观点在蒋观云那里得到了拓展，他们都出自强国的目的而关注风俗。

晚清时期，中国诞生了一批包括蒋观云在内的有识之士，"他们在知识上学贯东西；但在实践上却强调西学中用，服务于本民族的国家社会的改造，为此，他们对于民俗也有了比过去时代不同的看法，发现了民俗在保持和兴建一个既非西化、也非自我封闭的新社会的进程中，能够发挥重要作用"②。更为重要的是，新知识群体的文化立场与观念发生了很大转变，"他们不再满足于仅仅对民众进行自上而下的思想文化灌输以及陋习鄙俗的批判，而是要将眼光平视，深入到民众自己的文化领域中去看个究竟，试图真正了解他们的生活、思想，从而更好地找到救国救民的道路"③。蒋观云是一位充满社会改革思想的学者，他把陋俗恶习视为导致国家衰弱的重要因素，认为要救亡图存就必须改良风俗、废除陈规陋习，于是大力呼吁移风易俗。在"风俗篇"中，他首先分析了社会风俗类型的历史演进阶段（射猎习俗、游牧习俗、耕稼习俗和工商习俗），认为20世纪初，全世界都将进入工商时期，而中国风俗却"入于耕稼之期最早，出于耕稼之期最迟"，与这个国际语境不"相宜"，所以不得不改变"人心风俗"。他说："夫风俗者不能数百年而不弊，及其未弊也而改之"。他的核心思想在于改变中国农耕文化的习俗，走向开放的工商时代。

蒋观云指出："今夫中国，风教固已相安，制度固已相习，使早能锁国，国能绝交，虽循此旧俗，无进步之可言。"认为中国社会应该倡导平等、自

---

① 黄遵宪:《日本国志》，上海：上海古籍出版社，2001年版，第351页。
② 钟敬文:《建立民俗学学派刍议》，《民族艺术》1999年第1期。
③ 刘颖、陈勤建:《文化立场观念的转变与中国现代民俗学的多学科参与》，《江西社会科学》2006年第1期。

由，风俗改革要以西俗为旨归，进而强调移风易俗的紧迫性："变则中国人之中国，中国人自兴之，中国人自主之；不变则中国者，非中国人之中国，白种人取而代兴之。"蒋观云把风俗视为振兴中国之根本，把风俗变革与政治改革、国家进步、民族振兴联系起来，并指出风俗变革是社会变革的重要环节。至于如何移风易俗，蒋观云提出了风俗变革的动力说："夫风俗改变，有以内动力者，有以外动力者"，指出中国以往风俗的变革只有内动力而无外动力，而当时社会正值西俗东渐的时代，是"人类大通之时期"，应当"因时而利之，乘势而导之"。在对中西习俗的横向比较和风俗形态演进的纵向梳理中，蒋观云倾向于推崇西方的风俗和道德风尚。他认为，风俗变迁取决于外部文化因素的冲击与内在文化的更新动力，社会习俗应崇尚西方的尚武精神与扩张精神。

晚清时期处于"启蒙"与"救亡"的历史境况，民俗思想与社会启蒙思潮彼此渗透，形成一种启蒙民俗思潮[①]，尤其是资产阶级改良派大都以民俗作为其达到政治改良目标的手段，彰显出风俗的政治色彩。蒋观云在阐释风俗的社会功能时将之与政治宗教联系起来，他说："大政治家、大宗教家，虽亦以其一己之理想，欲改易夫人心风俗，而其政之行不行、教之传不传，一以人心风俗与之近不近为断。其政治宗教与人心风俗近者，其政行、其教传。"这即是说，人心、风俗一体，推行政治主张就是改变人心风俗，于是，风俗建设成为带有强烈政治功利色彩的一种工具。

在民俗学史上具有里程碑意义的《神话历史养成之人物》一文中，蒋观云把神话作为改造社会的工具，认为这样的改造实际上就是改变人心。他说："一国之神话与一国之历史，皆于人心之上有莫大之影响。"于是，神话便可以启迪民智，用于社会人心之改造。他说：

> 神话、历史者，能造成一国之人才。然神话、历史之所由成，即其一国人天才所发显之处，其神话、历史，不足以增长人之兴味、鼓动人之志气，则其国人天才之短可知……盖人心者，不能无一物以鼓荡之。鼓荡之有力者，特乎文学，而历史与神话（以近世言之，可易为小说），其重要之首端矣。

[①] 柯玲：《论民俗学研究的政治特性》，《广西民族学院学报（哲学社会科学版）》2004年第5期。

在他看来，神话是富有想象力并能鼓动人心的一种文本，其特性与小说相近、与历史异。这是中国学术史上对神话的第一次论述，尤其是他的功能说成为我们认识神话的基本入口。他在论述中使用了"鼓荡"一词，生动地表明他对神话功能的期待：改造民生，新其民智、民性，拯救国家。总之，去除陋俗，学习西俗，鼓荡其刚猛的激情，让政治宗教与人心风俗一致，增强民族种群的竞争力，强国保种，这即是带有鲜明维新派特色之功利主义风俗观的核心内容。这些观念后来被"五四"以来的新文化运动实践者所直接继承，并成为批评传统、变革社会的一种重要理论资源。

蒋观云作为现代民俗学的先驱，在引进西方学术思想和批判传统风俗观的基础上提出强国新民的民俗观，奠定了其开拓者的地位。人类学的观念（尤其是进化论思想）是其核心理念和思想出发点，海外的经历使他痛感中国的落后，进化论则为他提供了启示（即"物竞天择，适者生存"）。他认为，中国的落后在于其文化和个性没有进攻性和竞争性，这一切主要是由于习俗造成的：来自农耕社会的习俗过于主静保守，同时还有诸多陋习，因此亟待改革。改革的路径在于学习西方，特别是以神话来改造国民性。作为一名维新运动的成员，蒋观云自觉地把风俗改造提升到社会改造和强国新民的价值理念高度，这在同时期的思想家中是格外突出的。

蒋观云开启的人类学、神话学和民俗学的新思路由五四以来的学者所传承，并为这些学科的发展开辟了道路。社会改造与学术研究相统一，西方人类学思想与中国传统民俗观相统一，这是蒋观云民俗观的显著特点。他提出的以改造民俗来推动社会革新的主张，以及对民俗功能的深远认识，都对我们今天的学术研究和社会文化建设具有非常重要的借鉴意义。

附录三　试论清末学者蒋观云的神话学思想

游红霞

载《长江大学学报（社会科学版）》2008年第4期

摘　要：蒋观云是我国清末民初时期的文学家和诗人，为资产阶级维新派人士。他学贯中西，率先在汉语世界中引入"神话"的概念，发表第一篇具有现代意义的神话学论文。蒋观云对神话的功能有独特的理解，赋予其独立的学科意义，并对中国部分古史和神话进行深入探索，对学界影响甚大。可以说，蒋观云是"中国神话学的开创者"。同时，在清末深重的民族危机面前，蒋观云将神话作为救国救民的有效工具，以神话研究寻求中华民族的共同渊源和文化记忆，唤起民族的自信心和凝聚力，这是一种基于"民族"视角的神话学思想。蒋观云的神话学思想在清末时期非常典型，使神话学从肇始之初就彰显出经世致用的学术品格，有很大的学术意义。

关键词：清末；蒋观云；神话学；"民族"视角；学术思想

蒋观云（1865—1929），名智由、字观云、别号因明子，浙江诸暨紫东乡浒山村人，是清末民初时期的文学家和诗人，因积极推动梁启超发起的"诗界革命"，被梁启超誉为近世"诗界三杰"之一。他积极响应康、梁维新变法，成为资产阶级改良派人士。1902年冬留学日本，曾担任《浙江潮》《新民丛报》的编辑，发表大量民俗学论文和诗作，1902年出版的《海上观云集初编》[①]是一部重要的民俗学文献。1903年，蒋观云在《新民丛报》第36

[①] 本书由上海广智书局于光绪二十八年（1902）印行。

号上发表《神话历史养成之人物》一文,被认为是第一篇具有现代意义的神话学论文;所撰《中国人种考》是我国早期人类学的奠基著作之一,为学界所重。蒋观云为我国人类学、民俗学、神话学等学科的研究作出了开拓性的理论贡献。

一、中国神话学的开创者

神话学是西方学界的特有学科;在日本学术界,受西学浸染的人文学者亦先于中国人开展了神话学研究①。蒋观云的《神话历史养成之人物》(以下简称《神话》)则促使了中国神话学的滥觞,贺学君、马昌仪、陈连山、陈建宪、高有鹏、叶舒宪、李福清等学者都认为蒋观云对中国神话学做出开拓性的学术贡献②。刘锡诚将《神话》一文辟专节来介绍,肯定了蒋观云的奠基地位③。刘惠萍、高有鹏等评价道,蒋观云的《神话》标志着作为独立学科的中国神话学的形成④。

文中,蒋观云认为一个国家的神话、历史对人心有很大影响,把神话视为改造社会的工具,这种改造实则是改变人心:"一国之神话与一国之历史,皆于人心之上有莫大之影响。"于是,神话便可以启迪民智,用于社会人心之改造。蒋观云说道:

---

① 叶舒宪:《中国神话学百年回眸》,《学术交流》2005年第1期。

② 贺学君评价道:"《神话》虽为千字文,却成为中国现代神话学的开源之作。"参见贺学君:《中国神话研究百年》,《社会科学研究》2000年第5期。马昌仪阐述道:"蒋观云、鲁迅等人的短文或片断文字揭开了我国神话研究的序幕。"参见马昌仪:《中国神话:寻求与世界的对话》,《首都师范大学学报(社会科学版)》1988年第3期。此类评价还可参见陈连山:《文化视野对中国现代神话学发展的影响》,《湖北民族学院学报(哲学社会科学版)》2001年第4期;陈建宪:《精神还乡的引魂之幡——20世纪中国神话学回眸》,《河北师范大学学报(哲学社会科学版)》1998年第3期;高有鹏:《面向21世纪的中国神话研究》,《社会科学辑刊》1999年第3期;叶舒宪:《神话学的兴起及其东渐》,《人文杂志》1996年第3期;李福清:《国外研究中国各族神话概述》,《长江大学学报(社会科学版)》2006年第1期;等等。

③ 刘锡诚:《20世纪中国民间文学学术史》,开封:河南大学出版社,2006年版。

④ 刘惠萍:《中国现代神话学研究的学术反思》,《民间文化论坛》2005年第2期;高有鹏:《中国神话研究的世纪回眸》,《中国文化研究》1998年第4期。

> 神话、历史者，能造成一国之人才。然神话、历史之所由成，即其一国人天才所发显之处，其神话、历史，不足以增长人之兴味，鼓动人之志气，则其国人天才之短可知……盖人心者，不能无一物以鼓荡之。鼓荡之有力者，恃乎文学，而历史与神话（以近世言之，可易为小说），其重要之首端矣。

在他看来，神话是富有想象力、并能鼓动人心的一种文本，其特性与小说近、与历史异。蒋观云在论述中使用"鼓荡"一词，生动地表明他对神话功能的期待：改造民生，革新民智、民性，拯救国家。这一点与其对风俗功能的认知是一致的，故蒋观云欲以神话变世道人心、以风俗变社会，风俗与神话遂成为他变革社会的文化工具。可见，蒋观云在引进西方学术思想的过程中，表现出强烈的现实关怀。蒋观云强调神话于国民性格教养的意义，对神话的价值作出深刻的阐释，这成为我们认识神话的基本入口。蒋观云还揭示神话于文学的源头关系："近世欧洲文学之思潮，多受影响于北欧神话与歌谣之复活。"这是中国学术史上对神话的第一次论述，从此，中国学界开始了积极的学术反思，进而促成了现代神话学的诞生和发展[①]。

中国的神话有悠久的历史和丰富的遗存，但从未使用过"神话"一词，一直缺少完整的概括性术语。自从蒋观云的这篇论文发表后，人们开始重视对神话的研究。一批留日学生，如梁启超、夏曾佑、周作人、鲁迅等，相继把神话的概念作为启迪民智的新工具并引入文学、历史领域，用于探讨民族之起源、文字之开端、历史之原貌[②]。神话学从无到有、从附属他者到走向独立，蒋观云的肇始之功是不可磨灭的。

蒋观云的《中国人种考》是一部资料详实、内容丰富的论著，全书视野开阔，具有世界眼光，作者将"人种"问题进行了多方面的阐述，其论题包括西亚文明的起源、西亚种族、中国人种来源诸说及其评论、中华各族的来源、始祖信仰等。同时，这部论著也包含了广泛的神话素材，许多研究成果达到很高的学术境界，如：

---

① 贺学君：《中国神话研究百年》，《社会科学研究》2005年第5期。
② 马昌仪：《中国神话学发展的一个轮廓》，《中国神话学文论选萃》（序言），北京：中国广播电视出版社，1994年版。

1. 以西王母为种族之名。
2. 挪亚之洪水,与尧时之洪水不同。
3. 以战阪泉涿鹿,皆为黄帝与蚩尤之事。
4. 以上古中外隔塞,由农业大定之故。
5. 以白狄等为白种。
6. 以黄帝为最古之教主。
7. 以老子为老聃,非有他人。
8. 以《山海经》之炎山,为古之天山中之一火山。
9. 以昆仑为帕米尔兼于阗之山。

这些为《中国人种考》中重点论述的25个问题之一部分,现在看来,仍然是中国学术史上的前沿论题。蒋观云得出的这些结论与传统史家很不一样,其方法也有所不同。如关于洪水,出现了比较神话学的内容;白狄为白种,是人种学的视角;对黄帝、西王母这些神话的解读,都是前所未有的新说,其学术价值不能抹煞。因此,《中国人种考》一书具有很大的神话学价值,其中所论述的炎黄之战神话是重要的一环,于学界影响甚大。炎黄之战事件有诸多文献记载,如《史记·五帝本纪》记述道:

> 轩辕之时,神农氏世衰。诸侯相侵伐,暴虐百姓,而神农氏弗能征。……而蚩尤最为暴,莫能伐。炎帝欲侵陵诸侯,诸侯咸归轩辕。轩辕乃修德振兵,治五气、艺五种、抚万民、度四方,教熊罴貔貅貙虎,以与炎帝战于阪泉之野。三战,然后得其志。蚩尤作乱,不用帝命。于是黄帝乃征师诸侯,与蚩尤战于涿鹿之野,遂擒杀诸侯。

在司马迁这里,蚩尤与炎帝是不同的个体,于是存在两场战争,果真如此吗?蒋观云提出质疑:

1. "黄帝战炎帝"与"蚩尤逐炎帝"是相矛盾的。
2. 假设"炎帝榆罔为蚩尤所逐"的说法成立,那么"炎帝当日,方自保之不下,何能与黄帝战耶?""即黄帝亦何为而与屏弱不能自存之炎帝战耶?又何为而待三战也耶?"

3.以"黄帝与炎帝战"之说为假定欤,又何为同地而有蚩尤之兵耶?彼蚩尤果何为而来耶?为助炎帝而抗黄帝欤,蚩尤暴虐不用帝命,古未闻有蚩尤助炎帝之说也。为助黄帝而伐炎帝欤,蚩尤为黄帝之敌,而非黄帝之臣,古又未闻有蚩尤助黄帝之说也。

由此,蒋观云认为《史记》中的记载存在诸多谬误。他批判道:

史迁为人,其思想独往之处,昔人所评为孤怀者,自高出于后世,史家万万不能不加推重,然其立论之处,可訾议者极多,其见解实不及其父谈。以不在本文之限,故不及一一论述之。然其所据,盖多古书,古书中必兼有此两说,史迁不能裁度而并存之,遂有此歧出之纰谬。

在蒋观云看来,《史记》中很多地方都"文理不通,文法不通"。蒋观云这种疑古、辨古的学术作风在清末学界非常突出,到顾颉刚那里,则因袭了蒋氏的传统,将疑古思想推向高潮。

那么炎黄之战的本原是怎样呢?蒋观云辨析道:

则凡古书舛错之记载,殆无一不可解。是何也?曰:炎帝之末世,为蚩尤所灭,而蚩尤实袭用炎帝之号。所谓黄帝与炎帝战,即与蚩尤战,三战皆黄帝与蚩尤战之事。蚩尤逐炎帝榆罔于阪泉、涿鹿之间,黄帝进攻蚩尤,故开战即在其地。

通过以上论证,蒋观云总结道:"炎帝为蚩尤之所逐而亡,而非黄帝之所灭;炎帝为黄帝之所战而亡,则非蚩尤之所逐。"并且"炎帝之末世,为蚩尤所灭,而蚩尤实袭用炎帝之号。所谓黄帝与炎帝战,即与蚩尤战,三战皆指黄帝与蚩尤战之事。"[①]因此,古代所谓炎黄之战,实为黄帝与蚩尤之战,这一结论已为学界所广泛认同。后来田兆元等学者也有详细论证[②],如今基本

[①] 蒋智由(蒋观云):《中国人种考》,上海:华通书局,1929年版,第94—95页。

[②] 田兆元:《神话与中国社会》,上海:上海人民出版社,1998年版,第112—114页;田兆元:《论炎帝称谓的诸种模式与汉代文化观的演变》,《华东师范大学学报(社会科学版)》2007年第3期。

成为定论，可见其在学术界的重大影响。

长期以来，关于炎黄之战神话的本原一直是学界讨论的热点话题，蒋观云的研究具有开拓性的学术意义。并且，蒋观云对神话学的努力也促使了中国现代民俗学的诞生。我们知道，在中国民俗学的发展历程中，神话学、人类学等理论有很大的支撑作用，正如高丙中所论，中国民俗学从发轫到初步定型的整个过程所积累的学术规范主要有两大渊源：其一是研究神话、传说、故事的人文学科；其二是把民俗作为古代"遗留物"来研究的早期人类学①。蒋观云代表了中国早期学者对神话学的初步探索，开始了新的学术话语言说。可以说，蒋观云是中国现代神话学的开创者。

二、基于"民族"视角的神话思想

19世纪中叶到20世纪初，中国社会发生剧烈动荡，西方的民族沙文主义、"白色人种优越论"、"黄祸论"以及"中国人种西来说"等观念也随之蜂拥传入，使中国人面临着"保国""保种"的民族危机。于是，清末不少学者开始思考"国家""民族"这些攸关民众生死存亡的重大议题。

蒋观云认为：

> 夫民族之义，本于共同之血统，而又有共同之土地，经数千年来，沿其利害相同、荣辱相同、休戚相同之事，而其间又有共同习惯之语言、文字，与夫教化、制度、风俗以联络之。②

他以人类学的视角界定了民族的文化属性，在学界引起极大反响。吕思勉也秉承了这样的思想："民族与种族不同。种族论肤色，论骨骼，其同异一望可知。然杂居稍久，遂不免混合。民族则论言文，论信仰，论风俗，其同异不能别之以外观。"③

同时，蒋观云意识到民族主义思潮正盛行于晚清学界。民族主义是一个历史概念，宋志明认为，"中国近代史上的民族主义"是指鸦片战争以来"中

---

① 高丙中：《中国民俗学的人类学倾向》，《民俗研究》1996年第2期。
② （蒋）观云：《中国兴亡一问题论》，《新民丛报》第31号，1903年5月10日。
③ 吕思勉：《中国民族史》，上海：世界书局，1934年版，第9页。

华民族"观念逐渐形成全民族共识的发展历程,是指促使中华民族精神觉醒的社会思潮①。郑大华论道:"近代民族主义是建立在民族认同、民族平等意识和民族忧患意识之基础上的。"②在蒋观云那里,民族主义即是爱国主义,遂提出"民族爱国主义"的概念:"会稽先生③抱民族爱国主义,其热如火,着是书也,盖欲申其志也。"他在《论中国崇拜岳飞之心理》④中,大树特树爱国主义的典范。

在爱国主义和民族主义思想的驱使下,蒋观云等意识到对中华民族共同的文化传统、风俗教习追本溯源的重要性,这实质上是学界所称的"文化民族主义"思想,主张"以民族文化复兴生成民族国家意识,凝聚民族国家认同,从而推动民族国家独立和民族国家复兴"⑤。

田兆元曾阐述道,中华民族的统一并不是种族血缘的统一,而是文化的统一⑥。仅从考证人种来源来捍卫中华民族的主体精神是远远不够的,如谢林所说,没有神话,便没有民族;神话是同民族一起产生的⑦。在爱国民族主义思想的驱使下,蒋观云试图从中国古老的神话传说中找寻民族共同的文化传统,以唤起民族意识的觉醒,从而构建真正意义上的"中华民族"。这时,蒋观云所谓的人种研究实际转变为神话与古史的研究。

田兆元认为,中国核心的神话是龙和黄帝。而"在中国文化发展后期,后者比前者更为重要,以黄帝为核心的五帝系统是各种族对这个民族归向的标尺"⑧。黄帝是民族凝聚力的象征,明末清初的王夫之尊奉黄帝为华夏域之奠立者。1903年,蒋观云论述黄帝是"伴民族主义之发生而复活者"⑨,黄帝

---

① 宋志明:《中国近代民族主义与民族精神的觉醒》,《史学月刊》2006年第6期。
② 郑大华:《中国近代民族主义的来源、演变及其他》,《史学月刊》2006年第6期。
③ 会稽先生即陶成章。
④ 本文刊于《新民丛报》第72号,1906年1月9日。
⑤ 孟凡东、何爱国:《20世纪中国文化民族主义的三大核心诉求》,《北方论丛》2007年第3期。
⑥ 田兆元:《神话与中国社会》,上海:上海人民出版社,1998年版,第344页。
⑦ 谢林:《中国——神话哲学》,夏瑞春编:《德国思想家论中国》,陈爱政等译,南京:江苏人民出版社,1997年版,第135页。
⑧ 田兆元:《神话与中国社会》,上海:上海人民出版社,1998年版,第344页。
⑨ (蒋)观云:《几多古人之复活》,《新民丛报》第37号,1905年9月5日。

遂成为蒋观云着重讨论的神话人物。

蒋观云叙述道，黄帝于中国人种有繁衍之功："渡河而北，以布展我人种之势力者，当首推黄帝。"① 并且，黄帝有诸多丰功伟绩，如发明舟车："舟之造作，则实自黄帝始。故亦以刳木为舟，剡木为楫，舟楫之利，以济不通，而以属于黄帝氏有作之后。"② 黄帝遂利用"舟楫之利"将中国的版图大大扩大了：

> 古代踪迹，率偏于河以南之一方（今陕西、河南、山东地），而居中国之中央部，即所谓中原是也。然至黄帝之时，一破此界限，而遂收河北之地，以归版图，我人种之疆界，至是为之一廓。试探其理由，则以当日发明用舟之制故。③

更重要的是，黄帝奠定了中国人种的独立性：

> 黄帝既建都河北，拓地北方，遂有北逐荤粥之事。我人种之部居始跨河而繁衍其两岸，至今盖不能不仰黄帝赫赫之功。④

黄帝的种种作为表明他是中华民族的共同始祖，在蒋观云看来，"黄帝"是一种文化符号，是中华民族精神的象征。蒋观云列举黄帝的功绩，旨在"发潜德之幽光，振大汉之天声"⑤，彰显其民族主义思想。

此外，蒋观云引证《史记》《汉书》和《水经注》等古史书和地理书，以及《山海经》《穆天子转》和婆罗门的神话、传说，最后得出"以西王母为种族之名""以昆仑为帕米尔兼于阗之山"等结论。1905年，蒋观云又竭力通过"种名"和"国名"的探讨，以唤起中国作为一个"民族"的整体

---

① 蒋智由（蒋观云）：《中国人种考》，上海：华通书局，1929年版，第89页。
② 蒋智由（蒋观云）：《中国人种考》，上海：华通书局，1929年版，第90页。
③ 蒋智由（蒋观云）：《中国人种考》，上海：华通书局，1929年版，第89页。
④ 蒋智由（蒋观云）：《中国人种考》，上海：华通书局，1929年版，第90页。
⑤ 此为1903年《汉声》杂志增刊《旧学》中的题词。

精神①。

结语

蒋观云在知识上集传统与现代、"中学"与"西学"于一身,是清末民初先进知识分子的典型,他通过引进和运用西方学术思想奠定其中国神话学开创者的地位。同时,在深重的民族危机面前,蒋观云心怀救国救民之志,从探讨"人种"问题、研究神话传说等方面来捍卫中国传统文化,从而建构起中华民族的主体精神。这是一种带有浓厚爱国主义与民族主义色彩的神话学思想。

蒋观云开启了中国神话学研究之门,其神话观有鲜明的时代特色。首先,在清末民初"欧风美雨驰而东"的社会背景下,蒋观云的学术研究摒弃了中国自古以来"华夷之辨"、"天朝上国"、惟我独尊的傲慢心理。作为一名资产阶级维新运动的成员,蒋观云自觉地把神话研究提升到"国家"和"民族"的价值理念高度,试图通过神话研究来增强民族自信心和凝聚力,从而达到其治国化民的政治理想。于是,蒋观云的神话学思想彰显出经世致用的学风,也使中国现代神话学从肇始之初就蒙上了现实主义的学术品格,这对学科的发展具有非常重大影响和深远意义。

---

① 蒋智由(蒋观云):《中国人种考》,上海:华通书局,1929年版,第186—187页。

附录四　承古·贯西·启今：
清末学者蒋观云的民俗思想探赜

游红霞　田兆元

载《民间文化论坛》2024年第3期

摘　要：蒋观云是清末先进知识分子的典型代表，他赓续了中国传统民俗思想，阐发风俗之"为政治国"功能，并积极引介西方进化论思想，分析中国社会积弱交困的根源是落后的社会风俗，继而形成移风易俗的观念，以期实现其保国保种、强国新民的政治理想。蒋观云的民俗思想代表了清末知识群对社会风俗问题的理性思考，直接启发了"五四"以来民俗学者的学术探索，在中国民俗学史上，发挥着前承中华古老传统、后启中国现代民俗研究的重要作用。

关键词：清末；蒋观云；民俗思想

19世纪末20世纪初，中国社会进入天崩地坼的大变局时代，面临着内忧外患的民族危机，一些先进知识分子为了挽救民族危亡，自觉地从中国传统民俗思想中汲取养分，试图以变革风俗来建构新的社会秩序，他们对社会风俗问题的探索直接启发了"五四"以来民俗学者的学术研究，是中国民俗研究史上不可或缺的重要篇章。蒋观云（1865—1929），浙江诸暨紫东乡浒山村人，清末文学家和诗人，与黄遵宪、夏曾佑并称"近世诗界三杰"，他于1903年发表在《新民丛报》的《神话历史养成之人物》被刘锡诚[①]、陈建

[①] 刘锡诚：《民俗百年话题》，《民俗研究》2000年第1期。

宪①等学者认定为中国现代民俗学史上最早的学术文章,并且,以此文为标志,中国民俗学的滥觞期也被提前至"五四"前。蒋观云对社会风俗的功能与价值有着深刻的认知,赓续了中国传统民俗思想,同时将学术视野投向西方学界,积极引介进化论思想,据此分析中国社会积弱交困的根源正是落后的社会风俗,继而形成移风易俗的观念,以期实现其保国保种、强国新民的政治理想。政治诉求与学术探索的融合是蒋观云民俗思想的显著特点,代表了清末知识群对社会风俗问题的理性思考,在中国民俗学史上,发挥着前承中华古老传统、后启中国现代民俗研究的重要作用。

一、赓续传统:蒋观云对风俗之"为政治国"功能的阐发

作为学科意义上的中国民俗学肇始于20世纪初,但中国民俗研究的历史却十分悠久,先贤们在长期的民俗实践中,已然建构起内涵丰富的民俗知识体系,"既有思想方面的阴阳五行智慧思辨之学,也有工匠技术之学、地方风俗之学、社会管理之学、行为规范之学、民俗文献之学,以及海外族群之学等"②。在中国历史上,封建统治者与士大夫群体尤其注重风俗的政治属性,极力发挥风俗在国家社会治理中的作用,这便是凸显风俗之"为政治国"功能的社会管理之学,也是清末知识群开展风俗研究的根基。

风俗之"为政治国"功能是由风俗的政治属性所决定的,田兆元指出:"无论是观风知俗,还是移风易俗和因风顺俗,都是民俗政治化的表现","社会风气,公序良俗的建立,也是社会政治秩序的体现"③。孔子将社会风尚纳入"礼"的范畴,认为风俗的良莠直接决定礼俗的善恶,强调风俗对社会发展的重要作用。《管子·正世》曰:"古之欲正世调天下者,必先观国政,料事务,察民俗,本治乱之所生,知得失之所在,然后从事。故法可立而治可行。"④《汉书·艺文志》载道:"古有采诗之官,王者所以观风俗,知得失,自

---

① 陈建宪:《精神还乡的引魂之幡——20世纪中国神话学回眸》,《河北师范大学学报(哲学社会科学版)》1998年第3期。

② 游红霞、田兆元:《建设中国民俗学的自主话语体系——人类学学者访谈录之八十七》,《广西民族大学学报(哲学社会科学版)》2019年第3期。

③ 田兆元:《民俗学的学科属性与当代转型》,《文化遗产》2014年第6期。

④ [东周]管仲撰:《管子》卷十五,[唐]房玄龄注,民国八年(1919)上海商务印书馆四部丛刊景宋刻本,第368页。

考正也。"①董仲舒阐道:"乐者,所以变民风,化民俗也;其变民也易,其化人也著。"②苏轼认为社会风气的好坏决定着国家的兴亡,提出"国之长短在风俗"的论调,并论道:"夫国家之所以存亡者,在道德之浅深,而不在乎强与弱。历数之所以长短者,在风俗之厚薄,而不在乎富与贫。道德诚深,风俗诚厚,虽贫且弱,不害于长而存。道德诚浅,风俗诚薄,虽富且强,不救于短而亡。"③顾炎武认为:"目击世趋,方知治乱之关必在人心风俗,而所以转移人心,整顿风俗,则教化纪纲为不可阙矣。百年必世养之而不足,一朝一夕败之而有余。"④诸位先贤的观点均说明,风俗有着教化功能,与国民性息息相关,风俗更是社会安危治乱的关键因素,牵动着国家的命脉,良风美俗是国家太平、政治清明的前提,而鄙风陋俗则是国家社会发展的最大阻碍,如王晓葵所论,"风俗"本身就是"中国历史文献中用来论述社会风尚、评价政治、臧否道德的重要概念"⑤。中国古代先贤将风俗视作社会管理的资源,期待风俗能够"为政治国",一方面反映了中国传统知识分子的"文化救世"观念,另一方面也说明,社会风俗始终与国家社会的建设联系甚密,这便赋予了中国民俗学的政治底色,也是后世学人阐释社会风俗问题的话语基础。

　　清末知识群普遍经历了甲午战争、戊戌变法、辛亥革命等重大事件,萌发出启蒙与救亡的集体诉求。他们无论是发表政治言论,还是著书立说,均表达出"保国保种"的强烈愿望,其政治活动与学术研究始终相伴相生,"学术救国"是清末知识界普遍的社会潮流。于是,他们纷纷从中国传统民俗思想中寻求"文化救世"之法,自觉地将社会风俗与国家政治联系起来,试图挖掘风俗之"为政治国"的功能,寻求救国治世的途径。如黄遵宪论道:"风俗之端始于至微,搏之而无物,察之而无形,听之而无声。然一二人倡之,千百人和之,人与人相接,人与人相续,又踵而行之。及其既成,虽其极陋

---

① [东汉]班固撰:《汉书》卷三十《艺文志》,[唐]颜师古注,清乾隆四年(1739)武英殿校刻本,第2684页。
② [东汉]班固撰:《汉书》卷五十六《董仲舒传》,[唐]颜师古注,清乾隆四年(1739)武英殿校刻本,第3855页。
③ [宋]郎晔注:《经进东坡文集事略》卷二十四,民国八年(1919)上海商务印书馆四部丛刊景宋刻本,第577—578页。
④ [清]顾炎武:《亭林集》文集卷四,清康熙潘氏遂初堂刻亭林遗书十种本,第168页。
⑤ 王晓葵:《"风俗"概念的近代嬗变》,《文化遗产》2010年第3期。

甚弊者，举国之人习以为然，上智所不能察，大力所不能挽，严刑峻法所不能变。夫事有是、有非、有美、有恶，旁观者或一览而知之，而彼国称之为礼，沿之为俗，乃至举国之人展转沈（沉）锢于其中，而莫能少越，则习之囿人也大矣！古先哲王知其然也，故于习之善者导之，其可者因之，有弊者严禁以防之，败坏者设法以救之，秉国钧者其念之哉！"①其论点承袭了中国传统民俗思想中"为政治国"的社会管理之学，为建立文化自信的中国现代民俗学奠定基础。

蒋观云早年留学日本，曾跟随康有为、梁启超参加维新变法运动，他视野开阔、洞悉时事，面对满目疮痍的社会现实，萌发出忧国忧民的家国意识。在1898年谭嗣同等"戊戌六君子"血洒北京菜市口后，蒋观云愤而书写《卢骚》一诗："世人皆欲杀，法国一卢骚。民约倡新义，君威扫旧骄。力填平等路，血灌自由苗。文字收功日，全球革命潮。"②其中的"新义""平等""自由"等词汇表达了他对革新腐朽落后之封建制度的迫切愿望。进入20世纪后，面对一个全新的时代，蒋观云一针见血地指出中国所面临的头等要务乃"兴亡"之事："二十世纪之大问题，则中国之兴亡是也。方欧洲内治已定，列强务均势以保平和，于是各移野心于局外，为飞而食肉之举。"③于是，他胸怀强烈的文化使命感与社会责任感，在中国传统民俗思想中探索"文化救世"的路径。

蒋观云的民俗思想见诸《海上观云集初编》《中国人种考》等专著，及其发表在《新民丛报》等刊物的文章与诗歌作品。《海上观云集初编》（1902）是比《神话历史养成之人物》发表更早的民俗学论著，其中的"风俗篇"对于中国社会风俗特质的理解，以及风俗与社会发展、国家革新之关系的阐述可谓鞭辟入里，是中国民俗学史上一部相对全面系统的理论著作。

蒋观云突出了风俗对于国家社会的重要性，他将风俗视作一个国家的精神元气与共同理想："国之形质，土地、人民、社会、工艺、物产也；其精神元气，则政治、宗教、人心、风俗也。人者血肉之躯，缘地以生，因水土

---

① ［清］黄遵宪：《日本国志》卷三十四《礼俗志一》，清光绪十六年（1890）广州富文斋刻本，第1362—1363页。

② （蒋）观云：《卢骚》，《新民丛报》第3号，1902年3月10日。

③ （蒋）观云：《中国兴亡一问题论》，《新民丛报》第26号，1903年2月26日。

以为性情，因地形以为执业。循是焉而后有理想，理想之感受同，谓之曰人心；人心之措置同，谓之曰风俗。"①并强调风俗乃"国家之根本"："况当今者累败之余，大挫之后，养成国民之风俗，以为他日振兴中国之根本，中国之不亡，或恃乎此，微乎微乎，其风俗之枢机乎，非渊虑睿智之士，孰能与于斯乎！"②在文章《中国近日之多数说及其处置之法》中，蒋观云单刀直入，直击当时国家腐败积弱的根源，那便是人心风俗的落后，所以，革新风俗便成为当务之急："夫今兹之中国，谋国家之存立为先，而图社会之改良为后。盖从其本而言，凡所以致今日之腐败积弱者，其原因皆在人心风俗之间，而政治不过其一部分之事。然从其用而言，则政治革新而后及于人心风俗，其势顺，人心风俗改新而后及于政治，其机逆。"③这些论点实是对中国古代先贤之风俗观在清末社会语境下的再度阐发，那就是：辨风正俗乃为政之要，风俗是"为政治国"、社会管理的重要资源，风俗的良鄙美陋甚至关系到国家的兴亡存废。

总之，在清末时期，知识群对中国古代先贤的风俗观进行了很好的审视和继承，将风俗的政治性发挥到极致。蒋观云从风俗的内涵出发，阐明了风俗与国家的深刻联系，认为风俗可以强国救世、治国化民，并指出鄙风陋俗是国家社会落后的根源，于是，蒋观云认为，欲救亡图存，必先革新风俗，这是他对风俗之政治属性的阐发，也是对风俗之"为政治国"功能的期待。蒋观云与中国先贤的民俗思想一脉相承，但并非食古不化，而是结合清末的社会语境，用中国传统民俗思想来指导当时的具体社会风俗问题。

二、西学中用：进化论对蒋观云民俗思想的影响

清末时期，西方列强的坚船利炮叩开了中国的国门，也带来了迥异于中国传统知识体系的理论学说，给知识界带来巨大震荡，掀起一股西学东渐的浪潮。不少有识之士不再唯天朝至上，而是主动将学术视野投向西方学界，试图输入先进文化以挽救国家危亡。在诸多西学理论中，进化论思想对清末知识界的影响尤为突出。19世纪末，达尔文的进化论便在中国学界广泛

---

① 蒋观云：《海上观云集初编》，上海：广智书局，1902年版，第17页。
② 蒋观云：《海上观云集初编》，上海：广智书局，1902年版，第22—23页。
③ （蒋）观云：《中国近日之多数说及其处置之法》，《新民丛报》第51号，1904年8月25日。

传播，斯宾塞的"社会达尔文主义"也随之传入中国。严复是斯宾塞进化论思想的早期引介者与鼓吹者，他于1895年在天津《直报》上发表《原强》一文，援引斯宾塞的"社会有机体"理论，重新审视中国的问题。严复认为，斯宾塞把进化论思想从生物学领域推演到社会生活中："社会的构造和运作，被拿来和人生理的构造和运作相比。"[①] 严复还依据斯宾塞的理论揭示了人类社会进化的法则，即"国之强弱贫富治乱者，其民力、民智、民德三者之征验也，必三者既立而后其政法从之。"[②] 所以，"今日要政，统于三端：一曰鼓民力，二曰开民智，三曰新民德。"[③] 同时期的梁启超、章太炎等学者也对斯宾塞的社会进化论思想推崇备至，清末知识界已然形成一股引介、传播与运用进化论的思潮。

蒋观云在西学东渐的洗礼下，加上他曾留学于日本的经历，使其有条件吸收到大量的西方理论。蒋观云对进化论思想的引介更是不遗余力，其在《中国人种考》中概括了达尔文的生物进化论思想："若今之科学，则大都倾向于达尔文之说，以万物皆出一元，渐次变迁，区为万殊，而人类者，则由一种类人猿进化，而为吾人之原祖者也。"[④] 他又依据斯宾塞的社会进化论思想，论述了国家社会与进化的深刻联系："凡一国社会之程度，与一国地理之位置，皆与进化有关系之理。而社会间为进化之传达线者，尤莫先于文字。"[⑤] 并且，蒋观云还在《海上观云集初编》之"忧患篇"中阐述了进化论的核心观念，即优胜劣汰、适者生存的"天演"法则：

> 一曰取人以合己，凡事皆具有二力焉：一曰因袭之力，一曰改革之力，人无日不因袭，无日不改革。因袭之力，为因地，为由来，为自然；改革之力，为人为，为物竞，为淘汰。不易之与变易，变易之与不易，匀而和之，交互参杂，而天择之事出，天演之道行焉。总世界为总

---

① 李孝悌：《清末的下层社会启蒙运动：1901—1911》，杭州：浙江古籍出版社，2023年版，第13页。
② 牛仰山选注：《严复文选》，天津：百花文艺出版社，2006年版，第22—23页。
③ 牛仰山选注：《严复文选》，天津：百花文艺出版社，2006年版，第25页。
④ 蒋由智（蒋观云）：《中国人种考》，上海：华通书局，1929年版，第9页。
⑤（蒋）观云：《中国近日之多数说及其处置之法》，《新民丛报》第51号，1904年8月25日。

世界之天演，一世界为一世界之天演，析而一国自为一国之天演，一群自为一群之天演，一种自为一种之天演，一族自为一族之天演，一乡自为一乡之天演，一家自为一家之天演，一身自为一身之天演。①

斯宾塞认为，伴随着社会的进化，人类会不断寻求适应于社会发展的最佳条件。据此，蒋观云试图分析人类社会的进化规律，由此探索与之相匹配的政治与风俗。他将"人类之境界"分为射猎、游牧、耕稼、工商几个阶段，而进入20世纪后，"全地球皆将进于工商之时期也"，在"工商之世"，如若"政治不与之相宜"，"则工商不可兴，故不得不变政，变政而人心风俗，不与之相宜，则政治不可行，故不得不改人心风俗，人群之事，复沓连贯，不变则已，变则变甲必变乙、变乙必变丙者，其势然也"②。接下来，蒋观云一针见血地指出，当时中国的风俗还停留在农业社会的耕稼阶段，远落后于全球视域下的"工商之世"，他还将中国之俗与欧洲之俗进行比较分析，大致上是说，中国人具有农耕社会的保守、怀古、松散、主静等特性，而欧洲人则正好相反：

> 是故中国之俗略可言已。安田里，重乡井，溪异谷别，老死不相往来以为乐者，中国人之俗也，而欧洲人则欲绕游全球，奇探两极，何其不相类也。……安抚驯良，隶之强权，驱使服从，无不妥帖者，中国人之俗也。而欧洲人则曰予我自由乎？不予我自由，其予我以死乎？其视自由重于死，而人权必争，无甘为奴隶者，何其不相类也。是故中国尚柔，欧洲尚刚；中国尚文，欧洲尚武；中国尚啬，欧洲尚通；中国尚古，欧洲尚今；中国人散，欧洲人群；中国人静，欧洲人动。③

经过这番比较，蒋观云意识到中国的文明已弱于"欧西诸国"，并且认为，"强者"所依凭的正是民俗之强大，反观中国之俗，则是长时期的"沉迷陷溺"："几二千年，宜其失我种人固有绝特之性，而易以习染卑劣之性

---

① 蒋观云：《海上观云集初编》，上海：广智书局，1902年版，第31—32页。
② 蒋观云：《海上观云集初编》，上海：广智书局，1902年版，第18页。
③ 蒋观云：《海上观云集初编》，上海：广智书局，1902年版，第18—19页。

也。"①于是，蒋观云大声疾呼："是故中国亡，不亡于今日，而亡于人心风俗间。""为外界之事变所迫，而后内部不能不生改变之事，以求存立，是万物进化之公例。我种人之性质，其能因时运而改变乎？不能因时运而改变乎？是为兴盛亡灭之大问题，是在今日矣，是在今日矣！"②既然风俗的落后是中国积弱的根源，那么中国之俗就需要"进化"，由此来"鼓民力，开民智，新民德"，以适应当时之世。接下来，蒋观云便对中国的国民性与鄙风陋俗进行严肃批判，表达移风易俗的观念，以实现其保国保种、强国新民的政治理想。

要之，蒋观云学贯中西，他在赓续中国传统民俗思想的同时，积极向西方学界探求理论学说，尤其注意到进化论思想对革新社会的指导意义。蒋观云绝非食洋不化，而是以"西学中用"的姿态，运用进化论思想重新审视中国的社会风俗问题。蒋观云先是从纵向维度分析了社会进化的演化阶段，提出政治与风俗必须适应社会发展的观点；之后，他从横向维度对中西（欧）之俗进行全面的比较分析，揭示中西文明的差距，并指出造成这种差距的根源正是社会风俗的落后。蒋观云与同时期的很多学者大都是集中西两股学术力量于一身，他们前承中国传统民俗思想，又将西学这一他山之石"拿来"服务于中国本土的学术研究，成就了中国民俗学之中西融通的学术品格，推进了中国民俗学的理论建构。

三、实践自觉：蒋观云的移风易俗观念

中国古代先贤将风俗视为社会管理的重要资源，一再突出风俗之"为政治国"的功能，讲求以良风美俗来构建先进的国家社会，同时摈弃那些不合时宜的、阻碍社会发展的鄙风陋俗，这就是中国传统的移风易俗观。荀子曰："乐者，圣人之所乐也，而可以善民心，其感人深，其移风易俗，故先王导之以礼乐而民和睦。"③先秦很多政治家如商鞅之辈，同样主张根据政治和社会的需要移风易俗。汉武帝正式将移风易俗观念上升为官方意识形态："令

---

① （蒋）观云：《文弱之亡国》，《新民丛报》第37号，1903年9月5日。
② （蒋）观云：《文弱之亡国》，《新民丛报》第37号，1903年9月5日。
③ ［东周］荀况撰：《荀子》卷十四，［唐］杨倞注、［清］卢文弨校补，清乾隆嘉庆间嘉善谢氏刻抱经堂丛书本，第463—464页。

二千石举孝廉，所以化元元，移风易俗也。"① 这些论点或举措的共同指向是要建构理想的风俗，顺应国家社会的发展。蒋观云一面承袭中国古代先贤的移风易俗观，一面在进化论思想的影响下，详细梳理了风俗形态的演进脉络，并意识到中西社会风俗的差距，从而激发起变革社会风俗的志向，这时，蒋观云的移风易俗观念逐渐清晰，反映其致力于通过社会风俗的改良，以顺应时势，从而保国保种、强国新民的实践自觉意识，代表了清末知识群之整体性的政治诉求与学术探索。

蒋观云先是论述了风俗的稳定性，又阐明风俗的可变性，建立了二者的辩证统一关系。他指出，迄周代为止，社会风俗发生着代际演化，但自周以降，中国的风俗几乎没什么改变，始终沿用"周制之俗"："试取中国往事以言，夏之俗敝，数百年而汤变之；商之俗敝，数百年而文武变之。自周以后，秦皇汉祖、唐宗明帝，侥幸时会，侨居九五，能据其土地，而不能变其风俗，度其才识，实亦不知有此。"② 厘清了中国社会风俗之"变"与"不变"的历史脉络后，蒋观云调转笔锋，剖析"周制之俗"的种种弊端，为其移风易俗观念的形成埋下伏笔。

"周制之俗"有哪些弊端呢？蒋观云论道："周制之俗，盖用文家，当其盛也，亲亲贵贵，尊长而易以政治，及其衰也，文而弱，诈而好礼，散而不能群，知有家而不知有国，谄上而骄下，荣仕宦而好利，畏强而凌弱，自奉厚而公心薄，无独立之性，不敢为非常异义之事，其弊略如此。"③ 造成这些弊端的原因在于，中国长期处于耕稼社会，而又未能及时"进化"到"工商之世"："中国之所以数千年用周之俗而不变者，则以周之俗本于农，而中国地势便于农。以射猎、游牧、耕稼、工商，分人类进步之次第，中国入于耕稼之期最早，出于耕稼之期最迟。"④ 这说明，耕稼之俗的特点在于主静保守，自然没有工商之俗的进取开拓精神。于是，蒋观云呼吁，在清末"全球皆通，全球皆变"的情势下，更应图"变"。蒋观云力主"变"的思想是清末知识群

---

① [东汉]班固撰：《汉书》卷六《武帝纪》，[唐]颜师古注，清乾隆四年（1739）武英殿校刻本，第314—315页。

② 蒋观云：《海上观云集初编》，上海：广智书局，1902年版，第21页。

③ 蒋观云：《海上观云集初编》，上海：广智书局，1902年版，第21页。

④ 蒋观云：《海上观云集初编》，上海：广智书局，1902年版，第22页。

之整体观念的缩影,在当时,但凡是有志于救亡图存的进步人士,无一不主张风俗变革。清末知识群的移风易俗观念是非常突出的,这是保国保种、强国新民的重要举措,也是中国民俗学史上的重要理论话语,他们的实践自觉意识固然是服务于政治上的诉求,但却从客观上推进了中国民俗学的发展。

蒋观云不仅从古今中外的比照中建构移风易俗的观念,还将眼光投射于清末的社会现实,对中国的国民性与鄙风陋俗给予严肃的批判,这种批判精神本身即是蒋观云之移风易俗观念的反映。

首先,蒋观云揭露了中国落后的国民性,那就是中国为"家族主义的民族",而不是"国家主义的民族",前者是"天亲之联合",后者为"人治之联合"。"家族主义的民族"的特点在于:"有伦纪之秩序,无法律之秩序;有家世之感情,无邦国之感情。而其弊也,有营私心,无合群心;有循俗心,无独立心;有贪鄙心,无名誉心;有节啬心,无慷慨心;有卑下心,无高尚心;有巽懦心,无勇敢心;有晏安心,无攻取心;有退守心,无冒险心;有谐臣媚子干利徼禄之心,无英雄豪杰赴功建业之心。"①在蒋观云看来,中国的这种国民性在国际社会的竞争中必将处于绝对的劣势。蒋观云指出,国民性与社会风俗有着直接的力学关系:"家族主义的民族"会致使人们公德心、国家思想的缺失和社会风俗的衰败,并形成"藐人""恐人"等"恶根性"。所以,蒋观云呼吁:"吾人今日,莫大于造国家,莫急于造国家。"②

其次,蒋观云对清末的鄙风陋俗进行了深刻批判,强调移风易俗、革新社会的紧迫性。蒋观云注意到清末的三大社会恶习:吸食鸦片、八股科举制度和妇女缠足,长此以往,会导致国家衰弱,国民的身心也会受到巨大摧残。此外,蒋观云还批判了中国人的"鬼神之俗",以及"气运之说""体相之说"与"堪舆之说",在他看来,这些鄙风陋俗都是危害社会发展的毒瘤,必须予以根除。康有为、梁启超等人士也将维新变法的焦点直指社会陋俗,在废除妇女裹足、断发易服上用力甚勤。尤育号认为,蒋观云等先进知识分子的这些主张是"将移风易俗政治化的思路和做法"③,这说明清末知识群的政治诉求与学术探索始终水乳交融、互相成就,体现出他们共同的实践逻辑。

---

① (蒋)观云:《中国兴亡一问题论》,《新民丛报》第27号,1903年3月12日。
② (蒋)观云:《国家与道德论》,《新民丛报》第65号,1905年3月20日。
③ 尤育号:《清末资产阶级的移风易俗潮》,《学习与探索》2005年第3期。

针对中国落后的国民性与鄙风陋俗，以及中西之俗的差距，蒋观云急呼要移风易俗，改造国民性，比如提倡"尚武"精神，祛除中国人的奴性，还要引导人们形成"新智识"与"新道德"。蒋观云还强调，社会风俗的变革需要内、外动力双线并置，内动力是风俗本身的进化规律，外动力则主要指西俗的刺激。总体而言，蒋观云的移风易俗观念是以西俗为目标，这在当时不失为一种进步思潮，也是进化论思想的反映。

结语

学界通常将"五四"时期的北大歌谣运动视为中国现代民俗学的起点，事实上，在"前五四"的清末时期，蒋观云等先进知识分子已然进行了社会风俗问题的理论思考，他们的学术探索固然是服务于其维新变法、保国保种、强国新民的政治理想，但却从客观上推动了中国民俗学的发展。他们承袭了中国传统民俗思想，并积极引进西学，运用西方理论重新审视中国本土的社会风俗问题，奠定了中国民俗学之古今相续、中西融通的学术品格。

蒋观云作为清末知识群的典型代表，学术贡献卓著，在中国民俗学史上无疑具有重要地位。蒋观云赓续了中国古代先贤的风俗观，但并非食古不化，而是结合清末的社会现实，鞭辟入里地阐发社会风俗之"为政治国"功能，用于指导其维新变法的政治运动；他学贯中西，积极引入西学，也绝非食洋不化，而是用西方理论指导本土学术研究，形成中外民俗文化的比较观念，具有国际性的学术视野；蒋观云的移风易俗观念同样承袭了中国古代先贤的民俗思想，他对中国国民性及鄙风陋俗的强烈批判，以及移风易俗观念的提出，彰显其充满现实主义色彩的民俗思想。

蒋观云等清末知识群的民俗思想是中国民俗学史上不可或缺的灿烂篇章，发挥着前承中国古老传统，后启"五四"以来中国现代民俗研究的重要作用。时至今日，蒋观云的民俗思想仍启迪着中国本土民俗学的发展：民俗学人既要充分继承中国古代先贤的优秀传统，又要学习西方理论，并担当起社会文化之研究者、建构者与实践者的角色，秉承中国传统知识分子的文化使命感与社会责任感，继续发挥民俗之"为政治国"等功能，以良风美俗来促进国家社会的治理，以中西文化的比较观念来推进中国社会风俗的建设。

后记

与蒋观云这位清末学者结缘,得益于我的导师田兆元教授的指导。

还记得是在2005年柳絮飘飞的时节,我怀着求学的渴望,从天府之国搭乘列车到上海参加研究生复试,从此,便幸运地步入民俗学的殿堂,并来到田兆元老师的门下,成为"田门"的一分子。能够成为田老师的学生是非常幸福的,先生学识渊博、治学严谨,他的学术魅力和人格魅力让众弟子深深敬佩。先生是我们的良师益友,对学生很严格,总是不怒自威,让我们不断要求进步。记得刚入学不久,先生就让我熟读《古文观止》。后来才明白,先生是想通过这样的训练来提高我阅读古文、理解句读的能力,真可谓是用心良苦。

作为一名民俗学家,先生一再强调要到民间汲取养分,坚持"把田野当作书斋"的理念。先生有豁达的胸襟,曾写下这样的诗句:"要学农夫勤耕耘,踏遍青山行正路;要学大海胸怀宽,跑马撑船吞云雾;法地法天法自然,仁义礼智周孔徒。"这是何等的气度啊!先生还强调,民俗学人更应有一种宽容的精神,因为民俗学是充满人文关怀的学科,这一理念感染着所有的田门弟子。田门是个温馨的大家庭,先生就像我们的家长,而众弟子就好似兄弟姐妹。师生常常欢聚一堂,畅谈民俗、人生,吟诗作对,其乐融融,好不惬意。遥想孔夫子与门徒们在一起也是这样的情景吧!那该是多么风雅的事啊!

在准备硕士学位论文的选题时，先生提议写蒋观云的民俗思想。起初，我对蒋观云其人比较陌生，但在阅读他的作品后得知，蒋观云对中国现代民俗学、神话学、人类学等学科做出了开拓性的贡献，很多理论在今天仍具有很大的价值。于是，我深知本课题的重大意义，也明确了自己的研究任务。蒋观云的作品大都是在清末民初时发表的，且少有流传，幸好，我在上海图书馆获得了这些稀有文献。由于史学功底不深厚，当我整理着一沓沓用繁体字书写，且未标点的石印版书稿时，我遭遇了极大的困难，曾一度有放弃此课题的想法。在我最迷茫的时候，先生给了我莫大的关怀与鼓励，他语重心长地告诫我，做任何事情都要有恒心和毅力，要有踏实认真的态度，还强调做学问贵在一种坚持不懈、锲而不舍的精神和"十年磨一剑"的勇气与决心。先生的话好似为我在黑暗的世界里点燃了一盏明灯，我便试着为文章标点，再反复研读，品评其中的旨趣。在这过程中，我感觉到与学术大师对话竟是如此奇妙，也感到了自己的渺小，只能在蒋观云浩瀚的思想海洋里撷起一小朵浪花。之后，蒋观云的民俗思想呈现出较为清晰的脉络，也有了阶段性的研究成果，并顺利完成了硕士论文，这都得益于先生的谆谆教导。

时光如梭，硕士时代已离我远去，如今，在我供职单位温州大学的支持下，我将蒋观云发表于《新民丛报》的部分文章加以整理，期待能为同道师友们提供可资参考的研究资料。

游红霞　于海上忆谦阁
2024 年 12 月 1 日